LA CIENCIA DE KHRĪSTÓS

Una Cosmovisión del Potencial Humano desde la
Antigua Ciencia Espiritual MerKaBa

Kevin Blanco Madariaga

NewSelf® Institute

La Ciencia de Khrīstós – Primera Edición.
ISBN 9798656524711

La vida es la proporción armónica entre orden y caos.
Abraza tus sombras y virtudes, y vuelvelas UNA

— ANCIANO MAESTRO KYRAEL
(Guardián de Sabiduria MerKaBa)

CONTENIDOS

Ciencia y Espíritu

Es un hecho que en la actualidad estamos vivenciando la era de la información. Estamos en la época de la revolución digital. Como lo fue en su momento la llegada de la electricidad, hoy en día, la internet, las redes de información, la hiperconectividad y el big data, dan paso a una nueva revolución nunca antes experimentada por la sociedad, al menos, en la historia conocida. Según estimaciones, el volumen de información digital almacenada en el mundo, para el año 2020, será de 35 Zettabytes (1 ZB es igual a 1 trillón de GB), eso implica, que, en los últimos 50 años, el volumen de información que hemos acumulado ha sobrepasado sustancialmente todo lo registrado durante toda la historia de la humanidad, desde los albores de la escritura cuneiforme de los sumerios, según registros arqueológicos. Sin duda, estamos viviendo tiempos acelerados.

La humanidad está hambrienta de información y conocimiento. Ya no somos indiferentes a lo que nos sucede día a día. Deseamos conocer, explorar y descubrir cada aspecto de nuestra experiencia mundana. Nos estamos empoderando por el sólo hecho de tomar conocimiento sobre muchas facetas de la vida. ¡El conocimiento es poder! ... ¡el conocimiento es Luz! ... El hermetismo cuasi maquiavélico está quedando de lado, para que, a la luz de la expansión de la información y el conocimiento, la humanidad tome conciencia sobre atributos de vida esenciales y así sostenga su propia toma de decisiones para el más alto bien, de forma autónoma y responsable, haciendo valer su libre albedrío, sobre quehaceres mundanos trascendentales.

En ese sentido, en los últimos años, el volumen de información acumulada en relación a investigaciones, estudios, análisis, reflexiones, canalizaciones y hallazgos experimentales sobre los distintos aspectos de la naturaleza del hombre y la experiencia humana, ha crecido enormemente. A partir de este crecimiento exponencial de datos y más datos, ha existido un renacer informativo, educativo y experiencial respecto de la búsqueda de respuestas a interrogantes existenciales claves, que han estado siempre presentes en la historia de la humanidad: ¿Quiénes somos? ¿Por qué estamos aquí? ¿Hacia dónde vamos? ¿Cuál es la naturaleza del alma, la psique y la conciencia humana? ¿Cuáles son las reales causas de las enfermedades? ¿Cuáles son nuestros potenciales más profundos? ... ¿y de qué diablos trata esta experiencia humana, que a veces se nos pone todo cuesta arriba?

Claramente, para estas interrogantes, quizás simples en su forma, pero muy profundas en su contenido, existen múltiples respuestas porque nuestra percepción de la realidad no es necesariamente la realidad. La percepción de nuestra realidad se basa en la capacidad de observación y depende directamente de los circuitos de conciencia que utilicemos como individuos para observar esa realidad. Estos circuitos o flujos de conciencia se constituyen, esencialmente, de cogniciones, percepciones, humores, emociones, sentires, comportamientos, interacciones sociales y culturales, el ambiente, las fuerzas de la naturaleza y la biología del cuerpo. En cierta forma, nuestra realidad es creada por la conciencia, por ende, a medida que nuestra conciencia evoluciona la percepción de la realidad cambia, y, con ello, todos los atributos y mecanismos de conciencia también se transforman y evolucionan existiendo efectos de autoconsciencia sobre fenómenos que se experimentan en el diario vivir.

De hecho, la gran pregunta que emerge al ir comprendiendo los atributos de la realidad que habitamos, es: ¿Cuál es la verdadera naturaleza del alma, la conciencia y la experiencia humana? … ¿es en realidad cada ser humano un alma/conciencia que está vinculado integralmente a la expresión celular de un cuerpo físico y que interactúa multidimensionalmente con múltiples atributos de energía, frecuencia, vibración y geometría, los cuales trascienden la percepción física de nuestra realidad, pero, aun así, estos atributos son los pilares de la vida y el diseño inteligente de nuestro Ser y la experiencia humana?

Es paradójico que cada día exista mayor información y más evidencia que la experiencia humana es multidimensional y que trasciende el espacio-tiempo, y, aun así, prevalece el paradigma materialista, racionalista y reduccionista en la comprensión de la naturaleza humana, afirmando que solo existen influencias físicas en cada atributo de la vida, bajo leyes mecánicas determinísticas y absolutas, que actúan siguiendo pautas comparables al funcionamiento de una máquina. En ese sentido, hemos sido educados a comprender al ser humano sólo como una compleja máquina biológica, gobernada, principalmente, por las mecánicas fisiológicas del cerebro y el sistema nervioso, y que, al morir este organismo físico, ¡todo se acaba! … no hay alma, no hay vida, no hay evolución, no hay nada! Y más aún, se establece que, en todo el vasto universo, existe vida evolutiva y autoconsciente en un solo punto en el cosmos, en una diminuta esfera de flora y fauna, llamada Tierra.

Sin duda, el despertar de una percepción de la realidad que no nos satisface, implica la revisión de quiénes somos y ello genera gran resistencia. Esto nos obliga a desaprender y, al mismo tiempo, a aprender para integrar nuevas comprensiones de la vida que nos permita no sólo adquirir nuevos conocimientos, sino también, nos estimule la reflexión crítica de nuestros paradigmas cognitivos y sociales imperantes. Entonces, no nos debe sorprender que el «aprender» implique un esfuerzo extra, ya que esto cuestiona quiénes somos y cómo hacemos las cosas, con el fin de modificar nuestros comportamientos a la luz de revisar nuestras conductas y sistemas de creencias.

Por ello, aunque la comprensión de las funciones y mecanismos de la biología del ser humano ha progresado considerablemente en los últimos años, sin embargo, es necesario comenzar a unificar entendimientos y hallazgos interdisciplinariamente, porque la biología, la física y la química, por sí solas, no tienen (ni tendrán) todas las respuestas de la naturaleza de la experiencia humana. Todavía nos falta ampliar entendimientos desde todas las aristas posibles, para ir cultivando un conocimiento profundo que permita agilizar procesos de comprensión más elevados.

Sobretodo, si existe un aspecto fundamental de la experiencia humana que gran parte de la comunidad científica ha ignorado y cuya existencia sencillamente no reconocen. Esta dimensión es el Espíritu en relación con el cuerpo físico y la conciencia humana. La dimensión espiritual es sinónimo de aliento, de energía inteligente y funcional. Es la base energética de toda vida, porque es la energía del espíritu lo que anima el soporte físico. Todo es espiritual, todo es energético, inteligente y evolutivo, todo tiene una función y una razón de ser, todo tiene una vida y un propósito existencial.

La conexión invisible entre el cuerpo físico y las fuerzas sutiles del espíritu encierra la clave para la comprensión de la íntima interacción entre materia y energía. Y, cuando la comunidad científica comience a comprender la verdadera relación entre la materia y la energía, se habrán acercado al entendimiento de la conexión entre la humanidad y el Gran Espíritu.

Con el tiempo llegaremos a transformar la conciencia humana mediante acciones sobre los patrones energéticos que guían la expresión física de la vida. Y, con ello, descubriremos que el alma y la conciencia, en sí mismas, son una forma de energía vinculada integralmente a la expresión celular del cuerpo físico. En virtud de lo cual, la conciencia interviene en la creación continua de la realidad que habita.

Desde hace milenios que los filósofos orientales han establecido, que, en efecto, somos un microcosmos dentro del macrocosmos. Los principios que hallamos en ese microcosmos muchas veces guardan analogía con otros más amplios que gobiernan el comportamiento del macrocosmos. En la naturaleza, muchas veces los patrones de orden se repiten a diferentes niveles jerárquicos. Si llegásemos a desentrañar las leyes universales conforme se expresan a nivel microcósmico, nos habremos acercado al entendimiento del plano cósmico general y su interacción con la conciencia humana.

La humanidad, la naturaleza y el cosmos son una Unidad, son un Todo. La percepción de separación que tenemos de esa Unidad hace que veamos el mundo de múltiples formas, sin una interconexión aparente. Y, con ello, accionemos nuestras vidas cotidianas independientes unas de otras. Es un juego de percepciones diferenciadas que está implícito en el diseño humano, en nuestra conciencia, en nuestra biología, en el cual se debe reflexionar. A medida que comprendamos como actúan estos mecanismos duales de percepción e identidad, habrá un entendimiento del por qué tendemos a percibir la vida en separación con la naturaleza y el cosmos, creando múltiples culturas, sociedades y creencias, que imposibilitan a la humanidad observarse a sí misma como una gran conciencia colectiva unificada, basada en valores humanos universales. No existe nada inconexo. Todo tiene un propósito vital interconectado que son factores indivisibles de nuestra naturaleza primigenia.

Al parecer, en estos tiempos de grandes cambios globales, ha llegado el momento de no seguir viendo esta Unidad desde los ojos de la Dualidad. No podemos seguir fragmentando la realidad que habitamos desde una mirada mecanicista newtoniana, únicamente. Ya es tiempo de comenzar a observar, explorar, sentir, analizar, reflexionar y co-relacionar cada uno de los aspectos de esta realidad unificada que habitamos, desde una mirada amplia y profunda, para que podamos, finalmente, integrarnos de una forma coherente y evolutiva. No podemos pretender ser más integrales e inclusivos, sin antes conocernos profundamente. Este desafío de conocernos y descubrir el potencial en nosotros, siempre ha sido y será la clave de todo proceso evolutivo personal, social y global.

En ese sentido, el propósito de este libro es un deseo profundo de explorar los potenciales de la conciencia y la experiencia humana trascendental, desde un paradigma unificador entre la ciencia espiritual ancestral que los antiguos denominaban ciencia MerKaBa y los hallazgos actuales de la ciencia moderna, buscando aportar datos, información y conocimiento reflexivo sobre el diseño inteligente de la conciencia y el alma humana (desde lo sutil a lo denso), y de la arquitectura del campo unificado que sostiene, tras bambalinas, este gran experimento colectivo denominado: *Humanidad*.

Esencialmente, este libro está al servicio de las personas para ayudarles a recordar la antigua ciencia sagrada de la reconexión MerKaBa, utilizando un lenguaje profundo, moderno y sencillo a la vez. Este conocimiento ancestral ha sido custodiado, resguardado, transmitido y enseñado por las antiguas escuelas de misterios de alquimia interior. Y, en distintas etapas evolutivas de la humanidad, esta sabiduría ancestral emerge a la luz pública para que los seres sintonicen y reconecten con ella. Lo cual abre las puertas al neófito y propone nuevas miradas de crecimiento personal a los iniciados en la disciplina de la auto-transformación interior.

Con gran intención comparto este viaje explorativo que me ha tomado 10 años recopilar, procesar e integrar, junto con todas las transformaciones personales que se experimentan diariamente al asumir este desafío y, que, desde lo más profundo de mi ser, siento que puede aportar un granito más de luz, conocimiento y comprensión. Desde luego, durante este camino de estudio, investigación, experimentación y práctica alquímica mi gran mentor espiritual, el anciano maestro Kyra-El[1], me ha acompañado en todo momento desde que apareció en mi vida a mis 29 años de edad, aportándome su visión y perspectiva sobre muchos atributos y cualidades fundamentales de la ciencia MerKaBa y la verdadera naturaleza del Khrīstós, que es un profundo y poderoso estado de conciencia que está latente en cada persona, que se traduce como el retorno a la UNIDAD.

Cultivar la *conciencia de unidad* es el gran desafío evolutivo de la humanidad, es el salto cuántico de conciencia que nos estimula a retomar la senda perdida, que conlleva a una profunda reconexión de la mente con el corazón, como vía esencial de desarrollo humano, porque allí yace la verdadera fuente de la sabiduría espiritual. Experimentar la vida desde la unión de mente y corazón, significa comenzar a vivirla sin el sufrimiento propio de la dualidad y las limitaciones de la mente. Y, este es, sin duda, el siguiente paso para ser completamente conscientes de lo que somos realmente y cuál es el nuestro propósito sagrado de existir ... ¡Ha llegado el momento de resignificar las enseñanzas del Khrīstós!

---

[1] El anciano maestro Kyra-El es un ser interdimensional que pertenece a la Orden del Khrīstós del Gran Sol Central. Su principal función es ayudar a las almas a reconectar con la sabiduría MerKaBa.

PARTE I

Reflexiones sobre la Misteriosa Realidad

ara la cosmología moderna el 96% del contenido del Universo es un misterio. Multitud de observaciones científicas confirman que su composición actual está distribuida de la siguiente manera:

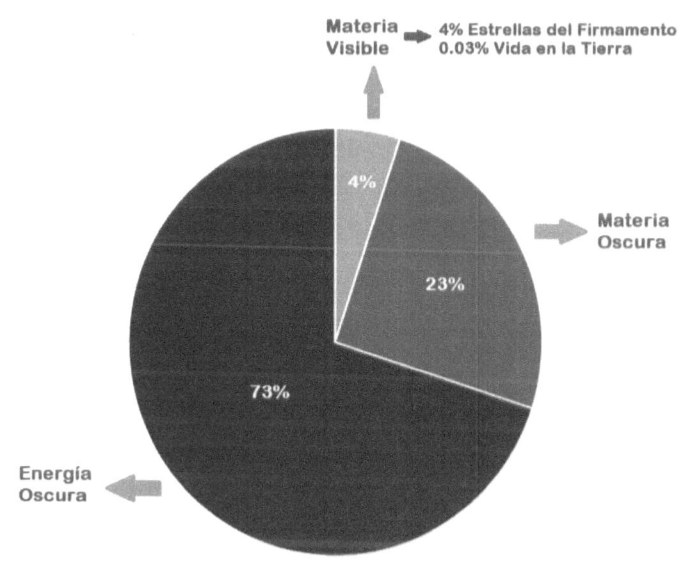

Figura 1: Distribución Cosmológica

Esta distribución establece que todas las leyes físicas desarrolladas por el hombre describen características solo del 4% de la realidad universal, que sería el rango entero de luz detectable o la materia visible compuesta de átomos y subpartículas que abarca el espectro electromagnético conocido, que incluye las ondas de radio, las ondas de microondas, los rayos infrarrojos, los rayos x, la luz visible, los rayos ultravioletas y los rayos gamma ... Sin embargo, la funcionalidad del 96% restante de nuestro Universo, ese profundo fondo negro del espacio, sigue siendo un enigma para los cosmólogos y científicos.

Uno de los supuestos de la ciencia establece que aproximadamente el 23% del Universo está compuesto de *materia oscura*, es decir, aquella materia que no emite luz, de la cual solo es posible detectar con mucho esfuerzo algún efecto gravitatorio asumiendo que son partículas neutras muy pesadas.

Por otro lado, el supuesto más colosal establece que el 73% del Universo está constituido de *energía oscura*. Es decir, no son partículas. Más bien, la *energía oscura* es un concepto, es un «algo» que mueve el Universo y que se opone a la gravedad – que algunos denominan energía del «vacío» - siendo el principal responsable de que el Universo esté en expansión acelerada y teóricamente asociada a la constante cosmológica de Einstein.

Naturalmente, si la *materia oscura* y la *energía oscura* no es observable ni visible ni detectable directamente, ¿cómo los científicos y cosmólogos saben que existe? ... y, más aún, ¿cuáles serían sus características y funcionalidades? ... Sin duda, para la ciencia, este gran enigma sigue sin respuesta hasta el día de hoy. De hecho, resolver este misterio fue una de las razones que impulsó el diseño y construcción de la más grande y sofisticada maquina experimental de la humanidad moderna, denominado el *Gran Colisionador de Hadrones* (*LHC*, por sus siglas en inglés). El LHC es un acelerador y colisionador de partículas que está ensamblado en un túnel-anillo de 27 kilómetros de circunferencia, de más de tres metros de anchura y situado a 100 metros bajo tierra entre Suiza y Francia, muy cerca de la ciudad de Ginebra. Este proyecto está operativo desde el año 2008 y es liderado por la Organización Europea para la Investigación Nuclear – CERN. Se han invertido más de 10 mil millones de dólares en el LHC.

Para entender un poco este experimento es necesario contextualizar la física moderna de partículas. Hace casi un siglo se descubrió que el átomo estaba constituido de electrones, protones y neutrones. Con el correr de los años, los físicos siguieron experimentando y lograron subdividir los neutrones y protones, y encontraron nuevas partículas más pequeñas o elementales. Entonces, al igual que la química utiliza la tabla periódica de los elementos para sus experimentos, los físicos desarrollaron algo similar que denominaron el «modelo estándar» (ver *Figura 2*). En este modelo están todas las partículas básicas o componentes más pequeños que forman la *materia visible*, que se «supone» no pueden seguir dividiendose. Por eso se les denomina partículas elementales o fundamentales. Estas partículas, como condición esencial, deben tener masa. Aunque estas partículas son tan diminutas que su masa es muy cercana a cero, pero no es cero.

Figura 2: Modelo Estándar de Física de Partículas

Según la nomenclatura de los físicos, existen dos tipos de partículas elementales: *Fermiones* y *Bosones*. Los *Fermiones* son los componentes básicos que constituyen la materia visible, y se subdividen en: *Quarks* y *Leptones*. En cambio, los *Bosones* no constituyen la materia, pero son *fuerzas* que permiten que el resto de las partículas interaccionen. Es decir, son los que hacen que pasen cosas. Por ejemplo, para que existan interacciones electromagnéticas, como los fenómenos eléctricos, se necesita una de estas partículas, el *fotón*. Y, para que todas las partículas tengan masa se necesita el *bosón de Higgs*.

De esta forma, el «gran supuesto» de la física moderna establece que en el momento del *Big Bang* cosmológico, solo una millonésima fracción de segundo tras su inicio, existían solo partículas fundamentales y una enorme energía calórica, las cuales dieron origen al tiempo y el espacio. Es decir, de las interacciones entre esas partículas elementales surgió lo que llamamos Universo.

En ese sentido, lo que se busca con el proyecto LHC es hacer girar haces de partículas (especialmente protones) en sentido opuesto hasta alcanzar el 99,99 % de la velocidad de la luz, y se los hace chocar entre sí. Estos choques o interacciones liberan una gran cantidad de energía y generan nuevas partículas que permiten simular, en una escala mínima, eventos ocurridos justo después del *Big Bang*. En otras palabras, con el LHC se buscar recrear las condiciones de los supuestos teóricos que provocaron el *Big Bang* cosmológico, para así obtener información clave respecto del origen, formación y evolución del Universo, y con ello, entregar profundas bases de entendimiento respecto de: ¿qué es la materia? ¿cómo se forma la materia? ¿qué es eso que llamamos realidad? ... Claramente, la inversión investigativa, instrumental y tecnológica ha sido multimillonaria, sin embargo, hasta el momento, el enigma continúa.

Conocer sólo el 4% de todo lo que existe en el Universo no permite a los científicos explicar la realidad. La *energía oscura* y la *materia oscura*, que algunos denominan campos del «*vacío*», sigue siendo el gran misterio, y no solamente a nivel cosmológico, sino también en nuestra realidad cotidiana. En cierta forma, las leyes pregonadas por los científicos no encajan del todo en este complejo mundo que vivimos, porque el cosmos nos sigue ocultando sus secretos más profundos. Por ejemplo, cuando tocamos cualquier objeto material, ya sea: una flor, una piedra, un vaso de agua, etc; no es posible explicar a ciencia cierta qué es lo que se está palpando, porque a nivel muy profundo - a nivel cuántico o de partículas elementales – es un enigma sin resolver, porque la materia parece continua, pero no lo es. Más bien, es una ilusión.

En palabras simples, la materia visible está hecha de átomos, cuyos componentes más conocidos – protón, neutrón, electrón – están enlazados y operan como un sistema integrado. El núcleo atómico - protones + neutrones - es la parte central de un átomo, tiene carga positiva, y concentra más del 99,999 % de la masa total del átomo, en cambio, el restante 0,001% de masa del átomo la contiene el electrón. En cierta forma, el átomo tiene una gran masa en el centro y un enjambre de pequeños electrones dando vueltas alrededor. Ahora, al profundizar en el estudio del átomo, un hallazgo muy importante establece que, por ejemplo, al medir el diámetro del núcleo del átomo de hidrógeno – el elemento químico más abundante del Universo - éste sería 145.000 veces más pequeño que el diámetro de la órbita de sus electrones. Esto quiere decir que si el núcleo del átomo fuera del tamaño de una pelota de básquetbol (24,3 centímetros de diámetro), los electrones estarían orbitando a 35,3 kilómetros de distancia del núcleo, y toda esa distancia está cubierta por un montón de espacio «vacío».

Esto permite inferir que aquello que percibimos como un cuerpo sólido es una «ilusión» de solidez. De hecho, si calculas el porcentaje de volumen de masa atómica del espacio de tu cuerpo, te darás cuenta que estás hecho, literalmente, de 99,999% de espacio «vacío». Eres una ilusión de solidez formada por partículas en movimiento y la percepción de tus sentidos, interpenetrada por un vacío omnipresente.

Algunos científicos de renombre que trabajan en el CERN, y en el proyecto LHC, como lo es el físico Enrique Fernández, director del Instituto de Fisica de Altas Energías de Cataluña, expresa una frase muy sensata del momento que vive la ciencia física actual:

... "Sabemos muy poco sobre lo que es la materia. Es una situación inaudita, nunca a lo largo de la historia del hombre hemos sido tan conscientes de nuestra ignorancia" ...

Sin duda, lo que establece el Dr. Fernández con su frase, respecto de la enorme incomprensión existente sobre la realidad que habitamos, a mi parecer, no solo ocurre con las ciencias de la física, sino que se extrapola a todas las ciencias de la vida y del hombre. Solo basta con observar el misterio que aún persiste en relación al genoma humano desde que los científicos revelaron que únicamente el 5% de los genes participa en la síntesis de proteínas para la construcción el cuerpo humano. Sin embargo, el 95% restante es un terreno de comprensión aún desconocido para los científicos.

El proyecto genoma humano se lanzó formalmente en el año 1990 con una inversión de 3 mil millones de dólares, y luego de una década de investigación, en el año 2000, fue cuando científicos anunciaron que el genoma humano había sido secuenciado. Sin duda, muchos establecieron que el lenguaje en cómo «Dios» había creado la vida estaba resuelto, habían encontrado el «manual de instrucciones», especialmente, porque estos hallazgos tienen directa relación con responder al enigma más importante de la historia de la humanidad: ¿Cómo emerge realmente la vida inteligente y autoconsciente en la Tierra?

De hecho, Walter Gilbert, un renombrado biológo de la Universidad de Harvard, hizo un célebre anuncio en su momento:

... *"La búsqueda del Santo Grial de quienes somos ha alcanzado su fase cúlmine. El objetivo último es la adquisición de todos los detalles de nuestro genoma"* ...

Este anuncio dejaba en claro que la ambición suprema de muchos biológos investigadores era descifrar todos los genes del genoma humano. Sin duda, estos descubrimientos proporcionaron avances en la comprensión de la biología humana, y con ello, aumentó el interés e inversión, hasta el día de hoy, en proyectos investigativos, principalmente, en tópicos de medicina y biotecnología. A simple vista, daba la impresión que como los científicos tenían el código de la vida entre sus manos, era sólo cuestión de hacer cruces de instrucciones genéticas para modificar plantas y animales, y resolver problemas médicos, de salud y alimentación de la población. Desafortunadamente, muchas de las afirmaciones a partir del secuenciamiento del genoma humano estaban incompletas. Muchas más dudas emergieron a como realmente operaba este supuesto «manual de instrucciones».

No hay lugar a dudas que la secuenciación del genoma humano no tuvo los resultados esperados para los científicos. Y, por lo demás, fue un fracaso económico de proporciones para aquellos empresarios oportunistas que buscaron «patentar» genes. Por un lado, la expectativa inicial era encontrar al menos 100.000 genes activamente implicados en la construcción del organismo humano, en vista que somos, supuestamente, el tope de línea evolutivo en relación a otras especies, sin embargo, la cifra oficial sólo considera 23.000 genes. Lo más desconcertante de este hallazgo, es que al compararla con los genomas de otros animales más simples que nosotros, la evidencia dice que la mosca de la fruta tiene 17.000 genes, un erizo de mar tiene 26.000 genes, incluso, la planta de arroz nos supera con creces, ya que tiene 38.000 genes. Y, en contraste con el chimpancé, sólo nos separan 50 genes. Según estudios recientes, existe un 98,4% de compatibilidad genética entre el chimpancé y la especie humana. Desde luego, la evidencia es categórica, los genes, por sí solos, no explican cómo el organismo humano se autoorganiza para su desarrollo y conservación única y diferenciada respecto de otras especies, a nivel físico, cognitivo, emocional y social.

Si bien es cierto, el principio mecanicista que describe a la molécula helicoidal de ADN como la unión de cuatro grupos químicos, o nucleobases, que cuando se organizan en un orden específico, precisan las secuencias de aminoácidos dispuestos en cadenas de polipéptidos, que luego se pliegan en moléculas de proteínas, en donde, sólo algunos de estos genes se implican en el control de la síntesis de proteínas que necesita un organismo vivo para construirse y conservarse. Un aspecto muy importante a considerar en la retórica utilizada para comprender la función de los genes y el ADN, es que los genes no codifican ni programan la forma ni el comportamiento de los organismos vivos. El ADN son moléculas que secuencian o establecen una serie de procesos químicos, pero que no determinan estructuras ni formas particulares de un organismo.

Lamentablemente, todo lo que se ha descubierto del genoma humano está supeditado a un contexto funcional bioquímico, que se traducen en átomos y moléculas. Es decir, sobre la «ilusión» de la materia visible del cuerpo humano (0,001%), y sin considerar el misterioso espacio o campo del «vacío» que lo interpreneta (99,999%).

Bajo el nuevo paradigma de comprensión de la realidad basado en la «teoría de campos del vacío», el Dr. Rupert Sheldrake, quién se educó en Cambridge y Harvard, ha sido un pionero en la adaptación de este paradigma en el estudio del genoma humano, con su teoría de la resonancia mórfica y los campos morfogenéticos.

Para el Dr. Sheldrake los campos mórficos son patrones de forma, que residen en el espacio «vacío», que les proporcionan estructura a los organismos vivos, independientemente de la carga genética del ADN, el cual se encarga de transmitir la información proteica a los mecanismos de la herencia. Como ejemplo, propone la relación que hay entre un ingeniero y un arquitecto al construir un edificio. Los primeros establecen los materiales, los pesos y tamaños que deberán soportar las estructuras; en cambio, los arquitectos idean creativamente la forma que éstas llevarán. En ese sentido, el proceso de ingeniería en la creación de un organismo vivo le corresponde a la molécula de ADN, por otro lado, la labor del arquitecto – el diseñador - es la correspondiente al campo mórfico que no se encuentra en los genes sino en el exterior del organismo fisico, en el «vacío» que interpreneta al cuerpo. Entonces, siguiendo con la analogía, la función clave del arquitecto debe consignar, por añadidura, un alto grado de «conciencia», porque «sabe» el «qué» y el «cómo» diseñar, previamente, el plano matricial de cada elemento del organismo, antes de que se materialice en la realidad física 3D. Sin duda, he aquí otro gran dolor de cabeza para la ciencia moderna: *la conciencia*. Una pregunta fundamental que emerge, es: ¿la materia tiene conciencia?

Si contextualizamos la conciencia como un proceso de individuación y autoorganización neguentrópica que construye autonomía, diferenciación y singularidad a una «forma» de tiempo-espacio, es decir, «delimita» una forma y da origen a un «si-mismo» y una «mente», ya sea materialmente visible o no. Entonces, una definición aproximada de lo que es la conciencia está relacionada con la habilidad que tiene toda «forma individuada» de interactuar con un medio, captar información, procesarla y responder con autonomía. De esta forma, emerge como un «subproducto» de la conciencia el atributo de la «percepción». Este atributo se nutre de experiencias específicas del si-mismo (observador), pero no constituye una realidad fundamental.

En otras palabras, la conciencia construye una realidad fundamental, y la percepción emerge como una cualidad inherente basada en la experiencia subjetiva del si-mismo en esa realidad creada. Esto quiere decir, que cada forma manifiesta es una «conciencia», una «mente» o un «si-mismo» con la capacidad de observar, experimentar, sentir, interactuar, aprender, autoorganizarse, autotransformarse, tomar decisiones y evolucionar, a través del tiempo, cada vez con mayor grado de autonomía y complejidad dentro de la realidad-tiempo creada. En el caso de los seres humanos esa complejidad en la expresión de la conciencia es muchísimo mayor que otras especies, porque las capacidades perceptivas se expanden a través de la cognición, intuición, sentimiento, emociones, humores, imaginación, creatividad, entendimiento, elección, sentido de libertad, deseo, propósito, trascendencia, significado, búsqueda espiritual, etc.

Esto implica que todo tipo de formas, ya sean de naturaleza físico-química, biológico, sutil o etérica, debiesen percibir, inherentemente, una realidad subjetiva basada en la amplitud, nivel o grado de su propia conciencia individuada. Esto incluye a los átomos, móleculas, cristales, células, tejidos, órganos, plantas, animales, seres humanos, ecosistemas, planetas, sistemas solares y galaxias. Por ejemplo, la conciencia de un cristal está sujeta o delimitada a la forma y a la experiencia subjetiva intrínsica de su realidad como cristal en interacción con el medio. Por más que una persona tome un cristal con sus manos, y luego lo palpe, lo observe y lo sienta, eso no implica que la persona está experimentando ser un cristal, más bien, está «empatizando» en «qué» y «cómo» el cristal interactúa subjetivamente con su realidad. La experiencia consciente se vive desde «dentro» de la forma, en interacción con el medio externo - de naturaleza material, sutil o etérica - con el cual delimita y es parte.

Una importante contribución teórica sobre la «materia consciente» la propuso notablemente Freeman Dyson, un renombrado y galardonado físico que ha destacado por su labor fundamental en el estudio de la electrodinámica cuántica, a quién cito textualmente:

... "Creo que nuestra conciencia no es un epifenómeno pasivo que se deja llevar por los acontecimientos químicos de nuestro cerebro, sino que es un agente activo que fuerza a los complejos moleculares a elegir entre un estado cuántico u otro. En otras palabras, la mente es inherente a todo electrón y los procesos de la mente humana difieren solo en grado, pero no en tipo respecto a los procesos de elección entre estados cuánticos que llamamos "azar" cuando los realiza un electrón" ...

... "No sé lo que significa la palabra «materialismo». Como físico, considero que la materia es un concepto impreciso y anticuado. A grandes rasgos la materia es la forma en que actúan las partículas cuando están agrupadas en un gran número. Cuando examinamos la materia en sus detalles más sutiles mediante los experimentos de la física de las partículas, la vemos actuar como agente activo más que como sustancia inerte. Su funcionamiento es, en sentido estricto, impredecible. Parece que realizara elecciones arbitrarias entre posibilidades alternativas. Si comparamos la materia tal como es observada en el laboratorio, con la mente tal como la observamos en nuestra propia conciencia, la diferencia no parece ser cualitativa sino sólo cuantitativa. En forma similar, si Dios existe y nos es accesible, la diferencia entre su mente y la nuestra sería sólo de

grado, y no de cualidad. Podríamos decir que estamos parados a mitad de camino entre dos impredecibilidades: la de la materia y la de Dios. Tanto la materia como Dios pueden hacer aportes a nuestras mentes" ...

Una visión similar a Dyson, la establece David Bohm, una de las mentes brillantes del siglo XX en física teórica, y un antiguo colaborador de Einstein, quién expresa:

... "La cuestión es si la materia es burda y mecánica o se torna cada vez más sutil hasta volverse indistinguible de lo que la gente llama mente" ...

Lamentablemente, el dogma científico imperante establece que la materia no tiene conciencia, por ende, la vida es un producto de casualidades sin propósitos que es propio de un azar inconsciente, inanimado y mecánico. Sin duda, bajo este supuesto se descarta totalmente la existencia de una «inteligencia» que es inherente al proceso o continuum creacional de la vida. De esta forma, los seres humanos serían obra y arte de la evolución inconsciente de átomos, moléculas y células. Incluso, la conciencia humana sería solo un subproducto de una actividad automática de células nerviosas. Claramente, estas teorías materialistas tienen sus precursores. El famoso biólogo Francis Crick, uno de los descubridores de la molécula de ADN, es el gran «sacerdote» del dogma central de la biología, y no tiene reparos al afirmar que:

... "Tú, tus alegrías y tus tristezas, tus recuerdos y tus ambiciones, tu sentido de identidad personal y libre albedrío, en realidad son sólo la conducta de un inmenso conjunto de células nerviosas y sus moléculas asociadas" ...

Claramente, esta afirmación de Crick – y de muchos científicos materialistas - establecen que la conciencia nace y muere en el cuerpo material - obviando totalmente que el cuerpo material está interprenetado en un 99.999% por un campo «vacío». Es decir, para el pensamiento materialista no hay cabida al postulado de que la conciencia pueda transmigrar a una nueva forma más allá de lo físico, y con ello, a nueva realidad. Más bien, impera el dogma de que cada persona es solo una compleja e inanimada máquina biopsicosocial que interactúan con un medio físico, y está limitada a lo que dura su corta vida material. Realmente, ¿estos científicos ortodoxos se incluyen a sí mismos – desde la percepción íntima de su realidad - cuando definen al ser humano de esa forma? Desde luego, existen muchos investigadores y científicos que no están dogmatizados con el materialismo per se, y sostienen una mirada reflexiva y abierta a nuevas formas de concebir la realidad.

No hay lugar a dudas que las dinámicas que dan funcionalidad a la realidad y el origen de la diversidad de vida inteligente es un gran misterio. Con sólo observar la vida en nuestro mundo y darnos cuenta que solo el 0,03% de toda la materia visible universal corresponde a la Tierra (ver *Figura 1)*, es decir, somos un ultra diminuto punto de luz en el firmamento (ver *Figura 3*). Claramente, una pregunta que emerge naturalmente, es: ¿estamos solos en el Universo?

Al observar la *Figura 3*, y esta imagen la complementamos con los miles de relatos de avistamientos ovni, el estudio arquelógico de civilizaciones antiguas, la desclacificación de cientos de documentos militares que señalan interacciones secretas de gobiernos con extraterrestres y las misteriosas apariciones de los famosos «crop circles» en Gran Bretaña … es esperable que la respuesta a esta pregunta ya sea evidente, ¿cierto?

Figura 3: Simulación Gráfica de todo el Universo Observable

Ahora, si no es del todo convincente la *Figura 3,* más toda la investigación UFO realizada hasta el momento, y, aún así, sigue la creencia irrefutable de que la civilización humana es el exclusivo y último eslabón evolutivo de vida inteligente en el Universo, observemos el siguiente supuesto aritmético:

En nuestra galaxia – Vía Láctea – se estima, según los astrónomos, que existen entre 200.000 millones y 400.000 millones de estrellas. Las estrellas no se dispersan al azar por el espacio, sino que se agrupan en galaxias. Se estima que en el Universo existen 2 mil millones de galaxias, que en total albergan 10.000.000.000.000.000.000.000 de estrellas, que algebraicamente sería 10^{22}. Muchas estrellas tienen sistemas planetarios, y algunos estudios concluyen que es probable que existan 100 trillones de planetas parecidos a la Tierra. Si sólo el 1% de estas «Exo-Tierras» tuviera vida biológica, y de esos *planetas que tienen vida biológica, sólo el 1% albergara vida in-teligente autoconsciente, es probable que existan 10.000 billo-nes de civilizaciones inteligentes en el Universo y, por defecto, 100.000 en nuestra galaxia. Y, no está de más decir, que alguna de esas inteligencias probablemente están miles de años más avanzadas que nosotros, tanto en evolución tecnológica como de conciencia.*

Aunque, para algunos, puede ser totalmente inviable la existencia de 10.000 billones de civilizaciones inteligentes en el Universo, sin embargo, lo interesante es notar que ese número de civilizaciones seguiría siendo sólo parte del 4% de materia o luz visible del Cosmos, a menos que muchas de ellas sean civili-zaciones extradimensionales o interdimensionales que no vivan en una realidad de materia visible basadas en leyes físicas de 3D, con lo cual, ya no serían parte del 4%, sino del misterioso 96% de oscuridad del Cosmos.

Desde luego, son muchas las preguntas que emergen respecto de la naturaleza de nuestra realidad, ¿qué es ese 96% de oscuridad del Universo? ¿qué fuerzas o conciencias existen en ese fondo negro del espacio, y cómo influyen en nosotros? ¿son realidades hiperdimensionales con leyes físicas totalmente distintas? ¿allí existen mundos astrales? ¿son carreteras hiper-espaciales a otros mundos? ¿Dios reside allí? ... Sin duda, he aquí el gran misterio de la creación, y es el punto de inflexión entre la ciencia del hombre y la ciencia del espíritu y la conciencia uni-versal.

Actualmente, en vista de toda la confusión, división, ma-nipulación e ignorancia que prevalece en muchos ámbitos de nuestras vidas, se ha tornado imprescindible, relevante, urgente y trascendente resolver – o al menos aportar claridad – a los tres más grandes enigmas de la humanidad. Por un lado, tenemos los misteriosos secretos de la materia y el Big Bang cosmológico: ¿la materia es ilusión? ¿cómo se forma? ... Sin duda, el otro gran enigma está relacionado con el nacimiento, desarrollo y evolución de la conciencia: ¿la conciencia nace con la materia o existe previamente? ¿cómo se forma, autoorganiza y evoluciona? ... Y, el tercer gran misterio, está relacionado con la cosmogénesis de la humanidad: ¿los seres humanos son obra de la evolución aleatoria o de una intervención divina, cósmica o extraterrestre?

Desde luego, el construir entendimiento y reflexión, de manera integrada y relacional, sobre estas 3 áreas, nos permitirá expandir profundamente nuestra percepción de la realidad, liberándonos de creencias limitantes, y, sobretodo, despertando potenciales insospechados en nosotros. De una u otra forma, para evolucionar en «conciencia despierta», necesitamos internalizar conocimientos trascendentales para seguir caminando el sendero de la autotransformación con mayor armonía, fuerza y verdad interior, tanto en lo individual, como en lo colectivo: ¿quiénes somos? ¿por qué estamos aquí? ¿hacia dónde vamos? ... Esencialmente, como decía el gran maestro esenio: *¡La verdad os hará libres!*

Una Visión Heterodoxa de Dios

Desde una opinión muy personal, una de las grandes carencias educativas en el desarrollo de nuestra sociedad es la falta de espacios de reflexión que permitan nutrir el pensamiento y ampliar la mirada sobre el funcionamiento de la vida y la naturaleza del hombre desde una perspectiva heterodoxa. El pensamiento heterodoxo es una forma de pensamiento flexible, abierto, que evita cualquier división simplista de la realidad en oposiciones binarias, disyuntivas y absolutas. Es decir, no niega ni refuta la ciencia ni la espiritualidad dogmática ni ortodoxa, al contrario, busca integrarlas desde un entendimiento constructivo, reflexivo y dinámico que enriquezca y renueve el conocimiento y los sistemas de creencias arraigados en la sociedad en el presente.

Para aportar claridad, cuando hablamos de dogma, nos referimos a esa proposición que asume como principio innegable e irrefutable el conjunto de postulados que rige una religión, doctrina, ciencia o sistema. Los fundamentos de un dogma no están sujetos a discusión o cuestionamiento, su verdad resulta inobjetable, sea demostrable o no, sea comprensible o no. Y, bajo esta definición, emerge por añadidura la «ortodoxia» que es aquella practica que hace cumplir las normas tradicionales, generalizadas y/o estandarizadas, y sigue fielmente los principios de un dogma o una doctrina. La palabra «ortodoxo» también está relacionado a algo antiguo, tradicional, rudimentario, poco evolucionado o conservador.

Muchas veces por los hábitos, creencias y automatismos socioculturales, no nos permitimos explorar nuevas formas de entendimiento de la vida, tanto en lo espiritual como científico, por temor a que no se ajusten a algún «dogma» pre-concebido, siendo que capacidades inherentes a la conciencia humana, tales como: atención, percepción, intuición, creatividad y metacognición - al ser plenamente desarrolladas - propician al ser humano de un profundo *poder de reflexión* que expande la percepción y el entendimiento de muchos aspectos de la realidad, y con ello, se abren nuevas rutas de exploración de los misterios de la vida.

Es importante resaltar que la ciencia moderna conoce de manera muy *imprecisa* solo un 4% de la realidad. Por ende, el misterio de la vida sigue ahí latente, esperando a ser descubierto - no necesariamente por científicos - sino por personas que se atrevan a abrir su mente para trascender todos los sistemas de creencias limitantes que siguen programados en lo profundo de su psique. Recordemos que la vida es evolución, por lo tanto, el pensamiento y el conocimiento también evoluciona. Seguir atados a dogmas irreflexivos, es seguir limitando nuestra autonomía del pensar y el sentir. En retrospectiva, hoy en día el gran maestro Esenio nos diría: *¡volved a ser niños para entender los misterios de la vida! ... ¡explora, reflexiona, sé libre, concientiza y desprográmate!*

Lamentablemente, en nuestro mundo domina un dogma central basado en un pensamiento materialista y reduccionista, sobretodo en la educación de las ciencias de la vida. Por lo tanto, quienes se educan absorben el mismo dogma, muchas veces, sin cuestionar absolutamente nada. Como si fuera una verdad incuestionable porque lo dice un personaje con algún estatus de reconocimiento social.

Cuando un científico extrae una flor de su contexto natural, para luego analizarla y estudiarla en su laboratorio, ese científico está explorando algo muerto, sin vida. Por lo tanto, lo que infiera de su análisis estará completamente sesgado porque el ambiente o sistema natural que da vida a esa flor – biodiversidad del entorno - no es considerado en el estudio experimental. Esto es un ejemplo del pensamiento reduccionista y materialista.

Es relevante comprender que solo la *conciencia* tiene la capacidad de experimentar la realidad de forma directa, en cambio, cualquier tipo de *ciencia* modela la realidad de forma indirecta, descartando la experiencia subjetiva y asumiendo supuestos a priori que permitan confirmar o refutar una hipótesis. Por lo tanto, emergen múltiples observadores, con múltiples formas de observación y objetos múltiples de observación.

En otras palabras, la práctica de la ciencia se sostiene como un continuum observacional que realizan «observadores» sobre «objetos de observación» - basados en percepciones propias de la realidad, para lo cual construyen metodologias e intrumentos que permitan medir y modelar contextos de realidad, muchas veces artificialmente muy controlados, con el afán de comprender cómo las cosas funcionan en sus múltiples niveles. El problema que se arrastra en muchas ocasiones, es que la inferencia que se realiza post-observación, no pasa por un filtro de reflexión adecuada, y se asume como una verdad irrefutable del método científico, que algunos dogmatizan, transmiten a las masas y las transforman en un sistema colectivo de creencias. Sin reparar que sólo son hallazgos que suman un granito de arena más en la comprensión continua de los misterios de la vida.

De manera análoga, en la práctica de la espiritualidad ocurre el mismo proceso de dogmatización, tanto en contextos religiosos, metafísicos y del movimiento new age. Es decir, algunas personas vivencian una experiencia místico-espiritual y/o un estado expandido de conciencia en algún momento de sus vidas, y como no pasa por el proceso de reflexión adecuada, se fanatizan, se sienten los elegidos y los portadores de la verdad absoluta, el ego espiritual se acrecienta, dogmatizan la experiencia, captan súbditos/fans y la transmiten a las masas, creando una doctrina o un nuevo sistema de creencias con verdades divinas, en gran medida, irreflexivo, autoritario, jerárquico y absoluto.

Claramente, no es necesario ser un «erudito» iluminado para observar la naturaleza y darse cuenta que existe una inteligencia profunda en cada forma creada, que trasciende totalmente al raciocinio humano! Y, quizás el gran llamado es a dejar de lado la soberbia dogmática, para comenzar a explorar, libremente, el lenguaje de la naturaleza y el cosmos con una mente abierta y reflexiva que realmente unifique comprensiones desde un punto de vista científico y espiritual heterodoxo – al menos es el propósito de este libro.

Sin duda, ¡he aquí el dilema! ... En la mayoría de las personas no existe una apertura reflexiva heterodoxa respecto de la verdadera naturaleza de la realidad. Por un lado, desde el pensamiento religioso ortodoxo se han establecido supuestos basados en leyes divinas absolutas e inmutables. Y, por otro lado, desde el pensamiento científico materialista se han construido supuestos basados en leyes deterministas, reduccionistas y mecanicistas. Sin embargo, al reflexionar, profundizar y analizar estas líneas de pensamientos, se evidencia que ambas se confrontan en dos dogmas fundamentalistas esenciales: *No-Evolución y No-Conciencia*.

Desde la ortodoxia religiosa se ha inculcado desde siempre que Dios es inmutable, absoluto y omnipresente. Es decir, Dios es «estático» e «invariante», pero está «presente» en la totalidad del «cosmos». Sin duda, la pregunta natural que emerge, es: ¿cómo «algo» inmóvil puede «moverse» y estar «presente» en todas partes?, ¿cómo ese «algo» crea, diversifica y evoluciona?

En la otra vereda, la ortodoxia científica nos habla de la crea-ción universal como efecto de una «casualidad» denominada «big bang» que dio origen a las formas físicas, a los planetas, a los ecosistemas, los sistemas biológicos, y, finalmente, al ser humano. En cierta forma, ¿todo el orden o la coherencia existente en el universo emergió de la «nada» de pura «ca-sualidad»? … o, más bien, ¿existe una «conciencia» que es inherente a todo proceso creativo universal?

He aquí la gran paradoja, de la cual nacen o emergen la ma-yoría de los sistemas de creencias de la psique humana:

- o Pensamiento Religioso = Dios sin Evolución
- o Pensamiento Científico = Evolución sin Dios

Sin duda, existe una profunda escisión en el pensamiento humano, que no ha permitido construir un parámetro común de percepción de la realidad. Ya es momento de la gran unificación de pensamientos, la cual considere la «Evolución» y «Dios», como elementos de una misma ecuación.

Por un lado, a Dios lo vemos como algo absoluto, jerárquico, distante y/o alejado de la humanidad, el cual vive en algún lugar especial: el *Paraíso*. Lamentablemente, hemos creado una personificación de Dios. Sin embargo, si nos permitimos considerar a Dios como sinónimo de «conciencia», entonces cada forma manifestada es una «conciencia» dotada de una «mente primordial» que tiene la facultad de experimentar, aprender, crear y evolucionar. En otras palabras, la creación misma — incluida la humanidad y cada ser humano — es Dios, que se traduce en una conciencia sistémica, expansiva, orgánica, dinámica, que se auto-organiza, aprende, recuerda, se transforma, se diversifica, trasciende y evoluciona.

Entonces, al considerar a Dios como una conciencia que evoluciona, vemos que el verbo «evolucionar» está directamente relacionado con el factor «tiempo». En otras palabras, la evo-lución es tiempo. Y, esto es muy relevante porque emerge la noción del tiempo como movimiento. Es decir, para que algo evolucione debe estar en movimiento, en perpetua actividad y cambio. Por lo tanto, el tiempo es posible definirlo como un *continuum de estados multidimensionales de movimientos dinámicos de pasado-presente-futuro*. Con ello, es posible proponer una visión ampliada de la naturaleza de Dios:

$$(1) \qquad \underbrace{Dios_{NM} = Tiempo + Conciencia = EEC}_{\textit{Gran Todo-Unido en Movimiento y/o Vibración Perpetua}}$$

Siendo,

NM = No-Manifestado (Infinitud)

EEC = Eternidad Evolutiva Consciente (Pensamiento)

$$(2) \quad Dios_{SM} = Tiempo + Conciencia + Espacio = IEC$$

Gran Si-Mismo en Movimiento y/o Vibración Perpetua

Siendo,

SM = Si-Manifestado (Finitud)

IEC = Individuación Evolutiva Consciente (Mente)

Bajo esta visión, se establecen dos estados fundamentales de Dios: *el incognoscible (1) y el cognoscible (2)*. Por un lado, el aspecto incognoscible no está delimitado por una forma-espacio porque es conciencia pura. Es la inteligencia perenne que trasciende todo tipo de forma manifestada. En este caso, lo incognoscible sería el sagrado Espíritu.

Por otro lado, el aspecto cognoscible está delimitado por una forma-espacio, con lo cual condiciona la conciencia a un tiempo-espacio específico, desde la cual emerge naturalmente una mente primordial que provee de una identidad singular a la forma manifestada. Al delimitar una forma-espacio emerge la noción del «si-mismo» por añadidura porque las formas constan de puntos o segmentos en el espacio que parametrizan finitamente una unidad de conciencia transformándola en una singularidad. Es decir, la conciencia que se autoorganiza multidimensionalmente en una forma espacial específica, se diferencia entre el medio interno del cual es parte y el medio externo que lo rodea (ya sea de naturaleza física o sutil). De esta forma, podemos decir que el big bang cosmológico es un proceso de individuación de la conciencia perenne en fragmentos de conciencia delimitados por formas-espacios que asumen un grado de autonomía al constituirse como «mentes» singulares interconectadas entre sí. En este caso, lo cognoscible sería la multiplicidad de «conciencias» y/o «almas» entrelazadas singularmente a una forma-espacio. Desde luego, con la individuación de la conciencia emergería la clasificación y división del tiempo en los estados dinámicos de pasado, presente y futuro. En donde, pasado, presente y futuro están entrelazados y se influyen mutuamente.

A partir de esta reflexión, se infiere que el «espíritu» trasciende el tiempo-espacio, integrando pasado-presente-futuro como una unidad. En cambio, el «alma» pertenece a un ciclo del tiempo específico, porque inició su proceso de individuación en un determinado tiempo-espacio multidimensional. Con lo cual, el viaje evolutivo del alma[1] se ha constituido por cientos de miles de experiencias en múltiples formas, espacios, mundos y realidades cognoscibles. En ese sentido, las múltiples almas distribuidas por la vasta creación conforman la mente de Dios.

Esto implica que la evolución eterna y omnipresente de Dios, que se traduce como toda la realidad existente, está gobernada por leyes dinámicas de tiempo-conciencia. Eso quiere decir, que, antes del big bang, ya existe el tiempo y la conciencia. De hecho, parecieria que no existe un inicio o final de algo, la existencia es un proceso cíclico eterno, es un continuum vibracional de creatividad infinita que evoluciona, se transforma y se diversifica. Cada aspecto de la creación vivencia sus propios ciclos de existencia en el tiempo.

---

[1] En la parte II de este libro se decodifica la naturaleza del alma en profundidad.

En otras palabras, el continuum de *tiempo-conciencia*, que permanece en perpetua vibración, se ajusta, fluctúa, oscila, se propaga y da origen a un big bang, y, como resultado, engendra un nuevo universo, con lo cual se agrega un nuevo elemento a la ecuación: *el espacio*; que implícitamente lleva consigo la noción de forma, finitud y simetría. Es decir, renace la trinidad sistémica: *tiempo-conciencia-espacio*. Con ello, cada nuevo universo, es un nuevo espacio de creatividad, diversificación y evolución de la conciencia que autoorganiza, dinámicamente, múltiples elementos y patrones de información, desde el microcosmos al macrocosmos. De esta forma, los múltiples universos de la vasta creación son las múltiples casas de Dios, que están «ungidas» por las leyes sagradas del tiempo, la conciencia y la forma-espacio.

Adentrándonos en Ondas Armónicas

Al definir cada big bang como el nacimiento de un nuevo sistema de *tiempo-conciencia-espacio*, es posible afirmar que la vida, en su esencia, se constituye como un gran conjunto de patrones inteligentes de autoorganización de información y conocimiento que interactúan dinámicamente entre sí, con lo cual aprenden, se transforman, evolucionan y se propagan fractalmente creando múltiples campos mórficos o estructuras armónicas a distinta escala dimensional, lo que permite crear un mundo o realidad determinada, como lo es nuestra tridimensionalidad denominada: *Vida en la Tierra*.

Siguiendo la reflexión anterior, es interesante notar que en física teórica moderna existe un modelo fundamental, denominado *Teoría de las Cuerdas*, que asume que las partículas materiales, en su condición más básica, son en realidad estados y/o patrones vibracionales. Esta teoría plantea que las partículas elementales conocidas pueden seguir dividiéndose en elementos aún más pequeños, hasta constituirse como una especie de filamentos de energía en constante vibración llamados: *cuerdas*. Es decir, si uno lograse observar el centro de un electrón, no vería una partícula puntual sino una cuerda vibrante.

La importancia de la teoría de cuerdas para los físicos es que tiene el potencial de unificar la teoría de la relatividad de einstein, la mecánica cuántica y las 4 fuerzas fundamentales de la naturaleza conocidas por el hombre: *gravedad, electromagnetismo, fuerza nuclear débil y fuerza nuclear fuerte*. Es decir, es candidata a transformarse en la Gran Teoría de la Unificación del Todo, desde una perspectiva de la ciencia física.

En la moderna teoría de las cuerdas, la vibración de estas cuerdas estaría limitada a unas frecuencias muy concretas, de manera que distintos modos de vibración otorgarían propiedades diferentes a las partículas elementales de las que forman parte. Por ejemplo, determinados tipos específicos de vibración de este conjunto de cuerdas producirían quarks, leptones, electrones, etc. Eso implica que el tamaño de las cuerdas debe ser proporcionalmente muy diminuto en comparación a una partícula elemental, en vista que estas cuerdas se autoorganizan y dan forma a una de estas partículas fundamentales. Algunos teóricos establecen que el tamaño de las cuerdas es similar a la longitud de Planck: $1,6 \times 10^{-35}$ *metros*, que es un billón de veces más pequeña que un protón, de modo que todas las partículas subatómicas parecen un punto.

En términos didácticos, lo que propone la teoría de cuerdas es que si tocásemos una de estas cuerdas (como si fuese una cuerda de guitarra), su vibración cambiaría armónicamente transformando el electrón en un neutrino o en un quark. Entonces, en un contexto general, pulsando simplemente la cuerda de diferentes maneras, se puede generar cualquiera de las partículas subatómicas conocidas, las cuales al cohesionarse, autoorganizarse y evolucionar - como un enorme conjunto de cuerdas - van construyendo las formas visibles tridimensionales de nuestra realidad. Eso quiere decir que todas las subpartículas del universo pueden verse como diferentes vibraciones de la cuerda, en donde cada particula tiene una vibración única y diferenciada.

Un aspecto esencial dentro de la evolución de la teoría de cuerdas – que denominan Teoría M - es el atributo de la multidimensionalidad. Esencialmente, estas cuerdas o filamentos vibran más allá de las cuatro dimensiones establecidas por la ciencia física tradicional, que serían las clásicas 3 dimensiones espaciales - *alto, ancho, largo* - y una dimensión temporal. Los físicos de las cuerdas contextualizan su Teoría M en la coexistencia de 11 dimensiones en el hiperespacio de nuestra realidad, porque en ese número de dimensiones su teoría converge, es estable, simétrica, y, sobretodo, unifica las 4 fuerzas. Es decir, a las mencionadas 3 dimensiones del espacio y 1 dimensión temporal, existen 6 dimensiones adicionales «compactadas» y 1 dimensión que las engloba formando membranas vibrantes que sostienen nuestra realidad en múltiples dimensiones. Sin duda, imaginar estas dimensiones extras es un desafío para nuestros cerebros.

De esta forma, según los teóricos de las cuerdas, el Universo sería una inmensa sinfonía de cuerdas mutidimensionales, en donde las leyes de la física – las 4 fuerzas fundamentales - serian las armonías de la cuerda, y los elementos químicos y moleculares sus melodías.

El concepto moderno de sinfonía multidimensional universal no es una idea totalmente nueva. Al contrario, ¡es muy antigua! Bajo el paradigma de la teoría de cuerdas, los físicos están reviviendo la antigua visión de los pitagóricos, quienes en el siglo V a.C - hace más de 2.500 años - descubrieron las leyes de la armonía y las redujeron a matemáticas, extrapolando su profunda filosofía al estudio de las complejas dinámicas del universo, la materia visible y la quintaesencia: el éter. Entre sus postulados establecían que el universo y nuestra realidad es una orquesta sinfónica en la cual destellan cientos de miles de frecuencias, notas, melodías y acordes armónicos a distintas escalas y octavas microcósmicas y macrocósmicas, las cuales pueden ser reducibles a números. Los pitagóricos al universo le denominaban «cosmos» como sinónimo de orden armónico estelar. Es decir, percibían la totalidad del universo como un gran sistema vivo y consciente, que se autoorganiza armónicamente.

Con la escuela pitagórica nació formalmente la ciencia matemática tal como hoy la concebimos, siendo el instrumento esencial para el desarrollo de todas las otras ciencias. Como también, el pensamiento filosófico pitagórico exploró e interpretó la propia armonía del Universo, ascendiendo su reflexión deductiva hacia los orígenes divinos del cosmos para profundizar en cómo estaba diseñada la naturaleza. Es decir, unificó postulados matemáticos, científicos, metafísicos y espirituales para comprender e interpretar la mente de Dios y el diseño armónico universal.

La escuela pitagórica fue fundada por Pitágoras en el año 532 a.C. Su fundador nació en la isla de Samos de la antigua Grecia alrededor del 572 a.C. Pitágoras de Samos es considerado el primer matemático puro de la historia humana conocida. Aunque los babilonios, egipcios e indios habían desarrollado sistemas aritméticos, geométricos y matemáticos, sin embargo, con la escuela pitagorica existió una evolución filosófica profunda en Occidente en torno a las matemáticas, siendo pioneros en la formulación de teoremas y demostraciones teóricas, lo cual dio paso a la transformación de las matemáticas como una verdadera ciencia. Para muchos, Pitágoras es el «padre de las matemáticas».

En la primera etapa de vida de Pitágoras, se menciona a tres grandes filósofos que influyeron en la genésis de sus profundas ideas. Por un lado, se le atribuye a su tío Ferécides de Siros como su primer gran maestro. Las otras dos personas que influenciaron sus inicios, fueron Tales de Mileto y Anaximandro. Según el antiguo filósofo griego Jámblico, en su texto: *Vida de Pitágoras*, dice que entre los 18 o 20 años de edad, Pitágoras visita a Tales, en Mileto - en la antigüedad se le consideraba a Tales como uno de los Siete Sabios de Grecia. Si bien, Tales de Mileto, en el encuentro con el joven Pitágoras estaba muy anciano, de todas formas, habría ejercido una fuerte impresión en Pitágoras, motivando su interés por las matemáticas y la astronomía, y aconsejándole visitar Egipto para interiorizarse más en el estudio de estas temáticas. Influenciado por el encuentro con Tales, el joven Pitagorás asiste por un breve tiempo a las enseñanzas que impartía Anaximandro – quién era el gran discípulo de Tales, siendo aquí donde aprendió las primeras nociones de geometría y cosmología.

Posteriormente, en la segunda etapa de su vida – entre los 20 y 40 años, y siguiendo los consejos de Tales de Mileto, el joven Pitágoras emprende viaje a Egipto y es aquí donde ocurre el gran despertar de sus ideas matemáticas, metafísicas y espirituales más profundas.

En la época de Pitágoras, es importante señalar que espíritu y materia se percibían como dos caras de la misma moneda, por lo tanto, el gran pensamiento filosófico desarrollado en aquel tiempo intentaba unificar lo visible con lo invisible, lo tangible con lo intangible, lo físico con lo metafísico, el orden con el caos, para comprender las dinámicas de la vida. Bajo este contexto, el joven Pitágoras en su viaje guiado por sacerdotes de alta alquimia egipcia hacia los templos piramidales del antiguo Egipto, vivencia experiencias trascendentales que cambian su forma de percibir y comprender el mundo por completo. Los sacerdotes egipcios que acompañaron a Pitagorás en su viaje eran custodios de un profundo y milenario conocimiento científico y espiritual que le fueron transmitiendo durante su estancia en Egipto por casi 20 años. Entre los tópicos transmitidos estaba la profunda *ciencia de la armonía* que incluye la vibración, la música, el tiempo, la forma, la quintaesencia, la astronomía, las matemáticas, la geometría y los patrones sagrados de creación universal.

La antigua cultura egipcia alberga un conocimiento que es incomprensible para la mayoría de las personas del siglo XXI. Sin duda, la ciencia y tecnología que aplicaron los egipcios hace 15.000 años atrás para la construcción de sus pirámides en precisa conexión con el cosmos sigue siendo todo un misterio. Una parte de ese misterioso y profundo conocimiento, en cierta medida, le fue traspasado a Pitágoras para que formulara un marco teórico comprensible en Occidente, el cual se propagó a través de sus alumnos y discípulos de su clásica escuela que fundó a sus 40 años de edad en la ciudad costera de Crotona, situada en la Magna Grecia, el actual sur de Italia.

La escuela pitagórica fue una escuela mística, científica y filosófica bastante radical para la época. Sus miembros llevaban una vida monástica, con una serie de prácticas ascéticas similares a las que podemos encontrar entre los yoguis de la India, permitiendo la participación de hombres y mujeres por igual. Es decir, los pitagóricos eran tanto una comunidad científica, como también, una hermandad espiritual. Entre los pitagóricos originales reconocidos, se encuentran: Epicarmo, Alcmeón, Hipaso, Filolao, Eurites, Arquitas, Clinias, Lysis, entre otros. Como también, la filosofía pitágorica influenció fuertemente las ideas de Platón y Aristóteles, considerados dos de los más grandes filósofos[2] de la antigüedad. En cierta forma, muchos filósofos reconocidos propagaron la misteriosa, oculta y espiritual filosofía pitagórica a través de las eras, desde múltiples perspectivas.

Esencialmente, al igual que los físicos modernos de la teoría de las cuerdas, los pitagóricos también se plantearon preguntas concretas para su exploración deductiva: ¿Existe una relación precisa entre la *armonía* musical, los números y las formas manifestadas en la naturaleza? ¿Cómo és esa relación? ¿Existe un «código divino» en el proceso de formación de la naturaleza? ¿Ese código sigue proporciones numéricas armónicas?

---

[2] La palabra Filosofía está compuesta por: Filo = Amor; Sofía = Sabiduría. La palabra Filósofo significa: "Amante de la Sabiduría".

La noción de *armonía* es la esencia del pensamiento Pitagórico. Como afirma Filolao, un antiguo filósofo pitagórico:

… "La armonía sólo nace de la conciliación de contrarios, pues la armonía es unificación de muchos términos que se hallan en confusión y acuerdo entre elementos discordantes" …

Inicialmente, los pitagóricos descubrieron que existe una organización numérica en la naturaleza del sonido musical, la cual se expresa aritméticamente por intervalos, razones y/o proporciones. Es decir, establecieron que el orden, la proporción y la medida son las partes fundamentales que componen la *armonía*. Para verificar estos hallazgos, Pitágoras inventó el monocorde como vía de experimentación de sus teorías.

El monocorde pitagórico consiste en una cuerda musical tensada que produce un sonido fundamental: *el tono*. Esta cuerda tiene marcas que la dividen en 12 partes iguales. Por lo tanto, el experimento Pitagórico establece que al pulsar la cuerda en la marca 6 – que sería la mitad – se genera la *octava*, que corresponde a la proporción 2:1. Luego, al pulsar la cuerda en la marca 9 se genera la *cuarta*, que corresponde a la proporción 4:3. Finalmente, al pulsar la cuerda en la marca 8 se genera la *quinta*, que corresponde a la proporción 3:2. Curiosamente, al pulsar la cuerda en cualquiera otra marca emergen sonidos discordes o al menos no tan acordes como los anteriores. Es decir, las consonancias perfectas ocurren en las fracciones 1/2, 3/4, 2/3, que corresponden a la octava, la cuarta y la quinta, respectivamente.

Figura 4: Representación del Monocorde y Pitágoras

Sin duda, este descubrimiento pitagórico de la *armonía* musical se extrapoló como vía de entendimiento de la organización de las formas de la naturaleza afirmando que cada cuerpo particular manifestado es lo que es por la *proporción* en que se combinan los elementos que lo componen, cuya composición está representada por números.

La noción de *armonía* trasciende el pensamiento dualista, dicotómico y binario. El principio de *armonía* busca integrar las múltiples tonalidades que vivifican nuestra realidad. Haciendo una analogía, desde el pensamiento pitagórico se infiere que no todo en la vida se reduce binariamente a «negro» o «blanco», más bien, existe una ley armónica en la naturaleza que combina proporcionalmente el blanco y el negro, posibilitando la existencia de infinitos matices de gris. Es decir, este principio infiere que 2 fuerzas, de condiciones opuestas o contradictorias, al complementarse armónicamente entre si, a distintas escalas o ratios, engendran un nuevo universo de elementos como efecto de esa combinatoria proporcional primaria. Para los filósofos pitagóricos, el principio de *armonía* se establece como la condición esencial que debe sostener toda forma de vida manifestada.

Numerología de la Formas

Al profundizar en la *armonía pitagórica* observamos que al intentar poner un número al sonido se establece un límite y una medida que lo posiciona dentro de un orden. Es decir, transforma al sonido en algo legible, observable y cuantificable, que interactúa dentro de un «cosmos». Como también, si analizamos la naturaleza del sonido, notamos que en su esencia es una onda vibratoria que asume determinadas características, dependiendo de su complejidad matemática a nivel de amplitud, longitud, oscilación, período y frecuencia.

Desde luego, los pitagóricos deducían que los intervalos de sonido – ya sea de tipo consonante y/o disonante - viajan en forma de ondas y tiene el potencial de construir patrones visuales de resonancia. Es decir, hace 2.500 años se establecía filosóficamente que fuerzas vibratorias (de sonido y/o luz) al configurarlas armónicamente engendran las formas y la simetría de los cuerpos que observamos en la naturaleza siguiendo un código numérico y/o matemático específico. Es interesante notar que, en la escuela pitagórica, en su profundo deseo por comprender el origen divino del cosmos, observaban mucho la naturaleza de las formas y se hacían las siguientes interrogantes:

- o ¿Por qué los seres humanos somos bípedos, y tenemos 10 dedos en las manos, 10 dedos en los pies, 2 ojos, 2 brazos, 2 piernas, etc.?

- ○ ¿Esa configuración bípeda del cuerpo sigue algún patrón, modelo o arquetipo primordial que constituye algún nivel de conciencia y/o percepción de realidad específica?

- ○ ¿Nuestro sistema numérico decimal tiene relación con la forma humana, la conciencia, el lenguaje, la comunicación y la percepción de la realidad?

Para los pitagóricos, el estudio de la ciencia de la *armonía* utilizando el lenguaje de los números es la clave para entender cómo «Dios» construye las formas de la naturaleza y el cosmos. En nuestro mundo, el sistema numérico decimal es un lenguaje creativo de formas, por lo tanto, no emergió azarosamente en nuestra cultura humana debido a la necesidad que tuvieron las antiguas culturas para cuantificar cantidades usando los 10 dedos de las manos, como muchos antropólogos han establecido y que, lamentablemente, se ha convertido como la historia oficial.

Esencialmente los números son «atributos» armónicos de orden mórfico. Estos atributos pueden ser de tipo cualitativo y cuantitativo. Si todas las formas y cuerpos representados en la naturaleza tienen estos atributos, entonces todas las cosas engendradas en la naturaleza están en armonía. Bajo esta noción emerge la célebre frase pitagórica de la «*armonía de las esferas*», en donde las infinitas formas y cuerpos celestes manifestados sostienen una armonía mórfica intrínseca la cual puede ser representada por números. Esto significa que todos los cuerpos constan de puntos o unidades en el espacio, que al considerarse como un conjunto constituyen un numero en sí mismo.

Desde nuestra perspectiva humana, nuestro sistema numérico natural se compone de 10 atributos, caracterizados por: 0, 1, 2, 3, 4, 5, 6, 7, 8 y 9. En donde los atributos 0 y 9 se constituyen como límites del sistema. Su clasificación sería la siguiente:

0 = Cero *(Limite Incognoscible)*

1 = Unidad

2 = Díada

3 = Triada

4 = Tétrada

5 = Péntada

6 = Héxada

7 = Héptada

8 = Óctada

9 = Enéada *(Limite Cognoscible)*

Desde la filosofía pitagórica, la interpretación simbólica de los números establece que el universo está animado por el espíritu de la creación que es el «*cero*». El universo por más extenso y vasto que sea, está delimitado invisiblemente por una forma esférica en expansión. Es por ello, que la figura numérica del «*cero*» está representado por un círculo, como atributo fundamental del universo. El sagrado número «*cero*» representa la naturaleza incognoscible de Dios. Es aquello invaluable, que no podemos ver, pero que está presente y sostiene el flujo y los ciclos de la vida manifestada.

El numero 1 es la «*unidad*» cognoscible dentro de lo incognoscible (0+1). Es el «punto» de inicio de lo manifestado porque es la unidad que tiene un valor posicional dentro del espacio delimitado por el número «*cero*». Representa la voluntad del espíritu, la mónada, la sustancia primaria, el primer Ser o la singularidad creativa primigenia que proviene del océano del espíritu: el *Anima Mundi*.

La «*diada*», el 2, es el primer número engendrado desde la unidad cognoscible (0+1+1). Es el opuesto complementario al «Uno», y sostiene el intervalo unísono 1:1, que es el tono fundamental para la generación de las melodías cósmicas. Representa la línea, la polaridad, las fuerzas complementarias, el Yin/Yang, el principio masculino y femenino... ¡la Luz!

La «*triada*», el 3, es el *hijo de la luz (mente)*. Fue engendrado en unidad por la diada sagrada en el intervalo sagrado 2:1 (*la octava*). Representa la polaridad integrada y el plano de las ideas elementales: *el triángulo* (0+1+2). Sostiene la unidad temporal de inicio (pasado), medio (presente) y fin (futuro).

La «*tétrada*», el 4, es el *hijo de la luz* transformado en materia. Es la idea original que se transforma en realidad material (0+1+3). Representa el más esencial de los sólidos tridimensionales: *el tetraedro*; siendo éste el patrón básico para la generación de los 4 elementos de la naturaleza, las 4 fuerzas fundamentales, los 4 nucleobases del ADN, los 4 atributos del átomo, las 4 estaciones, las 4 direcciones cardinales, etc.

La «péntada», el 5, es el movimiento del hijo de la luz como hijo de la materia. Es la dinámica interactiva de la «mente» en la «materia» que se expresa desde lo sutil a lo denso en el ritmo sagrado de la quinta perfecta (3:2). Es el inicio de una nueva configuración de la unidad y la tétrada (0+1+4) basado en la figura del pentagrama y la pirámide que representa a la naturaleza del hombre y su fuerza vital compactada en sus 5 sentidos: vista, oído, tacto, olfato y gusto. Como también, a las 4 fuerzas de la naturaleza sostenida por la quintaesencia: el éter.

La «*héxada*», el 6, es el balance del *hijo de la luz* transformado en *hijo de la materia*. Es la estabilización de las fuerzas vitales de los 4 elementos de la naturaleza (0+2+4). Está representado por el *hexagrama* o el *cubo*.

La «*héptada*», el 7, es la expresión perfecta del *hijo de la luz* sobre la materia. Es el conocimiento divino expresado en la naturaleza (0+3+4). Está representado por el *heptagrama*.

La «*óctada*», el 8, es el *hijo de la luz* transformado materialmente a sí mismo en su polaridad opuesta (0+4+4). Es el doble opuesto complementario a la tétrada. Está representado por el *octaedro*.

La «*enéada*», el 9, es el dominio perfecto del *hijo de la luz* sobre la materia. Es la integración trascendente de la luz sobre todos los ciclos vitales en la naturaleza y la apertura a una nueva dimensión de luz o espacio-tiempo cognoscible dentro de lo incognoscible (0+1+8). Está representado por la *espiral aúrea*.

La «*década*», el 10, es el sistema creacional en sí mismo que sostiene los 10 números naturales desde el 0 al 9. Es decir, son todos los procesos de transformación de la conciencia-luz desde lo incognoscible a lo cognoscible. Está representada por la figura de la *tetraktys*. ¡La matriz divina!

En ese sentido, si pudiésemos representar geométricamente la «*década*» como un sistema armónico de organización espacial, en donde cada número del sistema decimal es un vórtice posicional dentro de una esfera, naturalmente emerge la siguiente figura:

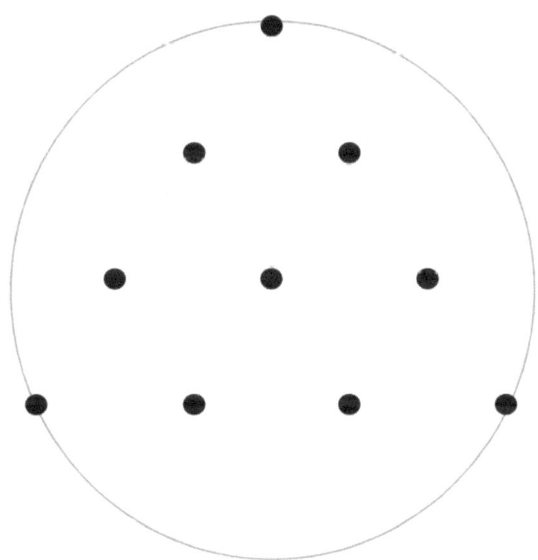

Figura 5: *Organización Espacial del Sistema Numérico Decimal (Tetraktys)*

El patrón que muestra la Figura 4 es posible observarlo como un sistema primario abierto de organización espacial - de naturaleza fractal - basado en la geometría de los triángulos (2D) o tetraedros (3D). Curiosamente, toda la sabiduría del pensamiento pitagórico fue encriptado en esa figura, estableciéndolo como su más sagrado símbolo, que denominaron: *Tetraktys*. Para los pitagóricos, «Dios» estaba representado allí. De hecho, la comunidad pitagórica recitaba una especial oración:

... ¡Bendícenos, divino número, tú que engendras los dioses y los hombres! ¡Oh santo, santo Tetraktys, tú que contienes la raíz y la fuente del flujo eterno de la creación! Pues el número divino comienza con la unidad profunda y pura de todo, hasta llegar al sagrado cuatro, y luego engendra a la madre de todos, la omnipresente, la que todo lo abarca, la que nace sin límites, la incansablemente sagrada diez, la clave de todas las cosas"...

El símbolo de la *Tetraktys* o *Tétrada Fractal* se fundamenta en la *teoría de los números poligonales*. Esta teoría, que fue desarrollada originalmente por los pitagóricos, asocia los números a figuras geométricas obtenidas por la disposición regular de puntos, cuya suma determina el número representado. Como dirían los antiguos pitagóricos: *no sólo las cosas son en esencia números, sino que los números son concebidos como cosas.* Es decir, bajo la teoría de los números poligonales es posible transformar los números en formas geométricas triangulares, cuadradas, pentagonales, etc. Al asociar el número a la forma permite una representación geométrico-visual que otorga propiedades y relaciones a los números de carácter universal.

La teoría de los números poligonales se constituye como la base primaria de la ciencia matemática. Sin duda, Pitágoras se sitúa en el umbral del pensamiento matemático, cuyos postulados han continuado su desarrollo por grandes matemáticos de la historia, tales como: Nicómaco, Diofanto, Mersenne, Euler, Gauss, Lagrange, Legendre, Cauchy, Fermat, Pascal, Wallis, Newton, Roberval, etc. Entre las aplicaciones contemporáneas en el uso de la teoría de los números poligonales se encuentran el triángulo de Pascal, la criptografía, la seguridad informática, el análisis combinatorio, el binomio de Newton, el cálculo de probabilidades, etc.

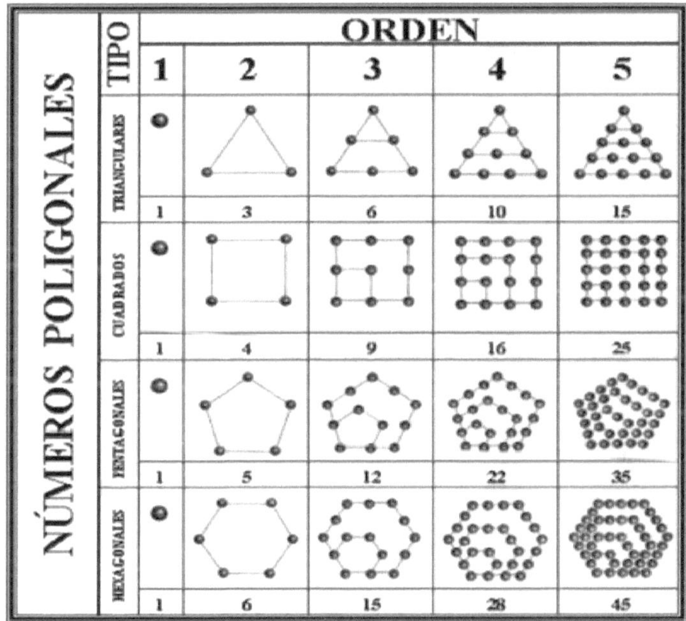

Figura 6: *Representación Gráfica de la Teoría de los Números Poligonales*

Desde luego, la escuela pitagórica, como muchas otras escuelas de misterios antiguas, están mayormente influenciadas por enseñanzas fundamentales y secretas provenientes de la época post-atlante[3] que se engendra en la civilización del antiguo Egipto, para las cuales existe una sentencia hermética en la transmisión de sus conocimientos: *no le des perlas a los cerdos.* Es decir, el conocimiento sagrado es para mentes despiertas, para los fervientes buscadores de la verdad. O, como establece la siguiente frase atribuida a Hermes Trismesgistos: *los labios de la sabiduría permanecen cerrados, excepto para el oído capaz de comprender.*

---

[3] En la Parte II de este libro se relatan detalles de la historia de la Atlántida

Es por ello que, al observar el símbolo de la *Tetraktys*, para muchos puede representar solo una figura con tintes místicos, carente de todo sentido. Es decir, el gran maestro Pitágoras, quién es el padre de las matemáticas y un gran iniciado en la alquimia y las ciencias ocultas, ¿encriptó toda su filosofía en una pueril figura sin sentido?

Desde mi perspectiva, es momento que este antiguo maestro de sabiduría y su escuela reciba todo el reconocimiento que merece. Las vidas de Pitágoras y de muchos otros maestros en la antigüedad estuvieron 100% volcadas en la búsqueda de la verdad porque gracias a su profunda dedicación hoy en día existe un poco más de claridad en algunas áreas del conocimiento. Sin duda, el conectar con la sabiduría espiritual implica integrar conocimiento, reflexión y discernimiento en sintonía con ese amor universal que trasciende todas las limitaciones del intelecto humano per se. Lamentablemente, hemos olvidado la enseñanza sagrada de sentir con la mente y razonar con el corazón.

Como dirían los nativos Hopi, en la era actual, nos encontramos en el tiempo de la purificación. En ese proceso, la luz se torna más brillante y la oscuridad se vuelve más oscura. Es decir, comienza la caída de los velos ilusorios de la verdad profesada por el demiurgo. En estos tiempos, muchos *lobos vestidos de oveja* dictan cátedras a los mansos para nublar su visión y confundirlos. El *discernimiento* es clave hoy en día, la única forma de cultivarlo es desde el conocimiento que proviene de la reflexión interior sobre las profundas leyes de la naturaleza y el cosmos porque son las leyes divinas que rigen también al ser humano, las cuales trascienden la intencional dogmatización humana profesada por unos pocos, pero que han aprisionado la mente de muchos.

Dicho lo anterior, comenzaremos a decodificar el patrón de la *Sagrada Tetraktys*.

Decodificando la Sagrada Tetraktys

Como se mencionó anteriormente, toda la filosofía y la ciencia del pitagorismo está asociada al *principio de armonía* y a la *teoría de los números poligonales*, la cual propone el sistema decimal como el lenguaje cuantitativo y cualitativo que emplea la naturaleza para diseñar los patrones que dan forma a los objetos materiales que observamos en nuestra realidad. En esencia, los pitagóricos buscaban comprender el proceso de «cómo» la *mente universal* de la «nada» crea y manifiesta «algo» en armonía eterna, y con ello develar si existe un código sagrado multidimensional en la naturaleza que organiza las formas de la luz, la energía y la materia siguiendo un patrón armónico de orden, proporción y medida.

En ese sentido, después de años de estudio y reflexión, los pitagóricos llegaron a la conclusión que el patrón matricial de la *Tetraktys* debiese ser el *sistema morfogenético primario* que utiliza la naturaleza para que un organismo desarrolle su forma. Es decir, la *Tetraktys* es un patrón fundamental que organiza geométricamente las unidades de luz-conciencia en el tiempo-espacio para crear los múltiples campos mórficos que darán origen a cada una de los objetos naturales manifestados, como puede ser desde un fotón de luz, un átomo, una célula, una flor, el ser humano ... hasta una galaxia.

Figura 7: Ejemplo de la Geometría de las Flores de la Naturaleza

Para comprender la organización de la luz-conciencia y las formas materiales, es necesario internalizar un sencillo concepto pitagórico que es fundamental, el cual está asociado al proceso de construcción de un volumen o sólido tridimensional basado en la numerología de las formas:

... "El campo de vacío es el cero, la unidad es el punto, el dos es la línea, el tres la superficie, el cuatro el volumen" ...

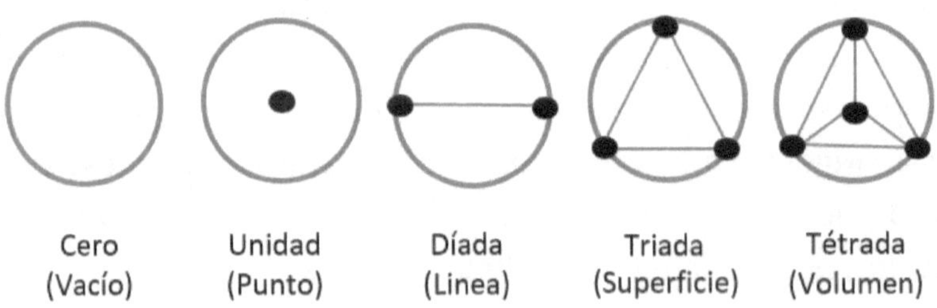

Lo anterior nos señala que existe una secuencia fundamental en la construcción de una forma geométrica tridimensional. Nuestro mundo material se sostiene en 3 dimensiones (largo, ancho y alto). Por lo tanto, existe un proceso numerológico de las formas para engendrar desde el «*cero*» o «vacío» el primer gran volumen o solido tridimensional regular, armónico, estable y simétrico, que se denomina: *Tetraedro*. Esta figura es un poliedro o cuerpo geométrico de cuatro caras triangulares equiláteras o iguales entre sí.

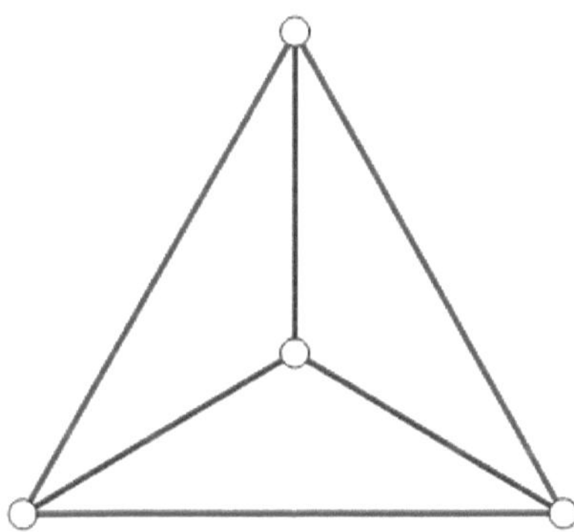

Figura 8: *El Tetraedro*

¿Por qué es tan importante el *Tetraedro*? ... La naturaleza utiliza la ley del mínimo esfuerzo para diversificarse porque es altamente eficiente en el uso de la energía, ya que maximiza el uso de recursos e información y reduce la cantidad de energía requerida para construir cada forma material en armonía. En ese sentido, el tetraedro es el patrón geométrico regular más básico, estable, eficiente y simétricamente escalable que existe. A partir de este patrón geométrico se puede engendrar la multiplicidad de formas que observamos en la naturaleza, ya que asume la condición de fractalidad. Es decir, la estructura básica del tetraedro se puede repetir a diferentes escalas por autosimilitud para crear infinidad de formas armónicas. Eso quiere decir que el proceso creacional de la naturaleza se sostiene bajo un orden consciente y no es azaroso per se.

Para contextualizar más profundamente la noción de «*orden*» es importante comprender qué es una «forma». En términos simples podemos decir que una «forma» es un conjunto organizado de puntos. Desde luego, esa organización de puntos puede ser a escala microcósmica o macrocósmica. Por ejemplo, si observamos la Figura 9, vemos como se organiza una imagen visual. En ese caso, cuando se percibe la imagen a cierta distancia notamos perfectamente los contornos de la cara, los ojos, la boca, los labios, etc. Sin embargo, si nos acercamos a lo profundo de la imagen se observa todo difuso y notamos su pixelación. Eso quiere decir que la unidad mínima de información de una imagen es un pixel. Es decir, la sucesión organizada de pixeles constituye una imagen. Y, cada pixel sostiene un grado de información (color, tonalidad, relieve, etc.).

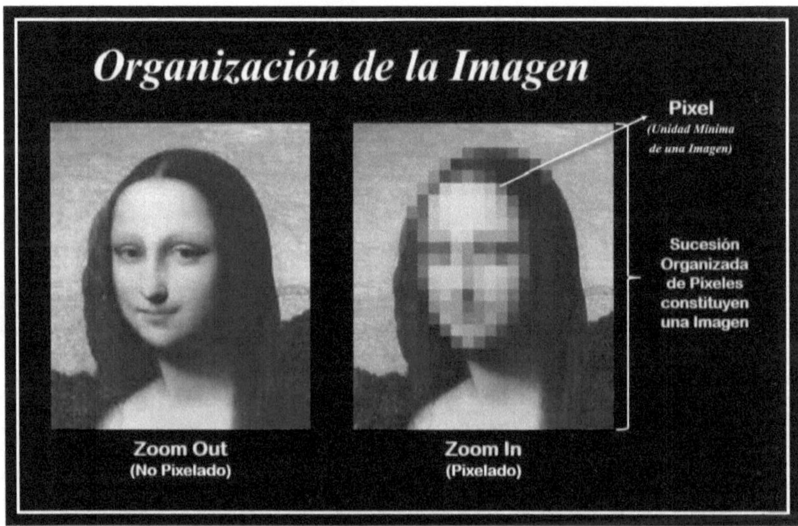

Figura 9: Organización de una Imagen

Análogamente, en las «formas» que observamos en la naturaleza ocurre el mismo fenómeno de *pixelación* de las imágenes visuales. En este caso, la unidad mínima de información observable no son los pixeles, más bien son *ondas de forma*. Ahora, ¿cómo la *mente universal* crea y organiza desde el «vacío» las *ondas de forma* para dar origen a los átomos, las moléculas, las células, etc. ... ¡ese es el gran misterio! En ese sentido, los pitagóricos establecen su cosmovisión creacional basado en la filosofía de las *ondas de formas* de la *Sagrada Tetraktys*, la cual conecta filosóficamente, a cierto nivel, con la moderna *teoría de las cuerdas*.

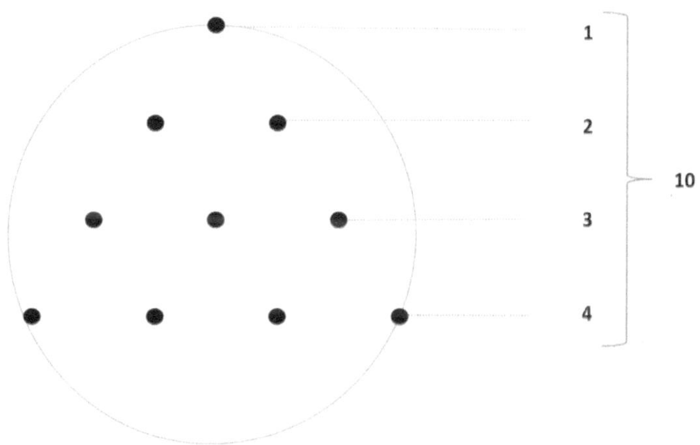

Figura 10: *Tetraktys Pitagórica Primaria*

A partir de esta reflexión sencilla pero esencial, los pitagóricos notaron que el *Tetraedro* es la base geométrica fundamental que marca la ruta en la construcción de los nuevos sólidos y volúmenes tridimensionales que observamos en la naturaleza siguiendo el principio de la armonía. Por lo tanto, profundizaron en el arreglo matricial del sistema decimal basado en el patrón geométrico de la tétrada, para lo cual lo organizaron como un *número poligonal* de orden 4. Con ello, se logra la representación visual en un plano del sistema decimal en su totalidad, que denominaron *Tetraktys* (ver Figura 10).

La clave de la *Tetraktys* está en la configuración matricial de los 10 números del sistema decimal. Es decir, con este patrón se busca que estos 10 números naturales se puedan posicionar geométricamente en simetría. Esta configuración construye una matriz de autosimilitud o entramado fractal de triángulos equiláteros, los cuales se traducen como las caras de un *Tetraedro*.

Un aspecto muy relevante en la organización del sistema decimal basado en el número poligonal de orden 4 tiene relación con una particular aseveración aritmética:

El principio es la mitad del todo:

$$0 + 1 + 2 + 3 + 4 = 10$$

Esto quiere decir que a partir de los primeros 5 números del sistema decimal [0, 1, 2, 3, 4] se genera el otro set de 5 números restantes: [5, 6, 7, 8, 9], que serían su opuesto complementario. Como se mencionó anteriormente, todo proviene del campo del vacío (0), luego se engendra la unidad (1), la diada (2), la triada (3) y finalmente el primer sólido tridimensional: el tetraedro (4) ... y luego armónicamente todo lo demás.

Desde la filosofía pitagórica, como los números 0, 1,2,3, y 4 sumados dan 10, por lo tanto, es la suma perfecta que integra todo el proceso creacional de las formas. Es decir, los 10 atributos numéricos son en sí mismo un sistema de información de organización espacial. Son una fábrica fractal de poliedros armónicos tridimensionales (3D), siendo el tetraedro la base geométrica de la *Tetraktys.*

En términos aritméticos simples, eso quiere decir que el tetraedro o el número 4 es el poliedro/número fundamental que marca el inicio de la diversidad de números/formas tridimensionales que observamos en la naturaleza. Este poliedro sería una «constante» en la naturaleza.

1	+	4	=	5		13	+	4	=	17
2	+	4	=	6		14	+	4	=	18
3	+	4	=	7		15	+	4	=	19
4	+	4	=	8		16	+	4	=	20
5	+	4	=	9		17	+	4	=	21
6	+	4	=	10		18	+	4	=	22
7	+	4	=	11		19	+	4	=	23
8	+	4	=	12		20	+	4	=	24
9	+	4	=	13		21	+	4	=	25
10	+	4	=	14		22	+	4	=	26
11	+	4	=	15		23	+	4	=	27
12	+	4	=	16		24	+	4	=	28

......

Figura 11: El número 4 como constante aritmética de organización espacial

Simbólicamente, observamos en la naturaleza la representación del número «4» en las 4 fuerzas de la naturaleza (gravedad, electromagnetismo, fuerza nuclear débil y fuerte), las 4 direcciones cardinales (norte, sur, este y oeste), los 4 elementos (tierra, fuego, aire, agua), las 4 estaciones (otoño, invierno, primavera y verano), los 4 nucleobases del ADN (adenina, guanina, timina y citosina), los 4 atributos del átomo (electrón, neutrón, protón y masa), entre otros.

Incluso, desde una visión religiosa, el judaísmo primitivo asocia a la figura del tetragrámaton al nombre sagrado de Dios. Tetragrámaton es una palabra compuesta que significa *4 letras o escritos*. Metafísicamente, significa «Ser» o «Existencia». Algunas corrientes religiosas hebreas lo asocian a la palabra «Adonai» que significa «Señor».

De esta forma, la filosofía de la *Tetraktys* pitagórica transforma el sistema decimal como un sistema visual de resonancia fractal basado en la forma tetraédrica, la cual reorganiza los números como códigos mórfico-espaciales (ver Figura 12).

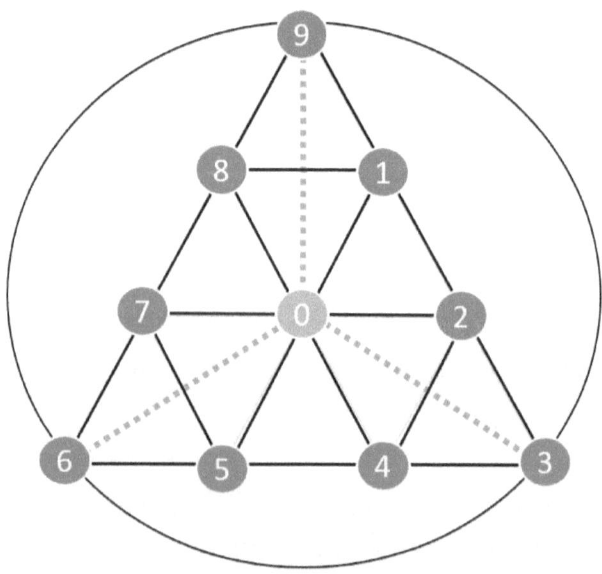

Figura 12: Reorganización vorticial del sistema decimal

Desde luego, la *Tetraktys* pitagórica es un sistema en movimiento que está sujeto a las leyes de la armonía. Es decir, se dinamiza en movimiento contrarrotatorio para engendrar las formas-luz de la naturaleza que se sostienen simétricamente en proporción opuesta complementaria. En ese sentido, emerge la *Tetraktys Positiva* (+) y la *Tetraklys Negativa* (-).

Al entrelazarse y unificarse ambas *Tetraktys* polarizadas se engendran dos nuevas configuraciones matriciales o sistemas dinámicos de organización espacial, denominadas: *Tetraktys Abierta* y *Tetraktys Cerrada* (ver Figura 14).

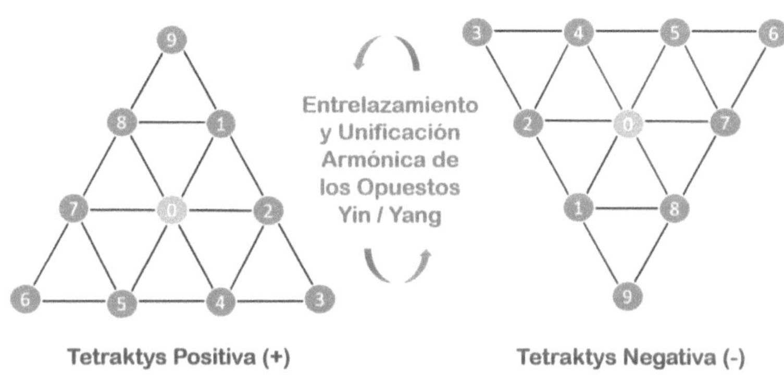

Figura 13: Polarización de la Tetraktys

Desde la teoría de sistemas, se entiende que un *sistema abierto* es aquel que puede autoorganizarse e intercambiar energía e información con sus alrededores. En cambio, el *sistema cerrado* es aquel donde hay transferencia únicamente de energía y dicho sistema la conserva en su punto de equilibrio o máxima entropía.

En ese sentido, la *Tetraktys Abierta* se configura como un sistema de *expansión y propagación* de la forma-luz, basado en el patrón geométrico de la estrella tetraédrica, la cual contiene en un plano bidimensional 12 vórtices posicionales, más el vórtice de convergencia vectorial que se encuentra en el centro de la figura geométrica que está representado por el número «cero». De los 12 vórtices, 6 son internos y 6 son externos. En cambio, en un plano tridimensional (3D) son 14 vórtices posicionales, más el vórtice de convergencia vectorial del centro. De los 14 vórtices, 8 de ellos son externos y 6 son internos.

En cambio, la *Tetraktys Cerrada* se configura como un sistema de *contracción y estabilización* de la forma-luz basado en el patrón geométrico del cuboctaedro, la cual contiene 12 vórtices posicionales en un plano bidimensional (2D) y tridimensional (3D), más su vórtice de convergencia vectorial. De los 12 vórtices, 6 de ellos son externos y 6 son internos.

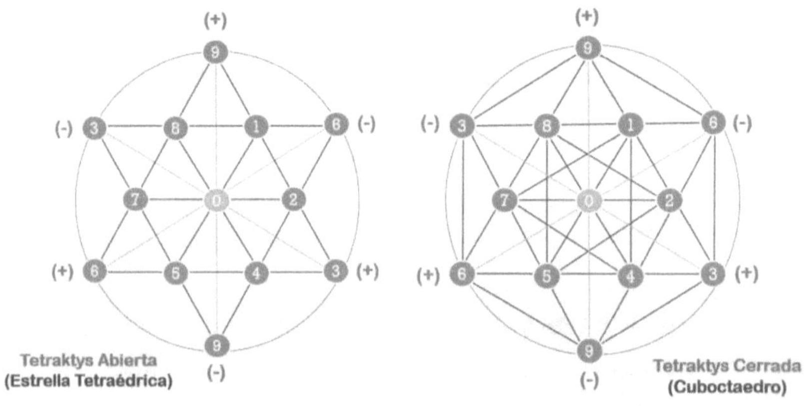

Figura 14: Tetraktys como Sistema Abierto y Cerrado

Al seguir decodificando este código pitagórico bajo el principio de armonía, se postula que la *Tetraktys* es un sistema abierto y cerrado a la vez de organización espacial que opera como una matriz o fábrica fractal de poliedros, permitiendo la multiplicidad, diversidad, singularidad y evolución de las formas que observamos en la naturaleza, la cual utiliza el lenguaje de los números como atributos de orden cualitativo y cuantitativo.

La Figura 15 muestra gráficamente la integración entre la *Tetraktys Abierta* y la *Tetraktys Cerrada*, la cual proporciona múltiples posibilidades de creación armónica de formas y organización espacial.

Para los pitagóricos la *Tetraktys Integrada* se configura como el patrón fundamental de la vida porque permite la doble función armónica de expandir y contraer la luz-información. Es decir, este patrón permite la autorreplicación, autosimilitud o fractalidad infinita de la luz-información, como también, permite organizar, compactar y estabilizar la luz-información como una singularidad en un espacio-tiempo definido, logrando transformar la luz/éter (quintaesencia) en materia para la creación de poliedros regulares, convexos y estables.

Esencialmente, la *Tetraktys Integrada* nace a partir del entrelazamiento perpendicular de 90° entre la *Tetraktys Abierta* y la *Tetraktys Cerrada*. De los 24 vórtices posicionales codificados en un plano bidimensional (2D), 12 de ellos son externos y 12 son internos, a ello se suma el vórtice de convergencia vectorial que se encuentra en el centro que está representado por el número «cero». En términos didácticos podríamos decir que la *Tetraktys Integrada* emerge del entrecruce perpendicular de

2 estrellas tetraédricas (ver Figura 16). En donde, una de esas estrellas se cierra y se transforma en el cuboctaedro.

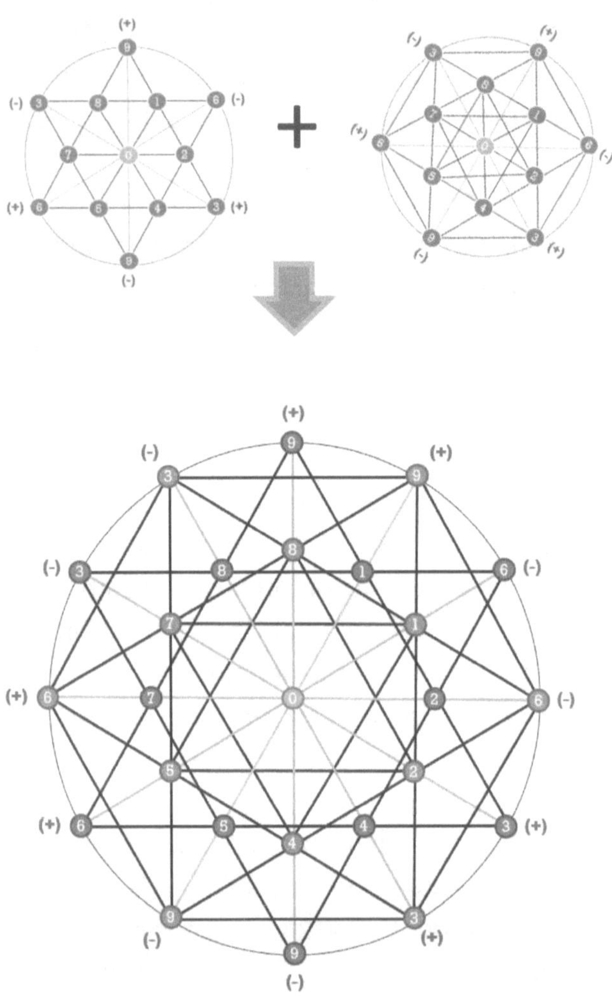

Figura 15: *Tetraktys Integrada = Tetraktys Abierta + Tetraktys Cerrada*

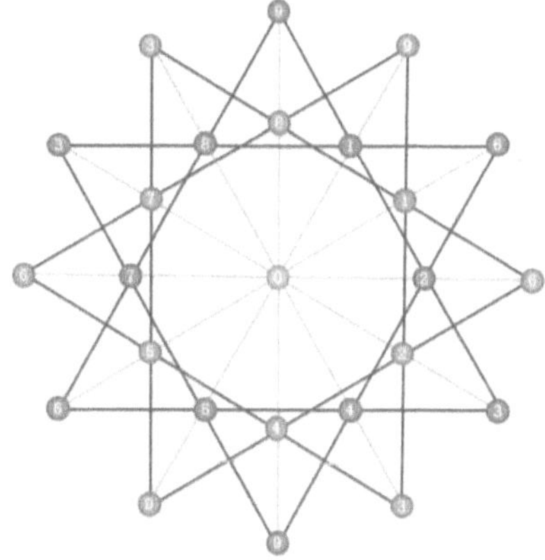

Figura 16:
Doble Estrella
Tetraédrica

Figura 17:
Organización
Posicional de
la Tetraktys
Integrada

Figura 18:
Patrón toroidal
de la Tetraktys
Integrada

Es interesante notar que en los 3 tipos de *Tetraktys: Abierta, Cerrada e Integrada*, los números 3, 6 y 9 se constituyen como estabilizadores y/o moduladores de polaridad. Curiosamente, esta reflexión sobre la *Tetraktys* entrega una perspectiva de comprensión a la clásica frase de Nikola Tesla:

... "Si supieras la magnificencia de los números 3, 6 y 9, tendrías la llave del universo"...

Con esta frase, Tesla, hace alusión a que existe un código numérico de la creación del mundo material, al igual que las computadoras. En este caso, en el mundo de las computadoras el sistema de numeración es binario porque trabajan internamente con dos niveles de voltaje, por lo cual los números se representan naturalmente utilizando solo 2 cifras: cero (0) y uno (1).

En el siglo XVII, el sistema binario moderno fue totalmente desarrollado por Gottfried Leibniz, quien es considerado un verdadero genio porque alcanzó gran maestría en múltiples campos del conocimiento, realizando profundas e importantes contribuciones en las áreas de las matemáticas, física, geología, metafísica, teología, epistemología, lógica, jurisprudencia, historia, entre otros.

En el artículo *l'Arithmétique Binaire*, Leibniz explica en detalles los mecanismos del cálculo binario. El cual se traduce en lo siguiente:

$$f(x) = 2^x, \text{ para } X \text{ mayor o igual a } 0$$

$$f(0) = 2^0 = 1 \qquad \text{---»} \qquad 1$$
$$f(1) = 2^1 = 2 \qquad \text{---»} \qquad 0\,1$$
$$f(2) = 2^2 = 4 \qquad \text{---»} \qquad 0\,0\,1$$
$$f(3) = 2^3 = 8 \qquad \text{---»} \qquad 0\,0\,0\,1$$
$$f(4) = 2^4 = 16 \qquad \text{---»} \qquad 0\,0\,0\,0\,1$$
$$f(5) = 2^5 = 32 \qquad \text{---»} \qquad 0\,0\,0\,0\,0\,1$$
$$f(6) = 2^6 = 64 \qquad \text{---»} \qquad 0\,0\,0\,0\,0\,0\,1$$
$$f(7) = 2^7 = 128 \qquad \text{---»} \qquad 0\,0\,0\,0\,0\,0\,0\,1$$
$$f(8) = 2^8 = 256 \qquad \text{---»} \qquad 0\,0\,0\,0\,0\,0\,0\,0\,1$$
$$f(9) = 2^9 = 512 \qquad \text{---»} \qquad 0\,0\,0\,0\,0\,0\,0\,0\,0\,1$$
$$f(10) = 2^{10} = 1024 \qquad \text{---»} \qquad 0\,0\,0\,0\,0\,0\,0\,0\,0\,0\,1$$
$$f(11) = 2^{11} = 2048 \qquad \text{---»} \qquad 0\,0\,0\,0\,0\,0\,0\,0\,0\,0\,0\,1$$
$$f(12) = 2^{12} = 4096 \qquad \text{---»} \qquad 0\,0\,0\,0\,0\,0\,0\,0\,0\,0\,0\,0\,1$$

… y, así sucesivamente se extiende infinitamente este lenguaje binario o diádico el cual da vida a las ciencias de la computación que hoy conocemos.

Lo interesante de todo ello, es que el gran descubrimiento que hace Leibniz también lo podemos extrapolar al lenguaje que utiliza la morfología de la *Tetraktys*. En ese caso, el sistema de numeración no es únicamente entre 0 y 1. Más bien, entre 0 y 9. Es decir, si reducimos el resultado de cada cálculo de la función $f(x) = 2^x$ a un solo digito entre 0 y 9, se construye repetidamente el vector numerológico: [1, 2, 4, 8, 7, 5]. Por ejemplo:

$$f(0) = 2^0 = 1 \qquad\qquad\qquad\qquad\qquad \text{---»} \qquad 1$$
$$f(1) = 2^1 = 2 \qquad\qquad\qquad\qquad\qquad \text{---»} \qquad 2$$
$$f(2) = 2^2 = 4 \qquad\qquad\qquad\qquad\qquad \text{---»} \qquad 4$$
$$f(3) = 2^3 = 8 \qquad\qquad\qquad\qquad\qquad \text{---»} \qquad 8$$
$$f(4) = 2^4 = 16 = 1 + 6 = 7 \qquad\qquad \text{---»} \qquad 7$$

$$f(5) = 2^5 = 32 = 3 + 2 = 5 \qquad \text{---»} \quad 5$$
$$f(6) = 2^6 = 64 = 6 + 4 = 1 \qquad \text{---»} \quad 1$$
$$f(7) = 2^7 = 128 = 1 + 2 + 8 = 2 \qquad \text{---»} \quad 2$$
$$f(8) = 2^8 = 256 = 2 + 5 + 6 = 4 \qquad \text{---»} \quad 4$$
$$f(9) = 2^9 = 512 = 5 + 1 + 2 = 8 \qquad \text{---»} \quad 8$$
$$f(10) = 2^{10} = 1024 = 1 + 0 + 2 + 4 = 7 \qquad \text{---»} \quad 7$$
$$f(11) = 2^{11} = 2048 = 2 + 0 + 4 + 8 = 5 \qquad \text{---»} \quad 5$$
$$f(12) = 2^{12} = 4096 = 4 + 0 + 9 + 6 = 1 \qquad \text{---»} \quad 1$$
$$f(13) = 2^{13} = 8192 = 8 + 1 + 9 + 2 = 2 \qquad \text{---»} \quad 2$$
$$f(14) = 2^{14} = 16384 = 1 + 6 + 3 + 8 + 4 = 4 \qquad \text{---»} \quad 4$$
$$f(15) = 2^{15} = 32768 = 3 + 2 + 7 + 6 + 8 = 8 \qquad \text{---»} \quad 8$$
$$f(16) = 2^{16} = 65536 = 6 + 5 + 5 + 3 + 6 = 7 \qquad \text{---»} \quad 7$$
$$f(17) = 2^{17} = 131072 = 1 + 3 + 1 + 0 + 7 + 2 = 5 \quad \text{---»} \quad 5$$

... etc ...

Por lo tanto, al trazar geométricamente el patrón [1, 2, 4, 8, 7, 5] en la estructura de la *Tetraktys* observamos que se ajusta perfectamente, siguiendo una secuencia morfológica coherente y armónica, como lo muestra la Figura 19:

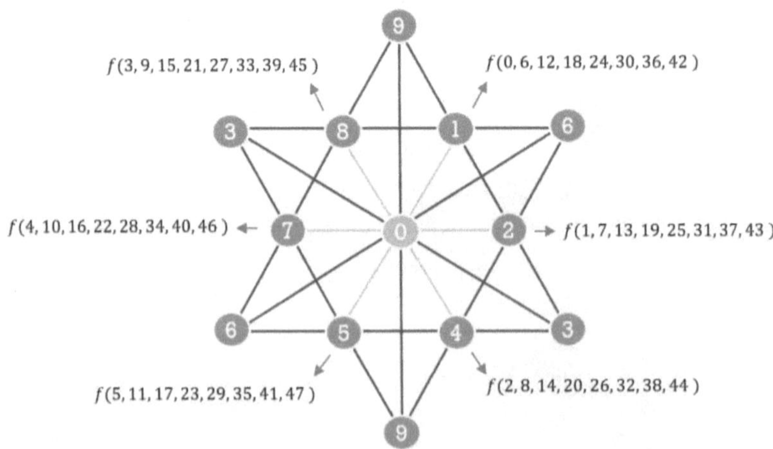

Figura 19: *Ajuste de la función* $f(x) = 2^x$ *en la Tetraktys*

En este caso, el vector numerológico [1, 2, 4, 8, 7, 5] se repite 8 veces en esta secuencia. Es decir, hasta la función $f(47) = 2^{47}$, luego se rompe el patrón (ver Figura 22). Eso quiere decir que esta progresión morfológica construye y entrelaza la cantidad de 8 *Tetraktys*. El resultado de este entrelazamiento nos lo muestra las figuras 20, 21 y 23:

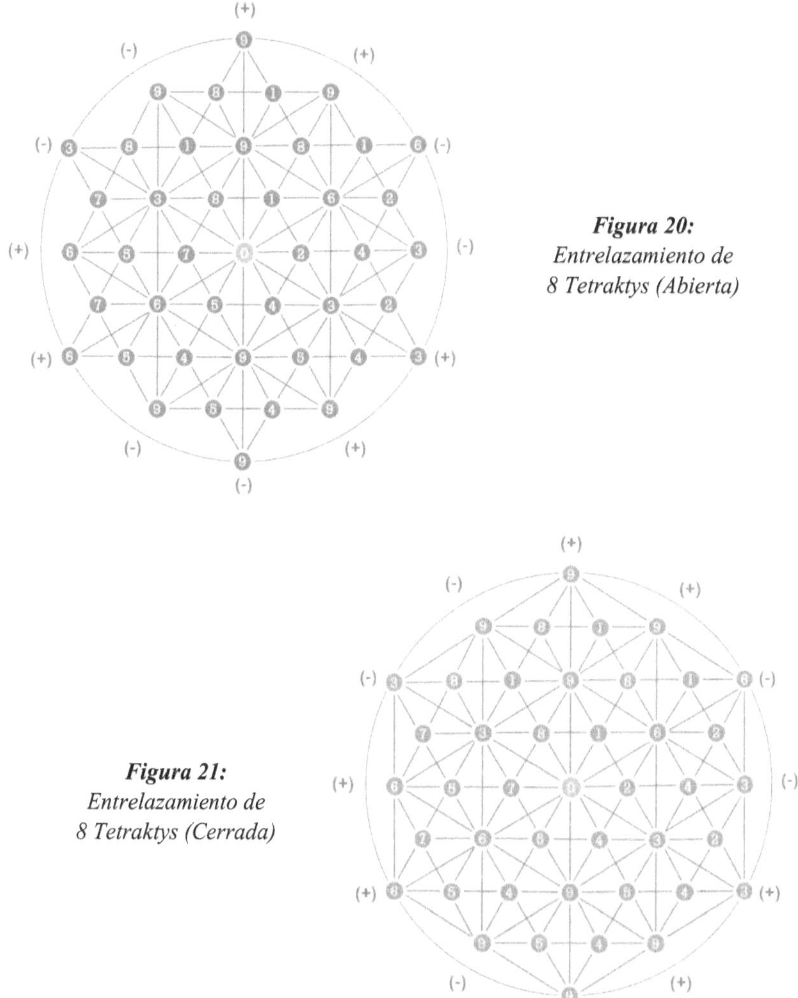

Figura 20:
Entrelazamiento de
8 Tetraktys (Abierta)

Figura 21:
Entrelazamiento de
8 Tetraktys (Cerrada)

	Secuencia Binaria	Reducción Numerológica	
Función	0	0	0
F(0)	1	1	
F(1)	2	2	
F(2)	4	4	9
F(3)	8	8	
F(4)	16	7	
F(5)	32	5	
F(6)	64	1	
F(7)	128	2	
F(8)	256	4	9
F(9)	512	8	
F(10)	1024	7	
F(11)	2048	5	
F(12)	4096	1	
F(13)	8192	2	
F(14)	16384	4	9
F(15)	32768	8	
F(16)	65536	7	
F(17)	131072	5	
F(18)	262144	1	
F(19)	524288	2	
F(20)	1048576	4	9
F(21)	2097152	8	
F(22)	4194304	7	
F(23)	8388608	5	
F(24)	16777216	1	
F(25)	33554432	2	
F(26)	67108864	4	9
F(27)	134217728	8	
F(28)	268435456	7	
F(29)	536870912	5	
F(30)	1073741824	1	
F(31)	2147483648	2	
F(32)	4294967296	4	9
F(33)	8589934592	8	
F(34)	17179869184	7	
F(35)	34359738368	5	
F(36)	68719476736	1	
F(37)	137438953472	2	
F(38)	274877906944	4	9
F(39)	549755813888	8	
F(40)	1099511627776	7	
F(41)	2199023255552	5	
F(42)	4398046511104	1	
F(43)	8796093022208	2	
F(44)	17592186044416	4	9
F(45)	35184372088832	8	
F(46)	70368744177664	7	
F(47)	140737488355328	5	
	281474976710655	9	9

Figura 22: Reducción numerológica de la función $f(x) = 2^x$ *basado en el patrón [1, 2, 4, 8, 7, 5].*

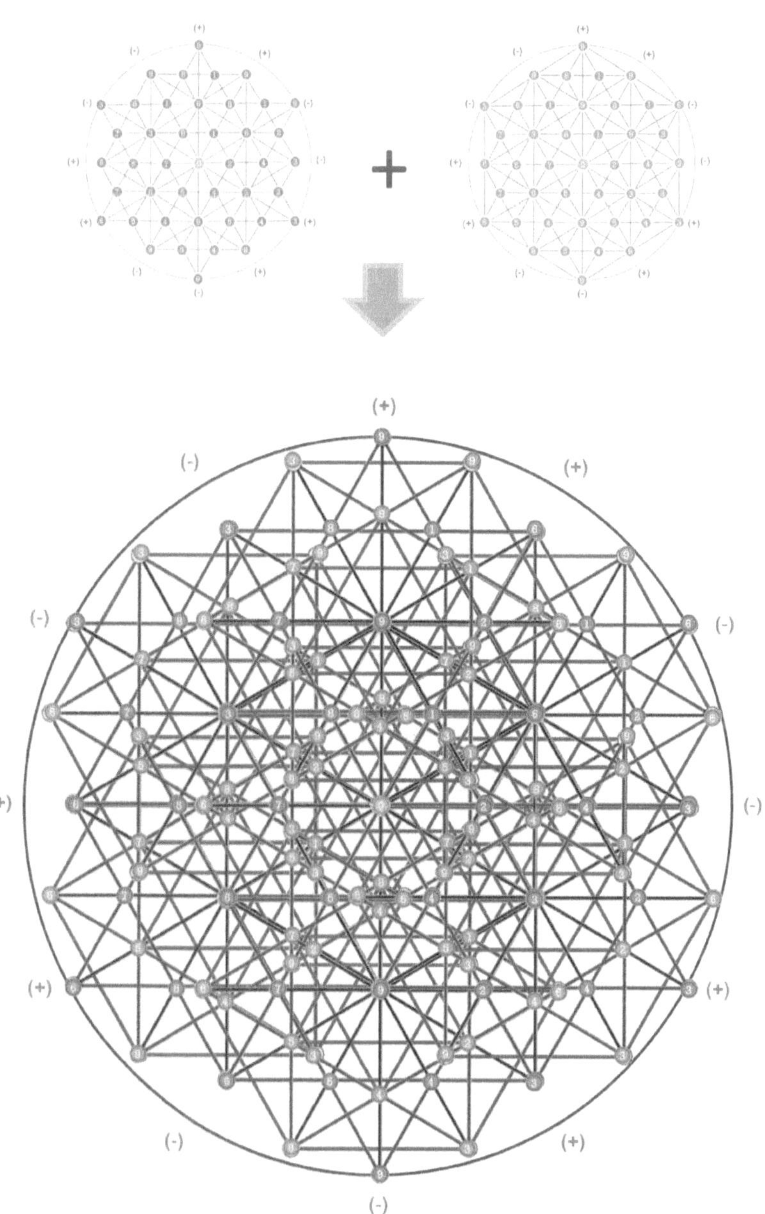

Figura 23: *Patrón de Integración de las 8 Tetraktys*
(Abierta + Cerrada)

El patrón de integración que muestra la Figura 23 sostiene una simetría única. Al despejar sus líneas rectas y reconstruirlo siguiendo líneas curvas se logra el diseño del antiguo patrón sagrado de la semilla de la vida. Ver Figura 24.

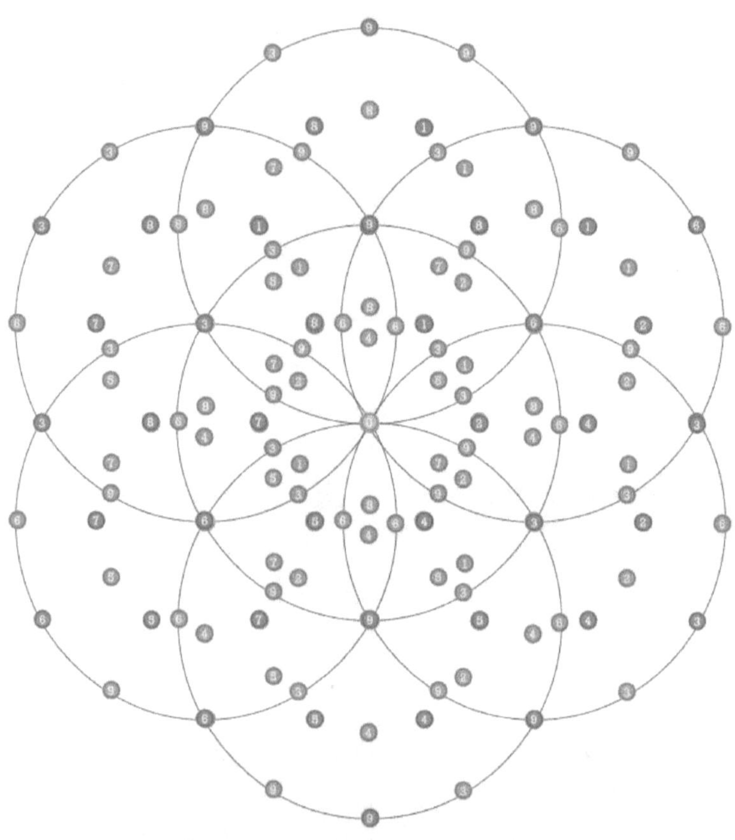

Figura 24: *Organización Posicional de las 8 Tetraktys Integradas (Abierta + Cerrada)*

Figura 25:
Patrón Toroidal
de 8 Tetraktys
(Abierta + Cerrada)

Figura 26:
Entrelazamiento
de 8 Tetraktys y
el patrón de la
Semilla de la
Vida

Es importante señalar que la filosofía pitagórica concibe a la Tetraktys como un sistema dinámico de luz-información. Es el código sagrado que utiliza la naturaleza para construir la vida.

Al seguir profundizando en la decodificando de la Tetraktys Integrada (ver Figura 23) es posible autorreplicar ese patrón 8 veces más y durante su replicación se construye la matriz pitagórica (ver Figura 27) la cual «coincide» perfectamente con el antiguo patrón sagrado de la Flor de la Vida (ver Figura 28).

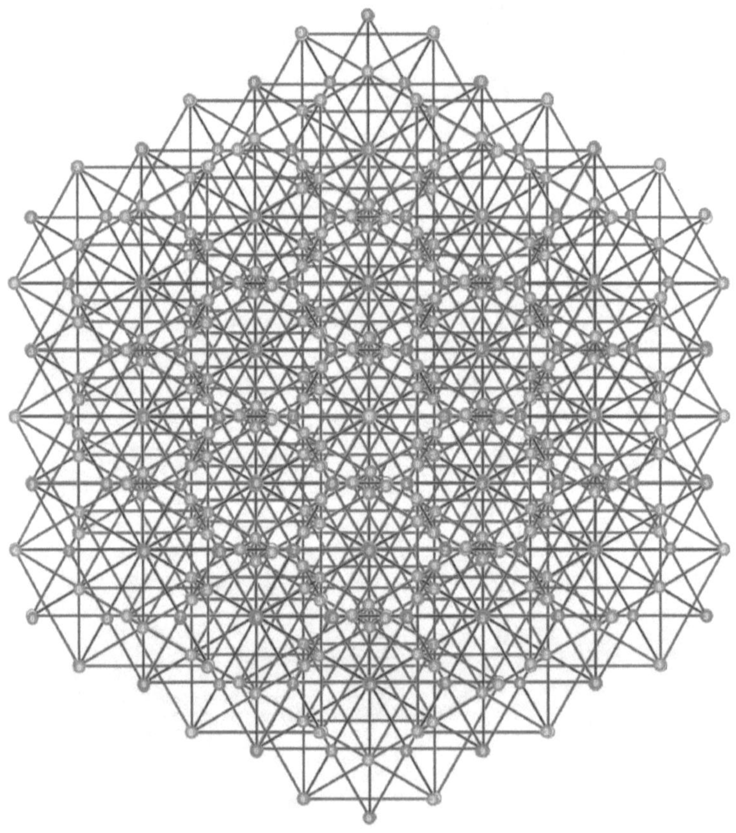

Figura 27: Matrix Pitagórica

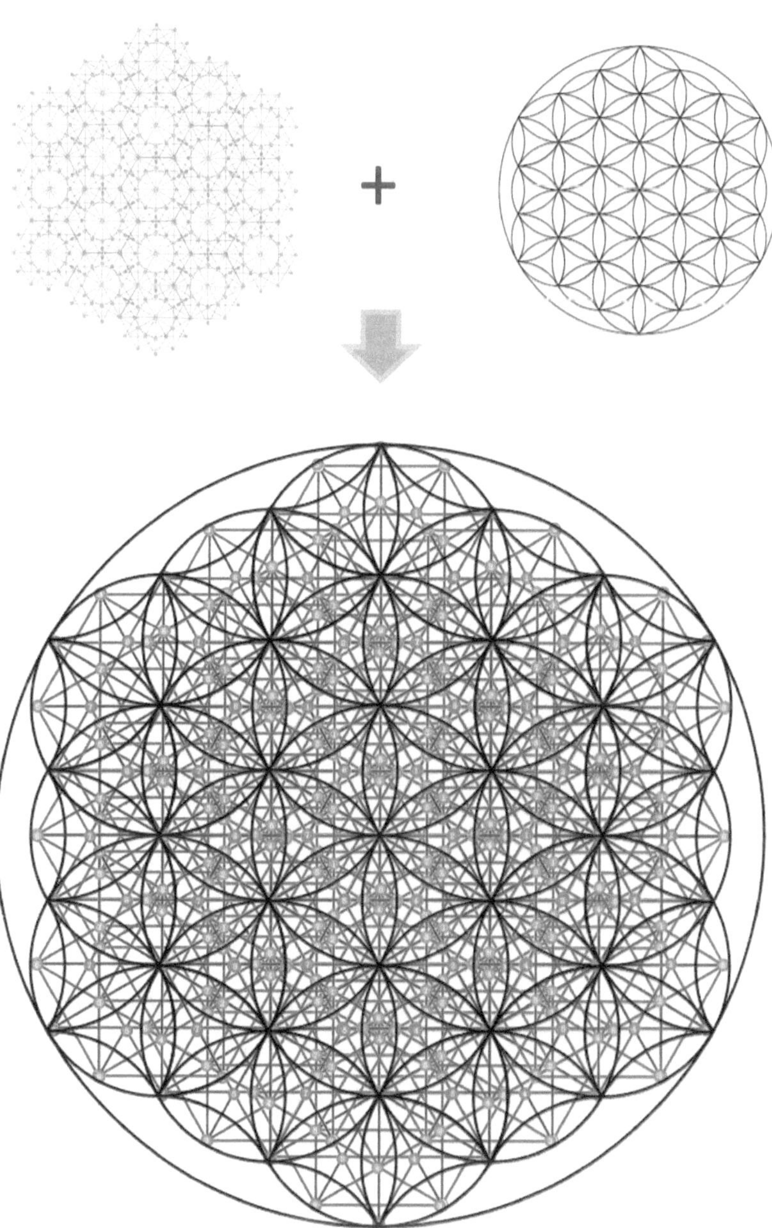

Figura 28: *Matrix Pitagórica y la Flor de la Vida*

La Flor de la Vida es una forma geométrica compuesta de – en un plano bidimensional - 19 círculos completos del mismo diámetro y 36 arcos circulares que forman un conjunto de forma hexagonal, sostenidos en un gran circulo mayor. Los 19 círculos se solapan creando patrones radiales simétricos similares a flores.

En el estudio de la armonía pitagórica, la cual explora la relación entre la geometría, la matemática y la espiritualidad, simbólicamente, las líneas rectas representan la polaridad masculina y las líneas curvas la polaridad femenina. La sabiduría cognoscible de Dios está configurada por líneas rectas y curvas. En ese sentido, la *Matrix Pitagórica* representa el patrón creacional desde una perspectiva masculina, y la *Flor de la Vida* representa lo femenino. Ambos patrones se integran y se constituyen como una sola matriz creadora de la vida. Sostienen la diversidad de códigos sagrados que dan forma a los átomos, moléculas, minerales, células, tejidos, órganos, plantas, animales, seres humanos, ecosistemas, planetas, sistemas solares y galaxias. Todo sigue un orden implícito. Todo está diseñado en conciencia, amor y armonía.

Dentro de las investigaciones realizadas a través de los años, se han encontrado restos arqueológicos de una representación muy precisa del patrón de la *Flor de la Vida* en la pared en uno de los templos de Osirion, en Abydos, Egipto. Su antigüedad se establece en más de 5.000 años.

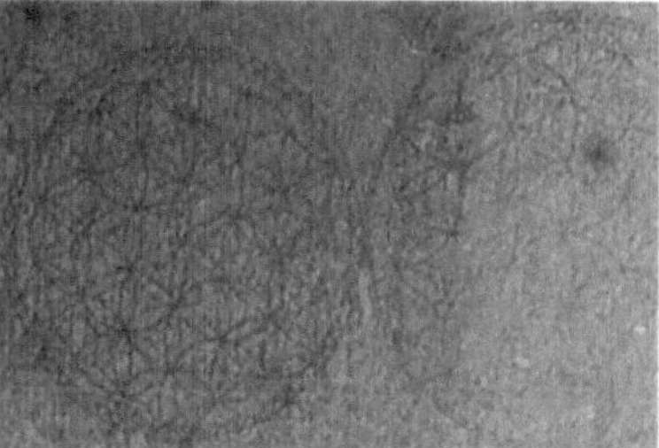

Figura 29: *Templo de Osiris. Abydos, Egipto*

También, en la entrada de la Ciudad Prohibida - un antiguo palacio imperial en Beijing que fue construido a principios de los años 1.400 - se puede ver la misma *Flor de la Vida* bajo las garras de los «*Leones Fu*», o llamados más exactamente «*leones guardianes del conocimiento*». Este palacio fue la residencia de 24 emperadores de las dinastías Ming y Qing.

Figura 30: *Leones Fu del Antiguo Palacio Imperial de China*

La *Flor de la Vida* también aparece en la pasarela alrededor del Templo de Oro, o Harmandir Sahib, uno de los santuarios más sagrados de la religión Sikh. Fue construido en el siglo XVI y significa el «*Templo de Dios*». En Israel, puede ser hallada en sinagogas antiguas en la Galilea y en Mesadan. Incluso, representaciones de la *Flor de la Vida* han sido evidenciadas en Turquía y Austria. Incluso, Leonardo da Vinci estudió su forma y sus propiedades matemáticas, como también, los caballeros templarios y los masones.

En palabras de Drunvalo Melchizedek, un investigador contemporáneo de gran expertiz en geometría sagrada, da una descripción muy acertada de este antiguo símbolo sagrado:

"Mucho antes de que existiera Egipto y Sumeria, el espíritu vivía en cuerpos humanos, danzando en una cultura elevada. La Flor de la Vida fue y es conocida por toda la vida. Toda la vida, no solo aquí, sino en todas partes, sabía que éste era el patrón de la creación, el camino de entrada y el de salida. La Flor de la Vida contiene dentro de sus proporciones todos y cada uno de los aspectos de la vida que existen. Contiene cada fórmula matemática, cada ley de la física, cada armonía de la música, toda forma de vida biológica incluyendo tu cuerpo específico. Contiene cada átomo, cada nivel dimensional, absolutamente todo lo contenido en universos de forma de onda. El Espíritu nos creó en esta imagen. Hace mucho tiempo nos caímos de un nivel muy alto de conciencia y los recuerdos están comenzando a emerger justo ahora. El nacimiento de nuestra conciencia nueva/vieja aquí en la Tierra, nos cambiará para siempre y nos regresará a la conciencia de que en verdad solo existe un Gran Espíritu ..."

En el estudio de la geometría de la *Flor de la Vida* se infiere, además, que ésta es una fábrica de esferas toroidales. Los antiguos sabios han establecido por milenios que todo el diseño de la Creación se refleja así misma, dentro de cada orden y dimensión, para que pueda expandirse y enviar información/energía tanto a los objetos celestes mayores, como a las diminutas partículas subatómicas. Se ha descubierto que todas las cosas, todas las unidades de conciencia, tienen una estructura energética muy especial en torno a ellas que mantiene todo unido, el cual denominan estructura Toroidal.

El patrón toroidal establece una dinámica de energías que se parece a una rosquilla, en la cual la energía fluye a través de un extremo, circula por el centro y sale por el otro lado. En cierta forma, esta estructura corresponde a un campo espiral esférico en cuyo centro existe una concentración energía lo suficientemente elevada para generar una curvatura de espacio-tiempo que provoca una singularidad denominada «campo cero». De acuerdo al paradigma del «Universo Eléctrico» se establece que es energía de plasma concentrada.

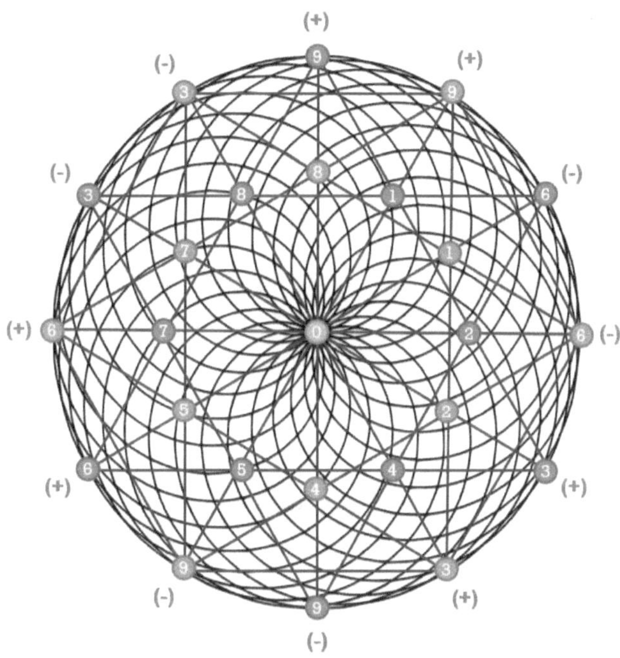

Figura 31: *Toroide Pitagórico*

El Toroide crea la implosión de ondas magnéticas infinita que envuelve toda la energía en sí misma, y en base a este mecanismo toda la energía se estabiliza. La energía está continuamente moviéndose en espiral, hacia dentro y fuera de sus dos polos, y hacia y desde el centro, cuyo centro sería una puerta de entrada a otros centros, y en última instancia, en unificación con la Fuente misma.

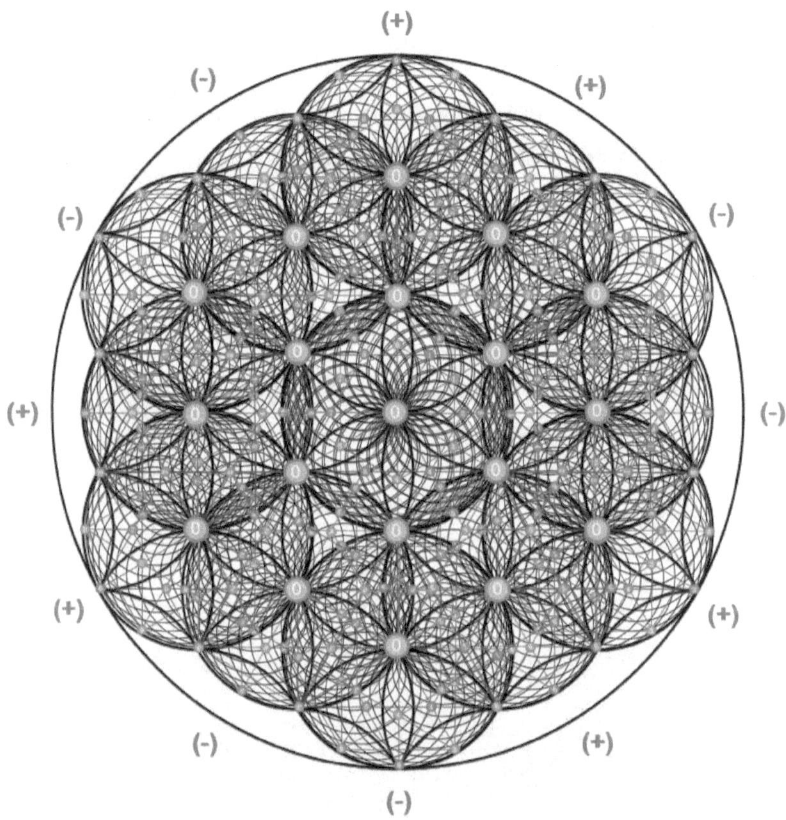

Figura 32: Matrix Toroidal

De esta forma, podemos decir que el Toroide es crucial para describir las interacciones fundamentales entre las partículas elementales en términos de un solo campo, y así dar una nueva visión a la teoría del campo unificado. Los científicos han encontrado pruebas de esta estructura energética en torno a los cuerpos humanos, planetas, soles, estrellas, galaxias, huracanes, e incluso hasta en el microuniverso de las células y los átomos.

Desde luego, la estructura Toroidal está inherentemente conectada con la divina proporción conocida como la espiral áurea. Para que el patrón toroidal se presente en todas las escalas, debe existir un movimiento en espiral en base a una razón matemática para que los organismos crezcan manteniendo la proporción armónica entre sus partes. En este caso, se ha establecido que la naturaleza de las formas está regida por una proporción entre longitud y anchura de aproximadamente 1,618, que correspondería al número áureo phi, representado por la letra griega ϕ (fi).

Los griegos de la antigüedad clásica creían que esta divina proporción conducía a una comprensión de la belleza de la creación. Más aún, Leonardo Fibonacci, matemático italiano, descubrió, en el siglo XII, una progresión numérica simple que es la base de la increíble relación que encontramos detrás de phi. La espiral phi que se mueve en una dirección se verá compensada con otra en la dirección opuesta – denominado espiral Phi doble. Este movimiento armónico se traduce en la danza de las polaridades (yin/yang), los aspectos femeninos y masculinos de nuestro gran universo, en donde se moldean desde los diminutos girasoles hasta las grandes galaxias. Una espiral va en una sola dirección hacia el polo norte y su opuesto girando hacia el polo sur, a este movimiento se le conoce como el «efecto coriolis».

El científico y filósofo, Arthur Young, explicó que un Toroide es el único patrón o dinámica de energías que puede sostenerse a sí misma y está hecho de la misma sustancia que su entorno - como un tornado, un anillo de humo en el aire, o un remolino en el agua. A nivel humano, cada persona está rodeado por sus propios campos electromagnéticos toroidales. El Toroide de cada individuo es distinto, pero al mismo tiempo abierto y conectado a todos los otros en un mar continuo de energía infinita.

La Tetraktys y la Investigación Moderna

Después de esta revisión del pensamiento pitagórico una pregunta natural que emerge es: ¿la antigua filosofía de la *Tetraktys* tiene relación con la investigación moderna?

Buckminster Fuller, uno de los inventores más prolíficos del siglo XX, hizo grandiosos aportes en el estudio de la *Tetraktys Cerrada*, a la cual le acuñó el término de *Vector en Equilibrio* (VE) porque es la única forma geométrica donde todas las fuerzas son iguales y se encuentran equilibradas. Las líneas de energía (vectores) son de igual longitud y fuerza. Ellos representan la energía de atracción y repulsión. Además, el «*VE*» es la estructura de la cual derivan los 5 sólidos platónicos, que corresponden a las figuras geométricas: Tetraedro, Cubo, Octaedro, Dodecaedro e Icosaedro, los cuales constituyen todo nuestro mundo físico, es decir, cada elemento de la tabla periódica de elementos se construye en base a estos poliedros.

De hecho, el profesor emérito de fisicoquímica y física nuclear de la Universidad de Chicago, el doctor Robert J. Moon, descubrió la base geométrica para la periodicidad de los elementos químicos, estableciendo que todos se construyen a partir de los 5 sólidos platónicos.

El Dr. Moon propuso un ordenamiento de capas nucleares en la que los vértices de un acomodo de cuatro solidos platónicos (el cubo, el octaedro, el icosaedro y el dodecaedro) que encajan uno dentro del otro, determinan la posición de los primeros 46 elementos de la tabla periódica, y una estructura enroscada parecida define a los elementos más pesados. Él sugirió que la primera estructura estable en formarse era un cubo cuyos vértices definirían la distribución de los ocho protones en el núcleo de oxígeno (O2). Y, al añadir seis protones más, la siguiente capa en completarse sería un octaedro.

El cubo y el octaedro reflejan la distribución simétrica de los 14 protones en el núcleo de silicio (Si). Curiosamente, los elementos químicos más abundantes en la corteza terrestre son el oxígeno (O2) y el silicio (Si).

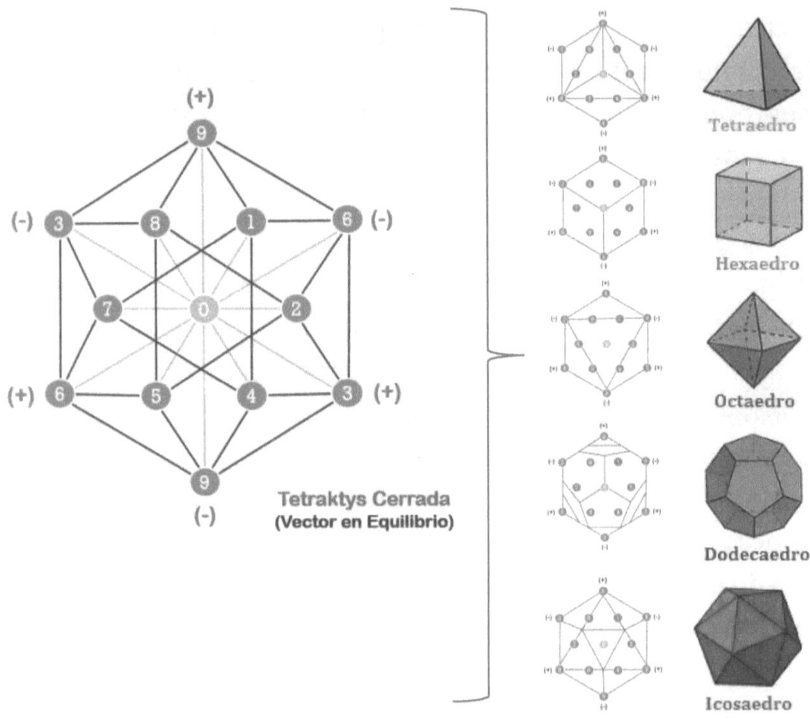

Figura 33: Derivación de los 5 Sólidos Platónicos desde el Vector en Equilibrio

Por otro lado, en palabras de Fuller:

... *"El «VE» es la verdadera referencia cero de las matemáticas energéticas. La pulsación cero en el equilibrio vectorial es el enfoque más cercano que conoceremos a la eternidad y a Dios, que es la fase cero de integridad conceptual inherente a las asimetrías positivas y negativas que propagan los diferenciales de la conciencia"* ...

En cierta forma, no se puede observar el «VE» en el mundo material, ya que es la geometría de equilibrio absoluto. Lo que experimentamos en la Tierra está siempre en expansión y contracción hacia fuera del equilibrio absoluto. El «VE» es la madre de todas las formas y simetrías que vemos en el mundo, pero invisible. El «VE» como su nombre indica, es la única forma geométrica en la que todos los vectores son de igual longitud y relación angular (ángulos de 60° en todo). Esto incluye, desde su punto central hacia fuera de sus vértices circunferenciales.

El «VE» representa la condición más perfecta en donde el movimiento de la energía llega a un estado de equilibrio absoluto, y, por lo tanto, a una quietud absoluta. Como ha establecido Fuller, desde esta «fase cero» es de donde todas las demás formas emergen.

El aspecto más fundamental a entender del «VE», es que al ser una geometría de equilibrio absoluto en la que, conceptualmente, toda fluctuación cesa, esta sería la geometría de lo que llamamos el campo de punto cero o campo de vacío. Para que algo se manifieste en el universo, tanto físicamente (energía), como metafísicamente (conciencia), requiere de una fluctuación en el campo de vacío, cuyo resultado de fluctuación y diferenciación se manifiesta como los «campos cuánticos» o «campos de espacio-tiempo» que son observables y medibles. Antes de esta fluctuación, sin embargo, el campo unificado existe como potencial puro, y de acuerdo con la teoría contemporánea de la física, éste contiene una cantidad infinita de energía (tal como las filosofías espirituales lo establecen, existe un potencial creativo infinito de la conciencia).

Siendo el «VE» una geometría en igualdad de vectores y en sus ángulos de 60°, es posible extender esta matriz de equilibrio infinitamente hacia el exterior desde el punto central del «VE», produciendo lo que se denomina la *Matriz de Vectores Isotrópica (MVI)*. Isotrópico significa «todos iguales», *vector* significa «línea de energía», y *matriz* significa «un patrón de líneas de energía». La «MVI» puede ser vista como la geometría infinitamente presente a toda escala y en perfecto equilibrio con el campo unificado de «punto cero».

En ese sentido, el investigador Nassim Haramein, junto a su grupo de científicos del «The Resonance Project», trataron de determinar la simetría más equilibrada considerando las polaridades positivas y negativas de la estructura «MVI». Identificaron una disposición de tetraedros en la «MVI» que, en una escala de complejidad mayor a la geometría primaria del «VE», define la gama más equilibrada de las estructuras de energía fractal en el que las polaridades positiva y negativa son iguales y sin desbalances en la simetría.

Coincidentemente, la «MVI» propuesta por Nassim Haramein y su equipo de investigadores sostiene una gran similitud con la estructura mórfica de la figura de la *Tetraktys* inferida por los pitagóricos hace 2.500 años atrás (ver Figura 10).

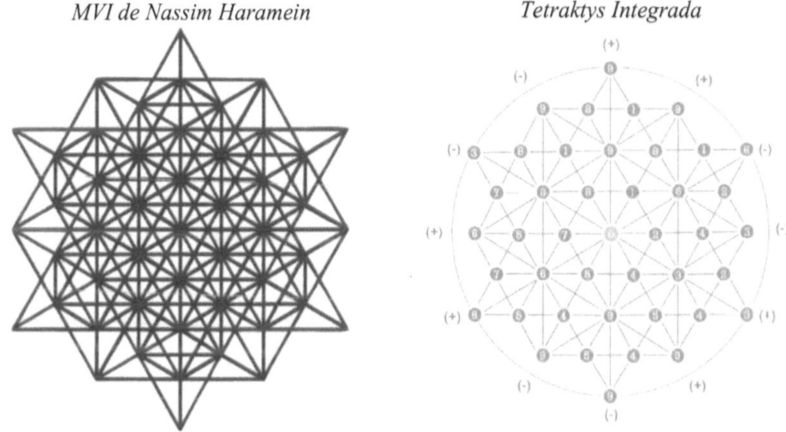

Figura 34: *Similitud entre MVI de Nassim Haramein y la Matrix Pitagórica*

En cierta forma, lo que se deriva de la «MVI» y la Tetraktys Pitagórica es que la unión de dos tetraedros (polaridad positiva y negativa), conforman la estrella tetraédrica (*Tetraktys Abierta*), y la unión de 8 estrellas tetraédricas entrelazan 64 tetraedros que coincidentemente corresponde al número de codones del ADN. Esto nos conduce a la representación del símbolo más sagrado de las tradiciones espirituales ancestrales: la *Flor de la Vida*. Ambas visiones convergen en lo mismo.

En cierta forma, la matriz de la *Flor de la Vida* representada en dos dimensiones (2D) por muchas tradiciones espirituales, se deriva de la estructura tridimensional tanto de la MVI de Nassim Haramein como también de la Tetraktys Pitagórica a través de la superposición armónica de 64 tetraedros.

Los 64 tetraedros están directamente relacionados con la información genética de las especies. Por ejemplo, la expresión de nuestros genes, didácticamente, es posible observarla como un alfabeto, en donde, es necesario que ese alfabeto siga ciertas reglas y/o condiciones, para que así pueda, coherentemente, generar palabras, párrafos, libros, y finalmente, una biblioteca orgánica. Por ejemplo, el lenguaje del ADN tiene un alfabeto de sólo 4 letras: A, T, G y C; éstos corresponden a los ácidos nucleicos y sus denominaciones químicas, son: Adenina, Tianina, Guanina y Citocina, respectivamente.

Estas letras esenciales se combinan entre sí para generar palabras, denominadas triplete o codones; porque se forman como grupo de 3 letras. Luego, estas palabras permitirán formar frases y/o secuencias de genes. En vista de las posibles combinaciones entre las letras del alfabeto del ADN, el diccionario de genes sólo contiene «64 palabras» diferentes, empezando en AAA, hasta llegar al TTT. La secuencia de cualquier gen (frase/párrafo) siempre comienza con el triplet ATG, y para finalizar su secuencia, utiliza tres formas de cierre: TAG, TAA o TGA. Generalmente, las secuencias son largas, y muchas veces, utilizan cientos y miles de palabras. Aquí se observa una secuencia del gen de la hormona concentradora de melanina:

atggcaaagatgaatctctcttcctatatattaatactaactttttctttgttttctca-
ggtattttactttcagcatccaagtccataagaaatttagatgatgacatggtatttaatacattcaggttgg
ggaaaggctttcagaaggaagacactgcagaaaaatcagttattgctccttccctggaacaa-
tataaaaatgatgagagcagtttcatgaacgaagaggaaaataaagtttcaaagaa cacaggctccaa-
acataatttcttaaatcatggtctgccactcaatctggctataaaaggtatcaagcactaaaaggatctgta
gatttcccagctgagaatggagttcagaatactgaatcaacacaagaaaagagagagaaatt-
ggggatgaagaaaactcagctaaatttcctataggaaggagagattttgacatgctcagatgtatgctcgg
aagagtctaccgaccctgttggcaagtctga

Estas secuencias de palabras del ADN son un tipo de lenguaje que utilizan las células, a modo de anteproyecto, para la síntesis de proteínas, que finalmente permitirán a las células generar tejidos, órganos y sistemas. De esta forma, el ADN se comunica con las proteínas a través de un intermediario, que se llama mensajero ARN (ácido ribonucleico). Este mensajero traduce el lenguaje del ADN al idioma de las proteínas. En este caso, el alfabeto de la síntesis de proteínas consta de 20 letras, que corresponden a los 20 aminoácidos esenciales.

Los aminoácidos son los bloques constructivos de las proteínas. Las proteínas son largas cadenas de aminoácidos enlazados que componen entre el 10 y el 30 % de la masa de las células; es el material estructural del cuerpo vivo y son compuestos que contienen, principalmente, carbono, hidrógeno, oxígeno y nitrógeno. En un organismo pueden existir miles de proteínas, cada una con funcionalidad diferente, pero derivadas todas de los 20 aminoácidos esenciales que se enlazan en estructuras distintas. Dos aminoácidos acoplados forman un dipéptido, tres, un tripéptido y diez o más, un polipéptido. En términos biológicos, los aminoácidos pueden formar 400 (20 x 20) dipéptidos diferentes, 8.000 (20 x 20 x 20) tripéptidos diferentes, y un número casi infinito de polipéptidos diferentes. De esta forma, la complejidad aumenta, en términos de la combinatoria de palabras del diccionario de aminoácidos, ya que pueden existir muchos millones de palabras en la síntesis de proteínas, y claramente, esa es la base de la diversidad de formas y funciones de los organismos vivos. Aquí se muestra un breve ejemplo de una instrucción de la síntesis de la hormona concentradora de melanina:

MAKMNLSSYILILTFSLFSQGILLSASKSIRNLDDDMVFNTFRLGKGFQKEDTAEKS-
VIAPSLEQYKNDESSFMNEEENKVSKNTGSKHNFLNHGLPLNLAIKGYQALKGSVDFP
AENGVQNTESTQEKREIGDEENSAKFPIGRRDFDMLRCMLGRVYRPCWQV

De esta forma, los genes son frases de un texto, que permite, como función básica, sintetizar proteínas para la generación de un organismo. Los científicos moleculares han podido comprender el significado de estos diccionarios y frases de texto, pudiendo traducir la secuencia de los genes al lenguaje de las proteínas. A esa traducción de unas palabras con otras se le llama «código genético». Y, desde una perspectiva metafísica, ese código 64 está configurado con el lenguaje de la vibración, frecuencia, luz y geometría que está implícito en el patrón sagrado de la Flor de la Vida.

La Sagrada Trinidad y los 7 días/6 noches del Génesis

Desde la abstracción teórica de la *armonía pitagórica y* la representación de la *Tetraktys* es posible aproximar un entendimiento del diseño divino del cosmos basado en el clásico misterio de la *sagrada trinidad*, la cual ha sido dogmatizada por la religión católica como *Padre, Hijo y Espíritu Santo*. En el hinduismo se habla de la «trimurti» o las «tres formas» la cual está compuesta por tres deidades que representan tres principios universales: *Brahma* (Principio Creador), *Vishnu* (Principio Preservador) y *Shiva* (Principio Renovador). En la mitología egipcia se hace referencia a la triada divina de Osiris (Dios Padre), Isis (Diosa Madre) y Horus (Dios Hijo). Los antiguos celtas y druidas establecían su cosmovisión basada en el símbolo de la «triqueta» que alude a la triple dimensión de la divinidad femenina, como también a la división tripartita de la Madre Tierra en los reinos de la tierra, el mar y el aire. Las culturas nativo-americanas sostienen su triada divina como Madre Tierra (Principio Femenino), Padre Cielo (Principio Masculino) y Gran Espíritu (Unidad Integrada). Desde luego, en casi todas las tradiciones espirituales del mundo su doctrina o cosmovisión se sustenta en el misterio de la sagrada trinidad.

De hecho, la antigua ciencia de la alquimia[4] se basa en el supuesto colosal de la «tría prima» o las «tres bases» la cual establece que todo está compuesto proporcionalmente por Azufre, Mercurio y Sal, los cuales simbólicamente representan el Espíritu, el Alma y el Cuerpo, respectivamente.

Naturalmente, si pudiésemos diagramar, desde una moderna mirada sistémica unificada, la teoría de las cuerdas, la cosmovisión espiritual ancestral con la *armonía pitagórica* en pos de contextualizar teóricamente la *sagrada trinidad* como un sistema armónico que se constituye de la triada de *tiempo, conciencia y espacio*, es posible proponer el siguiente patrón arquetípico:

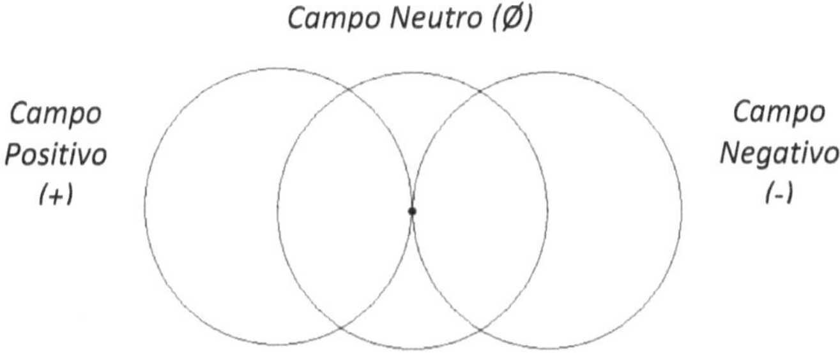

Figura 35: Sistema Primario de Armonía de Tiempo-Conciencia-Espacio

---

[4] En la Parte II se profundiza en los conceptos de Alquimia.

La Figura 35, conocida en círculos metafísicos como la *vesica piscis doble*, posibilita una explicación a la gran paradoja divina mencionada anteriormente:

o *Pensamiento Religioso = Dios sin Evolución*
o *Pensamiento Científico = Evolución sin Dios*

Desde esta perspectiva, previo al *Big Bang* cosmológico, que algunos denominan el *vacío omnipresente*, se asume que ya existe una conciencia primordial o una protoconciencia la cual se autoorganiza y da origen conscientemente a la vida. Con ello, el tiempo potencial ya existe, pero las formas visibles tridimensionales aún no. Esta eterna conciencia universal está embedida en la «energía oscura», «quintaesencia» y/o «éter», en su estado más puro de existencia. Por ende, cuando esa conciencia fundamental decide manifestarse como una «realidad» de luz visible, debe delimitar un *tiempo-conciencia-espacio* de acuerdo a leyes matemáticas específicas, para que cada forma vibracional delimitada se autoorganice, evolucione y se propague en armonía eterna.

En ese sentido, para crear un *tiempo-conciencia-espacio* específico en el «vacío omnipresente» que permita engendrar luz visible y la vida, se debe delimitar vibracionalmente un patrón primario fundamental que permita un movimiento de luz-conciencia en n-dimensiones de manera armónica, dinámica y expansiva. Al reflexionar en este punto, sin duda, esa primera «singularidad» de conciencia emergerá como un *Gran Si-Mismo* que utilizará ese patrón fundamental para evolucionar armónicamente, teniendo el potencial de fragmentar la «realidad primaria» o el «vacío potencial» en n-realidades interconectadas. Con lo cual, es consciente que se engendrarán n-aspectos de si-mismo. En otras palabras, cada forma manifestada sería un fragmento del *Gran Si-Mismo*, siendo cada fragmento un aspecto de la realidad *per se*.

Desde luego, ese proceso de fragmentación sigue un patrón creacional evolutivo. Es decir, se va manifestando en el tiempo por fases o períodos. Si observamos la naturaleza, cada aspecto de la vida se manifiesta progresivamente. Nada emerge espontáneamente de una sola vez. La vida tiene un ritmo creativo. Por lo tanto, haciendo alusión a la frase hermética: *como arriba es abajo, como adentro es afuera*, es posible inferir que al igual que una flor tiene un proceso de crecimiento y maduración, la creación cósmica también sigue la misma lógica. Es por ello, que en muchas tradiciones espirituales se habla que Dios creó el mundo en días, haciendo clara alusión a que el Gran Espíritu se fragmenta a sí mismo progresivamente en el tiempo. No existe creación sin tiempo. El tiempo marca el ritmo de la creación.

Es interesante notar que la cultura mesoamericana de los mayas tenía una gran fascinación por los ritmos de la creación. Ellos eran los maestros del tiempo. Estudiaban en profundidad los ciclos evolutivos de la vida cósmica, galáctica, planetaria, social, familiar, animal, vegetal, biológica y de desarrollo de la conciencia.

Curiosamente, los mayas establecieron 13 fases de crecimiento y desarrollo creativo como un proceso de evolución natural desde la semilla al fruto maduro, haciendo ver que cada aspecto de la realidad se manifiesta simbólicamente al ritmo de 7 días y 6 noches. Incluso, desde las tradiciones espirituales judías, cristianas y musulmanes también se hace referencia a los

7 días y 6 noches que demoró Dios en crear la vida. Para los mayas, existe un patrón en la naturaleza que sigue la siguiente ecuación metafísica:

$$13 \text{ Fases} = 7 \text{ Días} + 6 \text{ Noches}$$

Esas 13 fases se desagregan como:

- o Fase 1: Siembra Dia (+)
- o Fase 2: Siembra Noche (-)
- o Fase 3: Germinación Dia (+)
- o Fase 4: Germinación Noche (-)
- o Fase 5: Retoñar Dia (+)
- o Fase 6: Retoñar Noche (-)
- o Fase 7: Proliferación Dia (+)
- o Fase 8: Proliferación Noche (-)
- o Fase 9: Brote Dia (+)
- o Fase 10: Brote Noche (-)
- o Fase 11: Floración Dia (+)
- o Fase 12: Floración Noche (-)
- o Fase 13: Fructificación

Los mayas dividen el tiempo en 13 períodos, porque para ellos la vida se constituye de estos ciclos evolutivos duales que marcan el desarrollo de la conciencia y todo lo que observamos en la naturaleza. De esos 13 periodos, 12 de ellos están polarizados y existe 1 período que es de integración (la Fructificación). Es decir, esos 13 períodos son como un continuum de ondas de forma que catalizan distintos procesos transformativos durante el proceso creacional de la luz-conciencia en el tiempo (ver Figura 36). Coincidentemente, la cosmovisión de los mayas conecta con el diseño de la tetraktys pitagórica, desde la perspectiva numerológica de los 12 vectores de fuerza que se integran en el centro, creando 13 vórtices (ver Figura 15).

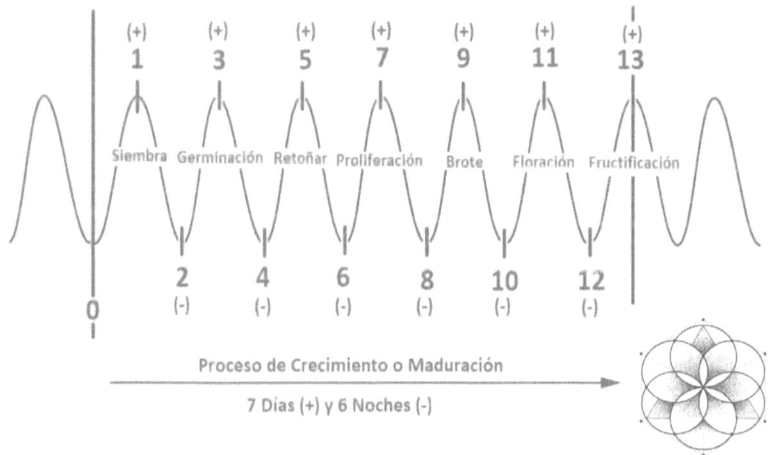

Figura 36: *Los 7 Días y 6 Noches de la Creación de la Tradición Maya*

En ese sentido, en términos del lenguaje de la luz-conciencia, la fase de *Siembra* Dia (+) y Noche (-) se refiere al nacimiento del tiempo y la acción creativa primaria que proviene de la conciencia original. La fase de *Germinación* Dia (+) y Noche (-) se refiere al nacimiento de la luz-conciencia como base nutricional de la vida. La fase de *Retoñar* Dia (+) y Noche (-) se refiere a la reproducción natural de la luz-conciencia primaria en nuevas formas lumínicas que desarrollan la vida. La fase de *Proliferación* Dia (+) y Noche (-) se refiere a la multiplicación y transformación de las formas de luz-conciencia previas. La fase de *Brote* Dia (+) y Noche (-) se refiere a la manifestación de nuevos brotes de luz-conciencia en el tiempo. La fase de *Floración* Dia (+) y Noche (-) se refiere a la maduración y expansión de los brotes de luz-conciencia en el tiempo. La fase de *Fructificación* Dia (+) y Noche (-) corresponde a la autoorganización, equilibrio y estabilidad dinámica de todos los brotes de luz-conciencia manifestados a partir de la acción creativa primaria.

De esta forma, desde el estudio de los patrones sagrados de la creación – y, siguiendo los principios de la tradición maya - es posible inferir que la acción creativa primaria de *Dios* o el *Gran Sí-Mismo* para diseñar la vida corresponde a la delimitación vibracional del «vacío omnipresente» siguiendo el patrón geométrico de la esfera, debido a que necesita expandirse hiperespacialmente hacia puntos de referencia equidistantes desde su punto de locación a su alrededor perimetral, para así crear un *tiempo-conciencia-espacio* en armonía. De todas las formas geométricas conocidas por el hombre, la única que tiene esa condición es la *esfera*.

Por lo tanto, haciendo una analogía del génesis bíblico de la creación, en el primer día-noche, el *Gran Espíritu o Dios*, se mueve multidireccionalmente y engendra un nuevo *tiempo-conciencia-espacio* basado en el patrón de la esfera[5], porque «sabe» que el centro de una esfera es equidistante de cada punto de su perímetro. Del mismo modo, el centro de una esfera es equidistante de todos los puntos de su superficie (ver Figura 37).

---

[5] En el contexto de la física moderna se hace alusión al fenómeno de la *inflación cósmica esférica* como un marco explicativo de la acelerada expansión del universo microsegundos después del Big Bang.

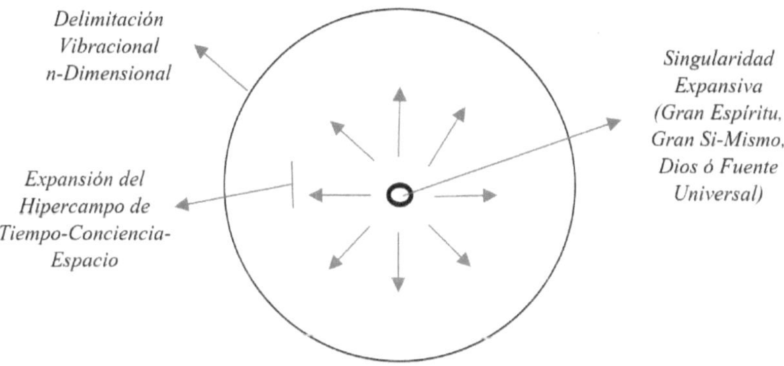

Figura 37: Dia-Noche 1: La Siembra

El *Gran Sí-Mismo o Dios*, en ese intento por seguir moviéndose y expandiéndose armónicamente en el «vacío omnipresente», en el segundo día-noche del génesis prosigue con su ciclo de «mitosis» cósmica para engendrar una nueva dimensión de *tiempo-conciencia-espacio*, con lo cual se desdobla vibracionalmente y crea naturalmente una imagen de sí mismo, una realidad complementaria interconectada.

En esta fase creativa del 2° día-noche, nace la Luz porque se crean campos de fuerzas complementarios (positivo y negativo) que organizan las cargas vibracionales de energía y luz. Es decir, se entrelazan las esferas de polaridad positiva y negativa, y, metafísicamente, emerge el principio masculino y femenino. En otras palabras, nace la dualidad complementaria Yin/Yang. En geometría sagrada, a este patrón se le denomina la Vesica Piscis, cuya función es la de engendrar la luz (ver Figura 38).

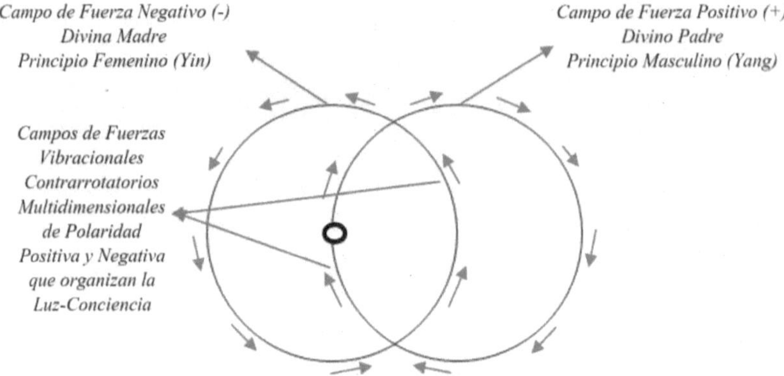

Figura 38: Dia-Noche 2: La Germinación

En el tercer día-noche, el *Gran Si-Mismo* o *Dios* diseña un sistema armónico de cuantificación o compactación de una unidad de tiempo-conciencia. Con lo cual emerge la singularidad de tiempo-conciencia delimitada hiperespacialmente por campos vibracionales de movimientos contrarrotatorios. En esta fase podemos decir que nace el «alma» como luz-conciencia compactada que está individuada de la fuente universal. Bíblicamente, esta fase representa el nacimiento del Hijo de Dios o el Hijo de la Luz. En palabras simples, en el primer día-noche emerge el Padre (el tiempo). En segundo día-noche emerge la Madre (la luz). Y, en el tercer día-noche nace el Hijo (el alma). En un lenguaje metafórico el alma sería una diminuta gota que se desprende del océano del espíritu.

Esta «alma» o «luz-conciencia» al desprenderse singularmente del «gran espíritu», del «todo-unido» o del «océano cósmico» necesariamente se constituye de fuerzas polarizadas complementarias contrarrotatorias (yin/yang) para sostener su singularidad perenne. Con lo cual, el alma lleva impregnado vibracionalmente en si-mismo el principio de *armonía* por la eternidad. Es decir, está diseñada en «amor» divino eterno.

Sin duda, mientras esa «alma» no se polarice a un extremo u otro, podrá sostener el amor, la armonía o la proporción divina en si-misma en sus múltiples formas, espacios, mundos y realidades experienciales en las cuales interactúe creativamente. Si esa alma se desconecta del principio de *armonía*, todo su potencial de acción creativo e interactivo será inconscientemente caótico, inestable y carente de amor y sabiduría (ver Figura 39).

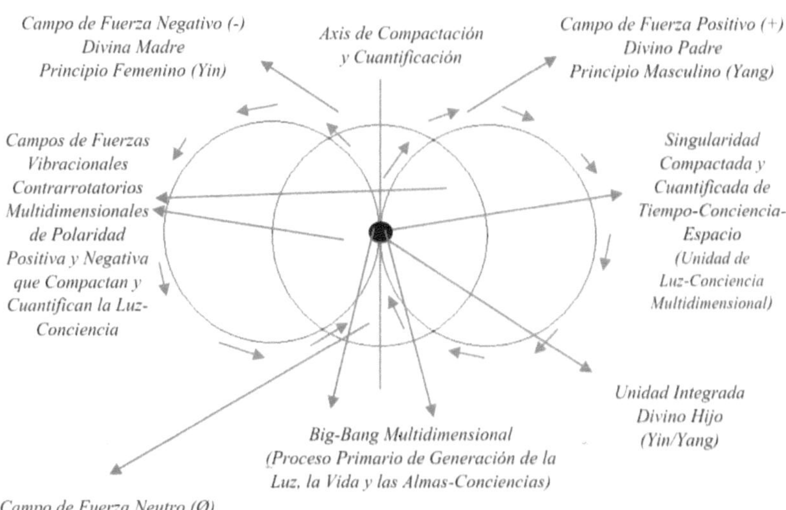

Figura 39: Dia-Noche 3: El Retoñar

En el cuarto día-noche se inicia el proceso de multiplicación de los campos de luz para abarcar un nuevo tiempo-espacio en armonía y unidad con el centro de la fuente. Se inicia la replicación de un nuevo campo de luz que se sostiene siempre en equidistancia con el centro de la esfera original. Metafísicamente, ese centro representa la fuente creadora, el UNO. Toda proliferación debe ser en sintonía con el UNO (ver Figura 40).

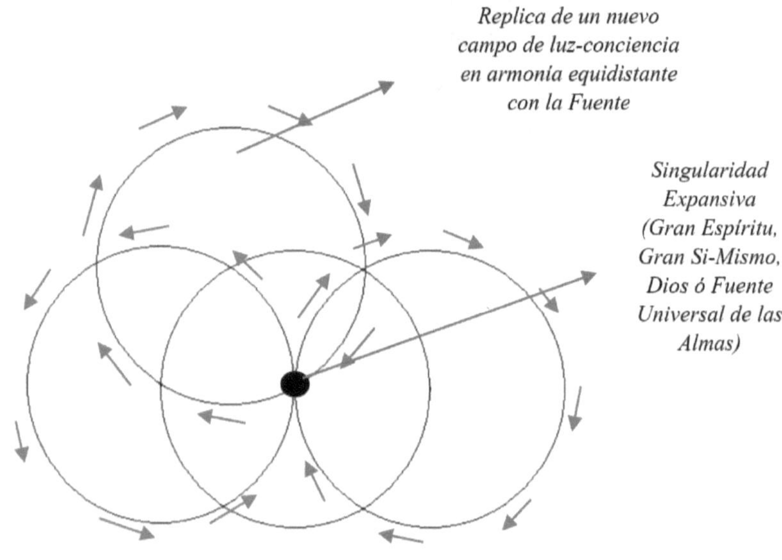

Figura 40: Dia -Noche 4: La Proliferación

En el quinto día-noche se manifiesta un nuevo campo trino de luz-conciencia de polaridad positiva y negativa en unidad equidistante con la Fuente del UNO (ver Figura 41). En el sexto día-noche se expande la luz-conciencia creando un nuevo campo de fuerzas en unidad equidistante con el UNO (ver Figura 42).

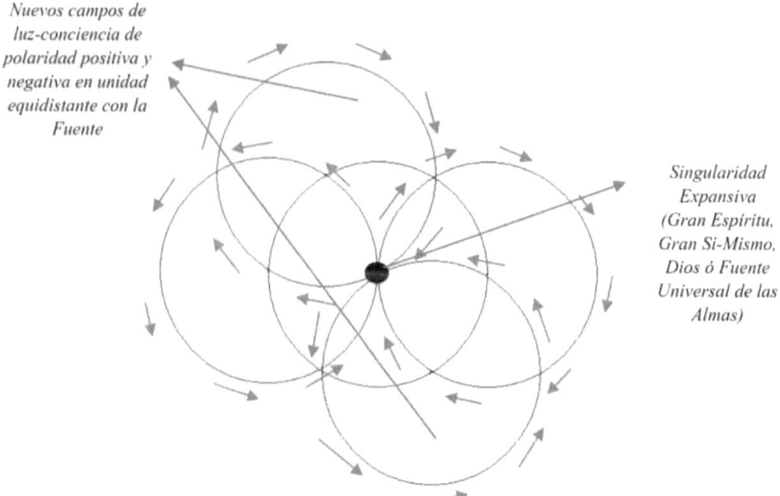

Figura 41: Dia-Noche 5: El Brote

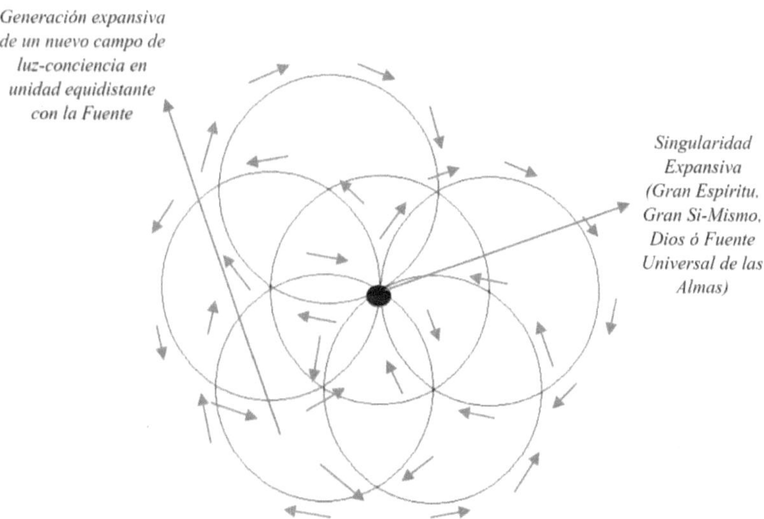

Figura 42: Dia-Noche 6: La Floración

En el séptimo día se autoorganizan y equilibran todos los campos de luz-conciencia manifestados a partir de la acción creativa primaria, proporcionando estabilidad y convergencia desde el centro (campo cero) hacia el exterior. Es decir, se manifiesta un sistema de luz-conciencia en simetría dinámica a la fuente del UNO. Metafísicamente, se le denomina *semilla de la vida* a esta fase integrativa de luz-conciencia. A partir de esta fase, se crea este patrón fundamental que hará posible el desarrollo de la vida a través del tiempo, siendo la base de toda la creación y del universo tal como lo conocemos (ver Figura 43).

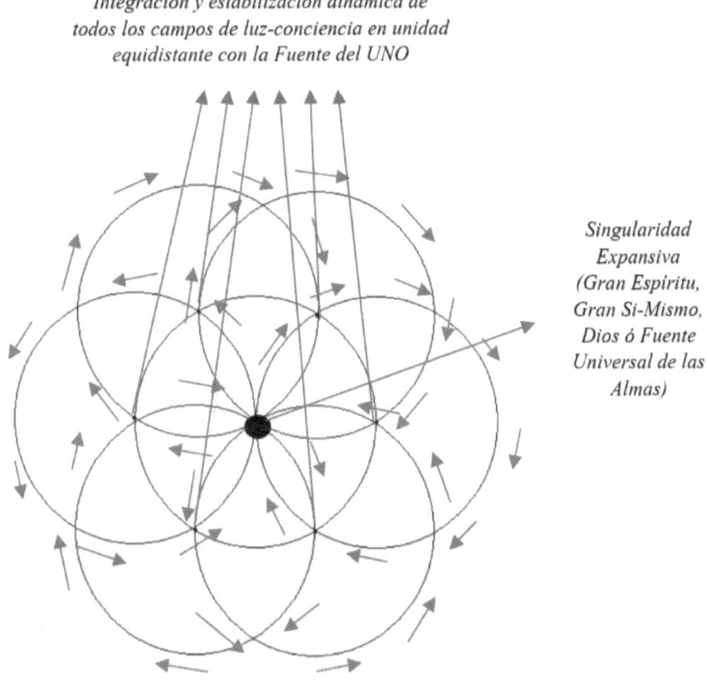

Figura 43: Dia-Noche 7: La Fructificación

Desde luego, la *Tetraktys* en un plano bidimensional (2D) está íntimamente ligada al patrón de la semilla de la vida y sus esferas concéntricas perfectamente alineadas. La Tetraktys está representada por líneas rectas (principio masculino) y la semilla de la vida por líneas curvas (principio femenino) (ver figura 44).

Figura 44: *Semilla de la Vida + Tetraktys Pitagórica*

En definitiva, el proceso creacional de los 7 días y 6 noches basado en el símbolo de la *semilla de la vida* y/o la *tetraktys* se constituyen como el primer paso esencial que estabiliza la luz en sus múltiples formas para manifestar la vida, el cual seguirá replicándose hasta transformarse en el patrón más fundamental de todos: *La Flor de la Vida*.

Un ejemplo clásico del proceso creacional del patrón de la semilla de la vida lo observamos en la diferenciación celular del cigoto. A modo de ejemplo, la Figura 45 describe gráficamente tal proceso.

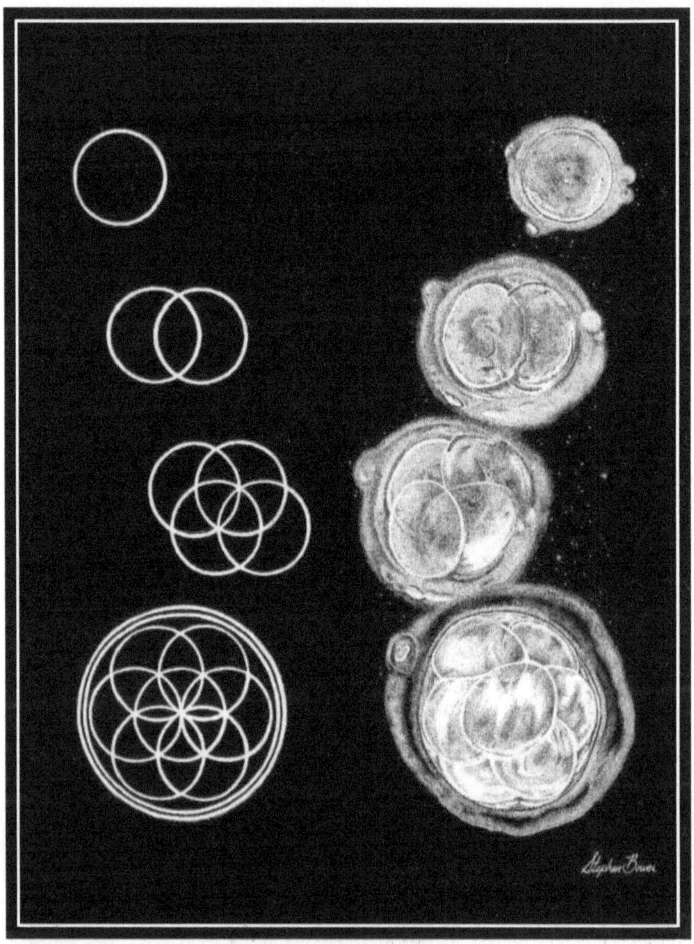

Figura 45: *Proceso de diferenciación celular basado en el patrón de la Semilla de la Vida*

La Cruz del Khrīstós

El conocimiento que proporciona la decodificación de la *Tetraktys* es, sin duda, muy profundo y reflexivo. Con ello, también, emerge una nueva perspectiva de lo que implica realmente la sabiduría del *Khrīstós*, la cual se ha desvirtuado por completo en los últimos milenios.

Por un lado, se tiende a confundir a *Jesús (el Hombre)* con el *Khrīstós*. Es decir, se asume que un alma "especial" que encarna en una forma humana especifica (cuerpo), la cual incorpora una identidad cognitiva egoica (personalidad), es el único hijo de Dios. Es importante destacar que Dios es sinónimo de conciencia, con lo cual, va creando diversidad de formas y vehículos para poder manifestarse y expresarse interactivamente en armonía.

En cierta forma, la existencia misma es solo una gran unidad de conciencia multidimensional que se divide a sí misma en múltiples fragmentos para construir mundos, realidades y experiencias. Y, justamente, eso es lo que representa el *Khrīstós*: la *Unidad de Conciencia*. Es decir, son los principios, fuerzas, leyes y proporciones armónicas divinas que rigen la vasta creación, desde el microcosmos al macrocosmos. Y, cuando un ser humano llamado Jesús incorpora vibracionalmente esa sabiduría en su interior se transforma en un Khrīstós, permitiéndole despertar todo su potencial humano y divino en plena conciencia. Lamentablemente, todas las enseñanzas que transmitió Jesús, una vez que logró el estado de conciencia del Khrīstós, a sus 12 apóstoles - y posteriormente a las masas - fueron completamente distorsionadas y manipuladas hasta el día de hoy.

La verdadera cruz que sostuvo Jesús El Khrīstós, es aquella que contiene el conocimiento sobre la naturaleza divina de la creación, la cual deriva de la sagrada *Tetraktys* (ver Figura 46). No es la cruz del sufrimiento ni del dolor ni de la culpa que las religiones han programado por centurias en la mente de sus devotos. Más bien, es la cruz de la libertad, el amor y la sabiduría.

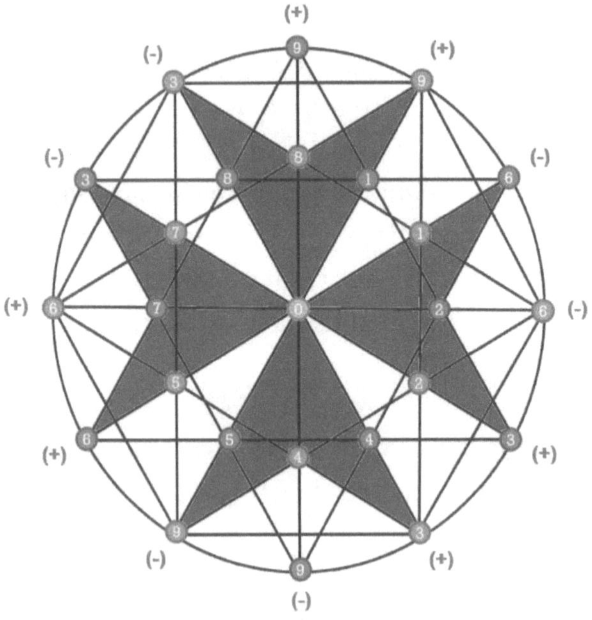

Figura 46: La Cruz del Khrīstós

Claramente, la cruz del *Khrīstós* no solamente ha sido sostenida por Jesús. Muchos seres a través de la historia, que han conectado con la conciencia de unidad, han sostenido esta cruz divina de la libertad, el amor y la sabiduría desde múltiples visiones y perspectivas.

Por ejemplo, en el antiguo Egipto, las figuras de Thoth, Ra, Horus, Isis, Osiris, Shesat, Sekhmet, entre otros; portaron la sabiduría krística. De hecho, la primera orden de los Templarios del Khrīstós nace en Egipto hace por lo menos 15.000 años atrás. La guerra de las cruzadas o religiosas que se inician en el siglo XI, que es la época que comúnmente se asocia al surgimiento de los Templarios, es solo la punta del iceberg de esta gran orden secreta que nace miles de años atrás después de la caída de la Atlántida. La misión de los Templarios será siempre la de proteger, enseñar y difundir la sabiduría kristica. La misma palabra «templario» hace alusión a la cualidad divina de la templanza y/o armonía. La ley del *Khrīstós* es la ley de la *Armonía*.

Los símbolos empleados por los templarios es un reflejo de la cruz del Khrīstós. No es casualidad. Esencialmente, en la época de las cruzadas fue el apogeo de su simbolismo. La orden del temple que fundó Hugo de Payens en el año 1120 d.C. alcanzó gran visibilidad en aquel tiempo, porque fue participe de la insensata guerra religiosa impulsada por la iglesia católica contra el islam. Claramente, esta orden templaria es solo una de las muchas que han existido a través de la historia – y que todavía existen - con más o menos popularidad.

Desde luego, el conocimiento es poder. Fomentar la ignorancia es la manera más sutil y efectiva de manipulación y dominación. Y, es lo que se ha hecho con la sabiduría del Khrīstós. Lo devotos han caído en la trampa de la programación mental de la crucifixión de Jesús. Hacen alabanzas a una pueril imagen de un ser humano mortal colgado en una cruz bañada en sangre. El Khrīstós trasciende cualquier tipo de forma humana, porque es una vibración de conciencia que está en todas partes. Es la sagrada ley del Gran Espíritu que se expresa desde el nacimiento mismo de cada galaxia hasta la más diminuta partícula subatómica.

Figura 47: Simbolismo Templario

En la narrativa bíblica se habla de los 12 apóstoles de Jesús. Una curiosa pregunta que emerge es: ¿por qué no fueron 15, 6, 17 ni 45 apóstoles? ... Con sólo observar la Figura 46, nos damos cuenta que los 12 vórtices internos sostienen vectores de fuerza que convergen en el campo «cero». Es decir, Jesús (campo cero) tuvo 12 apóstoles (vectores de fuerza) porque sigue la sabiduría arquetípica de la cruz del Khrīstós. Con ello, Jesús y los 12 apóstoles se constituyen – en conjunto - como una expresión de la conciencia krística en aquél entonces.

Los cátaros también fueron conscientes de la sabiduría del Khrīstós. Este antiguo pueblo ubicado al sur de Francia en la zona denominada el Languedoc - frontera con el reino de Aragón – nace con el fin de ser un reflejo de la verdadera conciencia crística. Se le denominó el «pueblo perfecto». De hecho, el símbolo más sagrado de su cultura es la cruz cátara (ver Figura 48). Y, curiosamente, es un símil de la cruz del Khrīstós.

Figura 48: Cruz Cátara

Esencialmente, la cruz del Khrīstós es una sabia encriptación de conocimiento sobre las leyes sagradas de tiempo, conciencia y espacio que rigen la vida en todas partes. Como diría Nikola Tesla: *si quieres entender los secretos del universo, piensa en términos de energía, frecuencia y vibración.*

Sin duda, lo que nos expresa Tesla, es que la energía, la frecuencia y la vibración son atributos primigenios indivisibles de este gran diseño inteligente del espíritu, que algunos denominan «campo unificado». Sin embargo, existe un atributo que no menciona Tesla, pero que es clave en esta ecuación. Ese atributo es el potencial de la geometría, entendido como el elemento estructurador, ordenador y materializador de la creación. Cada aspecto de la vida se manifiesta al ritmo sincrónico de una matemática geométrica, desde donde emerge cada ángulo y vértice de todas las formas manifestadas.

De esta forma, la tétrada de energía, frecuencia, vibración y geometría, constituyen, básicamente, los atributos fundamentales de este «campo unificado», los cuales se entrelazan alquímicamente entre sí, como una cascada de fuerzas, para manifestar la vida en cada rincón del universo.

Si expresáramos metafísicamente esta tétrada de fuerzas, podríamos decir que el primer atributo es la vibración, la onda primigenia que emerge desde el mismo Espíritu, y que contiene la idea original, el propósito divino, la voluntad creativa universal. Es la fuerza vibratoria del Gran Espíritu que contiene su intención sagrada de manifestar, experimentar, explorar, expresar y expandir su sabiduría infinita.

Al poner en movimiento ese propósito creativo original, esa oscilación vibratoria sagrada, emerge, simultáneamente, un segundo atributo fundamental, que es la frecuencia, los ciclos temporales, el tiempo. La propagación de esa idea original, es una onda de forma que está en movimiento constante, como una espiral cíclica, la cual está oscilando en el tiempo.

Además, esa vibración primigenia, esa intención divina, tiene la capacidad de viajar en el vacío absoluto. Es una oscilación que no requiere un medio para propagarse, porque es una vibración de energía pura. Aquí emerge el tercer atributo fundamental, que es la energía, la luz, las ondas electromagnéticas. En ese sentido, esa vibración original es energía vital, luz, prana o chi. Es la fuerza de vida en su más alta pureza. Por lo tanto, no se trata de una luz visible que procede de un lugar y se proyecta hacia otro lugar, como si fuera un sol o un foco. Esta fuerza es una especie de energía líquida, muy pura, vibrante y multidireccional, que tiene el poder de expandirse sobre todos los planos dimensionales, y que vibra eternamente.

Desde luego, ese propósito original del Espíritu, que es una vibración lumínica que viaja en el tiempo, busca crear su propio espacio para expandirse, transformarse y materializarse, mediante una arquitectura inteligente, armónica y coherente. Este plano matricial, la geometría, es precisamente el cuarto atributo fundamental. La geometría es la hoja de ruta para la manifestación de todas las formas potenciales y posibles, en cualquier dimensión. Es el atributo que posibilita la creación de campos de energía alrededor de todo lo manifestado, sosteniendo el potencial vital en todo momento. Vemos que aquí se manifiesta por primera vez el espacio, y, por tanto, las estructuras o formas diversas que toma este espacio. Estos son los campos mórficos potenciales que dan origen a nuestra realidad existencial.

Si el primer atributo de esta tétrada es la idea vital original o la ley matemática vibracional, el segundo atributo es la expresión temporal de esa ley. El tercer atributo es la propagación de esa vibración original como energía pura, y el cuarto atributo es la estructuración geométrica de esa energía vital como campos mórficos potenciales de manifestación.

Este cáliz cuádruple de atributos del espíritu, se expresa al unísono, en forma simultánea y continua, como un todo, en Unidad. Esta Unidad que Sabe, que Ama y que Vibra, busca siempre explorar todas las posibilidades existentes en sí mismo. Para ello, ese Gran Espíritu inventa un viaje, por decirlo de alguna manera, que transcurre por toda la gama de densidades de la posible creación, y explora su propia realidad. Es decir, nuestro espíritu explora todas sus potencialidades en distintas dimensiones o planos vibratorios, desde esa matriz.

De esta forma, cuando el Gran Espíritu activa este cáliz cuádruple, es cuando nace la Dualidad. Al activar toda esa energía de vida, al pulsar esa idea y expresarla, se desdoblan dichos campos de expresión en campos contrarotatorios. Se desdoblan la voluntad, el amor y luz original y eterna, en las fuerzas opuestas y complementarias a sí misma. Como resultado de ese primer intento de avanzar y ver qué más puede ser creado, comienza a manifestarse una polaridad ambivalente, simétrica, una dualidad, el espejo de sí mismo, las leyes sagradas de la armonía ... ¡el Yin y el Yang!

A partir de estas definiciones metafísicas del «campo unificado», se han hecho experimentaciones científicas modernas muy relevantes que explican el funcionamiento de esta realidad unificada. Desde la popular visión de la mecánica cuántica, se han establecido bases conceptuales en relación a los niveles de energía que irradian los átomos y las partículas subatómicas, extrapolando los resultados de sus experimentos para explicar el comportamiento de nuestra realidad.

Una de estas experimentaciones tiene relación con el curioso e interesante fenómeno del entrelazamiento cuántico. Un «quantum» o «cuanto» es la menor cantidad de energía que puede transmitirse en cualquier longitud de onda. El físico alemán Max Planck, considerado el padre de la mecánica cuántica, afirmó que la radiación electromagnética se emite en unidades discretas de energía denominadas «cuantos». Además, Albert Einstein, en 1905, explicó el efecto fotoeléctrico utilizando la teoría de los «cuantos», admitiendo que la luz se traslada por el espacio en forma de «cuantos». A este «cuanto» de radiación se le dio posteriormente el nombre de «fotón».

En ese sentido, cuando dos partículas de energía fotónica (paquetes de luz) se unen entre sí, de una manera especial llamado «entrelazamiento», y posteriormente se separan, han descubierto que se conserva la interconectividad entre las partículas, incluso si estuvieran separadas por la distancia y el tiempo. La interconectividad es tal que el estado de una partícula no puede definirse adecuadamente sin la mención de la otra. Si se cambia una de las partículas, de alguna forma, la otra partícula cambia, instantáneamente, de la misma manera. Incluso, si no existe ningún vínculo físico entre sí, el cambio es exacto e instantáneo. Por lo tanto, la interconectividad es dependiente del «entrelazamiento» que se produce antes de que se separaran las partículas. Entonces, ¿cómo se produce este «entrelazamiento»?

Si existe un misterio en la física, sin duda, el fenómeno del «entrelazamiento cuántico» es uno de los más grandes enigmas que envuelve a la comunidad científica. La interconexión que prevalece entre dos o más partículas al ser separadas, aunque estén distanciada a miles de kilómetros o varios años luz, es tan potente, que cualquier cosa que le ocurra a una de ellas impactará instantáneamente en la otra (el entrelazamiento no se disipa al aumentar la distancia).

La idea de superposición, de *hallarse en dos lugares al mismo tiempo*, está relacionada con el fenómeno del entrelazamiento. Pero el entrelazamiento es incluso más espectacular, pues destruye nuestra noción de que la separación espacial tiene sentido. El entrelazamiento puede describirse como un principio de superposición que involucra a dos o más partículas, consideradas como un sistema. Esto implica que las cosas que han estado alguna vez en contacto entre sí, siguen influyéndose mutuamente a distancia, tras cortarse el contacto físico.

Uno de los pocos científicos de renombre mundial que han ido en busca de una explicación plausible a este misterio, sin duda, es el físico estadounidense David Bohm. Hasta Albert Einstein afirmaba: "él (Bohm) es el único que puede ir más allá de la mecánica cuántica". En su singular obra: «La Totalidad y el Orden Implicado», David Bohm nos sugiere atreverse a pensar en la «no separabilidad» (no localidad, no fragmentación), cuestionando en última instancia las nociones convencionales de espacio y tiempo.

En ese sentido, si consideramos el momento previo al big bang, en donde toda la creación estaba unificada, y era solo un punto de energía, una vibración en el vacío; eso implica que nada había sido creado aún. El universo, los planetas, las especies y la humanidad eran solo un anteproyecto, una idea, una intención. Sin embargo, en el momento o el instante en que ocurre el big bang, se inicia la separación, la división, la mitosis cósmica y la expansión creativa universal.

Con ello, el fenómeno del entrelazamiento cuántico está presente, es implícito. Cada aspecto manifestado está interconectado energéticamente entre sí en patrones de orden específicos. Somos parte de una Unidad. Esencialmente, cada alma humana es energía; la humanidad es energía; todo lo que nos rodea es energía interconectada entre sí, entonces, todos estamos entrelazados cuánticamente, y todo lo que hacemos, pensamos y sentimos vibra en este campo o «mar» de energía. Por lo tanto, afecta a todo el mundo, ya sea directa o indirectamente. Todo ello es un reflejo de la conciencia de unidad, de las enseñanzas del Khrīstós y de la misteriosa realidad que habitamos que nos sostiene en unidad eterna.

PARTE II

Decodificando el Alma y la Alquimia MerKaBa

Para comprender la naturaleza de lo que realmente somos, un paso esencial es conocer cada uno de los atributos que integran nuestro Ser. Estos múltiples atributos, de variadas características, reconocerlos e identificarlos en uno mismo, muchas veces no es fácil ni inmediato. Sobre todo, cuando son atributos abstractos y sutiles, que no son palpables a simple vista.

Como se enunció en el capítulo anterior, la naturaleza de nuestra realidad es un profundo misterio. Aunque se conozcan algunos de sus atributos, el misterio sigue ahí latente. Por eso es importante ampliar la mirada, unificando la reflexión desde la filosofía de la ciencia en conexión con el espíritu. Ambas visiones unificadas aportarán a nuestras mentes mayor grado de conocimiento, entendimiento y sabiduría.

Desde tiempos antiguos, una de las disciplinas filosóficas que siempre ha buscado fervientemente unificar la ciencia con el espíritu para descubrir y develar los misterios de la vida ha sido el estudio y la práctica de la Alquimia.

La disciplina de la Alquimia ha estado relacionada, muchas veces, con retratos artísticos medievales de personajes misteriosos que vivían en lugares ocultos, apartados de la sociedad, elaborando elixires de inmortalidad, técnicas de transmutación de metales básicos en metales nobles; la creación de panaceas capaces de curar cualquier enfermedad, entre otros; usando artilugios, fórmulas y experimentos muy particulares.

En cierta forma, esta representación simbólica de los alquimistas medievales, busca describir la esencia de esta antigua disciplina filosófica y espiritual, que combina múltiples áreas del conocimiento, como la física, la química, la biología, las matemáticas, la medicina, la cosmología, la astrología, la numerología, el misticismo, la espiritualidad y el arte, con el fin de comprender las leyes de la naturaleza y del cosmos, y como ellas influyen en las dinámicas de transformación y evolución de toda estructura de vida, y sus potenciales subyacentes.

La palabra «Alquimia» es de origen árabe. Los antiguos filósofos árabes en su búsqueda de la piedra filosofal, le llamaron «Kimiya», y anteponiéndole su artículo «Al» que significa «Él», le llamaron «Al-Kimiya». Metafísicamente, podríamos decir que la palabra Alquimia significa: *Química Divina*.

Sin embargo, etimológicamente, la palabra «Al-Kimiya», tiene sus raíces en el Antiguo Egipto. Originalmente, Egipto se denominaba sagradamente *Ankh'em Ptah*. Esta antigua palabra se define como:

La palabra *Ankh'em Ptah* es un concepto alquímico que se asocia a las fases sagradas y divinas que experimentan las distintas cualidades de la luz-conciencia y la energía primordial para transformarse en materia visible. Estas 3 fases esenciales, son:

Nigredo – Albedo – Rubedo

La fase nigredo (negro) se asocia a la transformación de la luz-conciencia esencial para la vida, la cual corresponde a la vibración incognoscible del gran vacío. Esta oscura energía primordial proviene del vacío omnipresente, la cual al experimentar el proceso alquímico de Albedo (blanco) se transforma en luz blanca, siendo esta luz blanquecina la cualidad lumínica original cognoscible que hará posible la manifestación de la materia visible en la realidad. Una vez que esta luz blanca vivencia la fase de Rubedo (rojo), se condensará lo suficiente para transformarse en el sagrado fuego alquímico que engendrará la luz-materia visible y los múltiples colores de nuestra realidad.

La noción conceptual sobre Ankh'em *Ptah* que comprendían los antiguos egipcios lo extrapolaron a muchos ámbitos de su vida. Para los egipcios la vida se regeneraba desde el polvo negro de sus tierras alrededor del Nilo, siendo éste utilizado como sustancia esencial en el cultivo y transformación de elementos, y, sobre todo, haciendo referencia a que todo trabajo alquímico de vida se inicia con la fase de Nigredo. Entonces, aquellos árabes que comprendieron estas bases filosóficas le llamaron a esta antigua ciencia egipcia como «Al-Khem», que luego derivó como «Al-Kimiya». Algunos, sin embargo, sostienen que la palabra Alquimia tiene su origen en la palabra griega «Khemeia» que significa mezcla de líquidos.

La alquimia siempre ha sido muy enigmática, críptica y cargada de simbolismos. Si pudiéramos mencionar algunas áreas experimentales que se han abordado en la historia de la alquimia, éstas serían:

1. La capacidad de transformar metales básicos, como el plomo y el mercurio, en metales nobles, como el oro y la plata.

2. La capacidad de generar un elixir externo que cure todas las enfermedades humanas, y prolongue la vida por cientos de años, lo cual se traduce en inmortalidad física.

3. La capacidad de alcanzar la inmortalidad del alma, la perfección humana y la sabiduría perenne, a través de la transformación espiritual.

En un contexto experimental, comúnmente se asocia a la alquimia como un sistema iterativo de transformaciones químicas que los alquimistas utilizaron en un intento por convertir los metales básicos en metales preciosos. Varias formas de alquimia se desarrollaron en el Antiguo Egipto, la Antigua China, Grecia, India y la Europa Medieval. Si bien los alquimistas generalmente fracasaron en sus intentos de convertir el plomo en oro, y no lograron obtener un elixir externo que impartiera inmortalidad. Sin embargo, con el tiempo, el conocimiento adquirido por los alquimistas se convirtió en el fundamento de la química moderna. Todo proceso alquímico, independiente de sus orígenes, se constituye de tres pasos básicos: (1) Un elemento a transformar. (2) Un recipiente para contener las reacciones alquímicas. (3) Una fuente de energía.

Desde luego, en un sentido más amplio, la alquimia busca comprender las leyes divinas y como éstas aplican en la naturaleza de la vida y del hombre, por ello, si le otorgásemos una definición más profunda, esta se traduciría como una disciplina filosófica que estudia la evolución armónica de la conciencia y la forma. Entendiendo la evolución como el estudio del tiempo, la armonía como el estudio de la autoorganización, la proporcionalidad y la complementariedad, la conciencia como el estudio del espíritu, el alma y la mente, y, finalmente, la forma como el estudio de la luz, la energía y la geometría sagrada.

Bajo esta definición, en un contexto puramente humano, es que en tiempos antiguos emerge la disciplina de la «alquimia interior» la cual busca transformar la conciencia humana ordinaria a un estado más elevado. La alquimia interior se define como un sistema de desarrollo personal orientado transformar los elementos de la psique y la conciencia ordinaria (simbolizadas como plomo) en iluminación psicológica y espiritual (simbolizadas por el oro). En un contexto práctico, sus tres procesos básicos son: (1) Lo que ha de transformarse. En este caso sería toda distorsión psicológica y espiritual del individuo que le impide la «iluminación» personal. (2) El recipiente de la transformación alquímica. En este caso sería la «psique» del individuo. (3) Una fuente de energía. En este caso sería la energía universal (chi, ki o prana) extraída del cosmos.

En términos simples, a nivel material (exotérico), la alquimia se asocia a la transformación de metales básicos en metales nobles y la búsqueda del elixir de la inmortalidad física. A nivel inmaterial (esotérico), esta se asocia a la transformación espiritual del hombre – y, es en este último punto donde profundizaremos en este apartado.

Las Raíces de la Alquimia Interior

Para comprender las raíces de la alquimia interior es necesario contextualizar los ciclos evolutivos de la humanidad. Ello implica adentrarnos en los misterios del origen humano.

Como se explicó en el apartador anterior, nuestra realidad utiliza el lenguaje de la vibración, la frecuencia, la energía y la geometría, siguiendo patrones sagrados basados en el sistema decimal. Por ende, existe una conciencia primordial que da origen a la vida. El big bang cosmológico tiene un orden implícito. La vida no es obra del azar per se, porque es conciencia pura. Todo lo que existe es conciencia, desde el microcosmos al macrocosmos. Entonces, la gran pregunta es: ¿El ser humano es obra y arte del azar evolutivo o de una intervención divina, cósmica y/o extraterrestre?

Una hipótesis muy interesante tiene relación con el fenómeno de la panspermia. Este término proviene de «pan» que significa «todo» y de «sperma» que se refiere a «semilla». La teoría de la panspermia nace en el siglo VI a.C, en la antigua Grecia, con el filósofo Anaxágoras, quién establece que la vida biológica (y el ADN) se originó en algún lugar del Universo, y, posteriormente, llegó a la Tierra incrustada en restos de cometas y meteoritos.

Entre los científicos de renombre que apoyan esta teoría se encuentra el químico sueco Svante Arrhenius, quién fue premio nobel de química en 1903. Él popularizó la idea de que la vida se originó fuera de la Tierra, afirmando que la vida biológica viajaba en forma de esporas impulsadas por la radiación de las estrellas. A este tipo de panspermia se le denomina proceso «natural», porque supone que los organismos vivos y/o bacterias habrían llegado en meteoritos o cometas desde el espacio a la Tierra. El problema de la *panspermia natural* es que esta clase de organismos no podrían soportar las altísimas temperaturas y a las fuerzas que intervienen en un impacto contra la Tierra. Como también, las condiciones hostiles del espacio exterior, el ingreso severo a la atmósfera terrestre y el ambiente agresivo de la tierra en aquel entonces. Es importante resaltar que cualquier microorganismo que viaje por el espacio sideral debe tolerar la casi ausente temperatura que existe (alrededor de -270 °C), y, a ello le sumamos los cambios súbitos de temperatura debido al plasma del viento solar (150.000°K). Y, si aún sobrevive a ello, al entrar en la atmósfera del planeta Tierra debe tolerar una temperatura por encima de los 100 °C.

Por lo mismo, ante esta situación, la panspermia sería posible solamente si alguien decidiera intencionalmente colonizar otros mundos. Es decir, que una conciencia extraplanetaria enviara seres vivos y semillas genéticas (ADN) en naves espaciales bien protegidas a un planeta habitable. A este tipo de panspermia se le denomina «dirigida». Esta hipótesis establece que «alguien» realizó un transporte deliberado de microorganismos desde el espacio exterior a la Tierra, para ser introducidos como especies de vida exótica y/o seres vivos. Y, una vez hecha la siembra dirigida, se hacen los ajustes naturales y comienza a evolucionar la vida en la Tierra.

Desde luego, la panspermia «dirigida» no es una locura ufológica, mística o esotérica, más bien, tienes bases científicas muy interesantes que están relacionados con el código genético de las especies. El matemático Vladímir Scherbak, de la

Universidad Nacional Al-Farabi de Kazajstán, y el astrobiólogo Maksim Makukov, del Instituto Astrofísico Fesenkov, también en Kazajistán, aseguran en su investigación publicada en el renombrado journal de divulgación científica *Icarus* del año 2013, que lograron detectar señales de intervención extraterrestre en nuestro código genético. Para ellos, la matemática y el lenguaje semántico que utiliza nuestro código genético para crear la vida no puede explicarse por causas naturales. A estos hallazgos le han denominado SETI[1] Biológico.

Ambos científicos afirman que:

"Las disposiciones simples del código genético revelan un conjunto de patrones aritméticos e ideográficos del lenguaje simbólico, los cuales son precisos y sistemáticos. Es decir, el código sostiene una lógica precisa y de una computación no trivial en vez de un azar y/o aleatoriedad basada en procesos estocásticos. Además, una vez fijado el código podría mantenerse inmutable a través de escalas cosmológicas de tiempo. Es la construcción más duradera que se conoce y representa un contenedor excepcionalmente fiable para una firma inteligente. Sea cual sea la razón real detrás de la lógica del sistema decimal en el código genético, parece que fue inventado fuera del Sistema Solar hace ya varios miles de millones de años" ...

La panspermia dirigida tiene una sutil conexión con la cosmogénesis humana que relatan las culturas nativas antiguas. En sus múltiples relatos, establecen que seres del espacio exterior llegaron a hace cientos de miles de años, cuya finalidad fue ayudar a ajustar biológicamente la vida en la Tierra, y, también,

---

[1] SETI es el acrónimo en idioma inglés de: Search for Extraterrestrial Intelligence (búsqueda de inteligencia extraterrestre).

a la especie humana. Originalmente existía una «pangea» o supercontinente. Con los ajustes geomorfólogos se fue dividiendo la «pangea» en dos partes: Laurasia (Norte América, Europa, y Asia) y Gondwana (Sur América, África, Antártica, India y Australasia). Como también, estos seres estuvieron presentes en los ajustes pre y post extinción de los dinosaurios.

En un contexto del origen humano, la mitología nórdica a través de sus sagrados relatos de la Edda, como también, desde la transmisión oral, mencionan a los dioses divinos del Polo Norte quienes dieron vida a su civilización. Según los relatos, estos seres divinos vivieron hace cientos de miles de años atrás en la tierra denominada Hiperbórea. Sus condiciones genéticas y psíquicas eran excepcionales. Eran seres extremadamente altos (4 metros aprox.) con apariencia caucásica y antropomorfa, muy avanzados en espiritualidad y tecnología.

Desde experiencias psicoespirituales canalizadas, se establece que Hiperbórea es sembrada por seres de la constelación de Lyra. Un grupo de Lyranos llegaron a la Tierra hace más de 500 mil años e instalaron bases de observación, vigilancia y protección del proyecto genético de los seres primordiales de la Tierra, en la zona del Polo Norte (Ártico) y en la intratierra. De esta línea genética emergen seres antropomorfos hiperboreanos como la raza Felina, los míticos Elfos, los Cíclopes, entre otros. Estos seres no tienen relación con el conocido Homo Sapiens, el cual se asocia al humano actual. Más bien, sostienen un proyecto genético distinto.

Desde luego, con el correr de las épocas, y la hibridación humanoide que se generó posteriormente entre los ET's y el homo sapiens, comienzan a engendrarse, por ejemplo, los primeros seres humanos caucásicos que darán vida a las antiguas civilizaciones indoeuropeas cuya descendencia más común son los Vikingos, Druidas, Celtas y Germánicos. A los seres divinos de Hiperbórea se les conoce como los VIGILANTES de la Tierra y GUARDIANES del proyecto genético divino original, los cuales siguen presentes como civilización en la intratierra.

Por otro lado, algunos relatos mitológicos asociados a la cultura Nacaal, hablan que en zonas cercanas al Polo Sur (Antártica) se siembran las primeras civilizaciones humanas, las cuales proliferan hacia el cinturón de fuego del pacífico e islas polinésicas, denominando a ese conjunto de islas el continente de Mu. Los «Hijos de Mu» alcanzan un gran desarrollo evolutivo alrededor del 80.000 a.C. Era una civilización altamente espiritual, y los seres tenían una apariencia caucásica, mongol y polinésica. Sin embargo, una violenta actividad volcánica emerge en el cinturón de fuego, provocando el hundimiento de la mayoría de las islas del pacífico. Los sobrevivientes se van a la intratierra, y, otros, migran a zonas de América del Sur, Mesoamérica, Norteamérica, Oceanía, Sudeste Asiático, China y Japón. La descendencia común de estos seres son los amerindios y asiáticos, principalmente.

En el continente africano, nace la raza de los Lemurianos que proliferan por todo África, siendo muchos de ellos intervenidos por seres de apariencia reptil. A esta etapa se le asocia la clásica historia de Adán y Eva. Hallazgos científicos hablan que el Homo Sapiens nace en África.

Relatos mitológicos establecen que la integración entre los humanos y seres extraterrestres ocurre en la mítica Atlántida, la cual corresponde a una serie de islas que se ubicó en la zona del mediterráneo. Sin duda, fue una época de grandes avances. Sin embargo, se inicia el desbalance entre poder espiritual y tecnológico. Se comienzan a hacer cruces genéticos desproporcionados entre humanos y extraterrestres antropomorfos, dando nacimiento a mestizos gigantes. Además, el poder espiritual se utiliza insensatamente y se abren portales dimensionales del bajo astral. Se entrecruzan los planos y almas del bajo astral entran en los cuerpos de muchos atlantes. ¡La hermandad de la serpiente busca tomar el poder por la fuerza! ... Se inicia la Gran Caída! ... ¡La madre naturaleza decide hundir la Atlántida! ... Un grupo de maestros atlantes - guiados por los VIGILANTES- toman los registros akáshicos y sus objetos sagrados y vuelan hacia la tierra de «Khem» (Egipto) para reencausar la civilización humana ... ¡Todo vuelve a cero! ... En zonas del Río Nilo emerge el Antiguo Egipto, liderada por Thoth y un grupo Atlantes de gran desarrollo espiritual, científico y tecnológico.

En muchos relatos antiguos se habla del hundimiento de la Atlántida, y el retorno a lo primitivo y rudimentario. Incluso, este hecho se asocia al gran diluvio universal que ocurrió aproximadamente en el año 12.500 a.C. En este caso, los relatos bíblicos – y, el de muchas culturas antiguas del mundo - establecen que «dios» emitió su juicio contra la humanidad en aquel tiempo a causa de sus pecados, provocando el anegamiento de toda la tierra.

Bajo esta perspectiva mitológica, podemos decir que existen 6 ciclos evolutivos de la humanidad:

- o Ciclo 1 - Panspermia: Etapa de ajustes geomorfológicos y biológicos de flora y fauna.

- o Ciclo 2 – Hiperbórea: Etapa de experimentación con semillas genéticas extraterrestres para fines evolutivos de la conciencia planetaria y de los primeros seres antropomorfos con cualidades divinas no-humanas y humanas (la genética primordial perfecta).

- o Ciclo 3 – Mu: Etapa de experimentación genética de la especie humana primordial, asociadas a las islas del pacífico (Mu). Grandes avances espirituales de la conciencia humana.

- o Ciclo 4 – Lemuria: Etapa de experimentación genética de la especie humana en África. Aparecen seres reptiloides que modifican genéticamente al Homo Sapiens para fines propios.

- o Ciclo 5 – Atlántida: Etapa de grandes avances, pero mal uso del poder espiritual y tecnológico. Mestizaje desproporcionado entre humanos y extraterrestres. Ocurre la gran caída de la civilización humana.

- o Ciclo 6 – Ankh'em Ptah: Reinicio post-atlante de la civilización humana tras la gran caída en conciencia. La etapa central del proyecto de la «nueva humanidad» se ejecuta en el antiguo Egipto por los atlantes sobrevivientes.

Siguiendo la lógica de los ciclos evolutivos de la humanidad, la antigua civilización egipcia emerge referencialmente en el año 12.500 a.C. (y, quizás mucho tiempo antes) con aquellos atlantes postdiluvianos que emigraron después de la gran caída de la Atlántida hacia el territorio conocido como Egipto, estableciendo como eje filosófico central de su civilización la «alquimia interna» – al menos esa fue la intención original.

Ahora, ¿por qué fue tan relevante para aquellos seres sobrevivientes de la Atlántida encausar una nueva civilización basada en la filosofía científico-espiritual de la Alquimia Interna? ... La respuesta obedece a un solo objetivo: *el retorno a la Conciencia Krística o de Unidad.*

En palabras simples, cuando se habla de la *Conciencia Krística* se refiere a la cualidad trina armónica que toda alma humana posee: Amor, Poder y Sabiduría. Si cada alma humana logra desarrollar e integrar plenamente en su interior esas 3 cualidades divinas, aportará sus más grandes virtudes y dones a la sociedad, civilización y conciencia planetaria de la cual es parte. Lo que ayudará a construir un *consciente colectivo* en sintonía con las leyes universales de la armonía, con patrones culturales y psíquicos en equilibrio, los cuales serán heredados por las futuras generaciones desde una conciencia despierta. Ello permitirá la construcción de una sociedad virtuosa en todas las áreas de su desarrollo.

Desde luego, lograr el estado de Conciencia Krística no es algo trivial. Requiere un profundo trabajo de desarrollo y transformación personal que involucra vidas. A nivel colectivo, implica crear las condiciones socio-culturales apropiadas para alcanzar tal logro. Bajo esa perspectiva, la idea original de los

Atlantes sobrevivientes (que sostenían la conciencia Krística) fue la construcción de una civilización diseñada para cultivar la conciencia humana a un nivel Krístico. Es decir, Egipto fue diseñada de una sola vez como una gran universidad del alma. La ruta templaria alrededor del Nilo con su variada arquitectura – de naturaleza física y etérea - fue ideada con precisión para despertar los dones divinos del alma humana siguiendo la filosofía, la ciencia y el arte de la *Alquimia Interior*.

Entonces, ¿qué sucedió previamente en la Atlántida? ... Muchos seres de aquella época que tenían gran poder, enaltecieron sus egos espirituales desproporcionadamente y se desconectaron de las leyes de la armonía y de sus cualidades divinas. Mal utilizaron su poder personal, el cual comenzó a afectar brutalmente el equilibrio dinámico del ecosistema multidimensional de la Tierra. Ante eso, la respuesta de la conciencia planetaria fue el hundimiento de la Atlántida.

En cierta medida, en la Atlántida se alteró la evolución natural y espiritual de su sociedad. Poseían conocimientos y avances tecnológicos inimaginables para nuestra cultura del hoy. Sin embargo, ese conocimiento y tecnología en manos de personas insensatas, puede llevar a su mal uso y posterior destrucción de una cultura o sociedad. Y, justamente, eso fue lo que ocurrió. La toma de decisiones insensata de unos pocos alteró el equilibrio y orden natural a niveles dramáticos, destruyendo las *redes akáshicas* de muchas especies (incluida la red humana), con lo cual se volvió a cero en muchos niveles evolutivos. Al destruir las *redes akáshicas*, no existe conexión a la memoria colectiva, por lo tanto, no es posible el aprendizaje evolutivo de las almas. Ante esa situación, la conciencia planetaria actúa y procede a la eliminación de ese potencial «cáncer», aplicando un plan de restauración evolutivo de las especies en conflicto, a nivel multidimensional.

Las Redes Akáshicas

Para contextualizar el impacto que tiene la alteración del ecosistema multidimensional de la Tierra, es importante señalar que todas las especies del planeta están asociadas a redes de conciencia – que se encuentran alrededor de la Tierra - las cuales conectan a nivel del campo sutil del ADN y sostienen, por ejemplo, las experiencias y aprendizajes acumulados, transgeneracionalmente, de cada conjunto de seres vivos, la cual se traduce como la memoria de la conciencia colectiva que contiene patrones evolutivos.

Estas redes son expresiones de energía y conciencia que siguen proporciones definidas por los principios de la geometría sagrada y electromagnetismo, y que se expanden multidimensionalmente a través de toda la Tierra (… y el Universo). Estas redes son necesarias para asegurar la distribución apropiada de los patrones sagrados de luz-conciencia para la creación de las formas y estructuras de los seres vivos, como también, permiten el almacenamiento y comunicación de las experiencias y aprendizajes de cada especie para orientar colectivamente su evolución en el tiempo (ver Figura 49).

Por ejemplo, el biofísico ruso Dr. Gariaev Peter Petrovich ha explorado la conducta vibracional del campo del ADN, y en sus investigaciones afirma que nuestro ADN no está solamente diseñado para la construcción de nuestro cuerpo físico, sino, también, constituye una red biológica multidimensional que sirve como almacenamiento de información y comunicación.

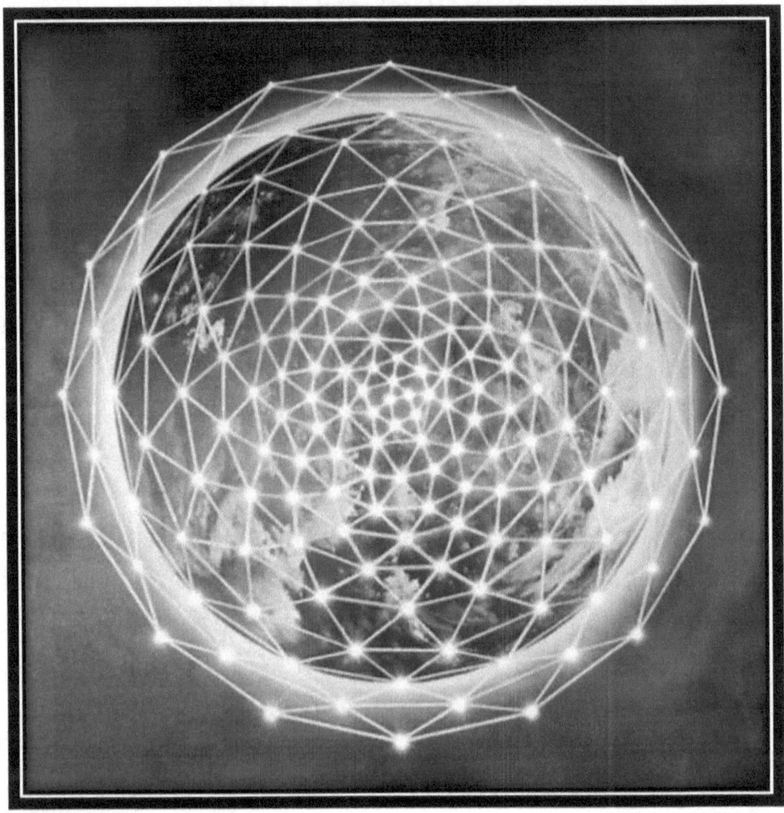

Figura 49: Representación Virtual de las Redes Akáshicas Planetarias

El equipo de investigadores que lidera el Dr. Gariaev han descubierto que el campo del ADN puede causar patrones disturbantes en el vacío, produciendo así agujeros de gusano magnetizados, y desde allí descargar información desde otros planos dimensionales. Los agujeros de gusano son los equivalentes microscópicos de los llamados puentes de Einstein-Rosen. Estas son conexiones túnel entre áreas completamente diferentes a través de la cual la información puede ser transmitida fuera del espacio y del tiempo. El campo del ADN atrae estos bits de información y los pasa a la conciencia del ser vivo. A este fenómeno se le denomina la hipercomunicación del ADN. El ADN es un superconductor orgánico que puede trabajar a temperatura corporal normal. Superconductores artificiales requieren temperaturas extremadamente bajas para funcionar. Todos los superconductores son capaces de almacenar luz, y, por lo tanto, información.

Las investigaciones del Dr. Rupert Scheldrake van en la misma dirección tras 15 años de estudiar el desarrollo de plantas en Cambridge, y se dio cuenta que para entender la morfogénesis de las plantas no era suficiente los genes ni las proteínas ni las moléculas regulatorias. Su hipótesis de causación formativa propuesta en 1981 postula que los organismos están sujetos a la influencia del conocimiento adquirido por organismos anteriores y similares por un proceso llamado «resonancia mórfica» que opera a nivel de los campos o redes sutiles que sostienen el ADN de las especies. Esta resonancia mórfica provoca campos mórficos, de forma, de patrones o estructuras de orden en el vacío que pueden viajar en el espacio y tiempo y son capaces de moldear a los organismos en el futuro, lo que permite cultivar una memoria colectiva para cualquier sistema autoorganizable como moléculas, células, cristales, insectos, plantas, animales, seres humanos, ecosistemas, galaxias, etc.

Según el Dr. Scheldrake, por ejemplo, si un animal aprende una nueva habilidad en un lugar, animales similares criados bajo condiciones similares deberán aprender lo mismo, con mayor facilidad en cualquier otro lugar del mundo. De manera análoga, Sheldrake señala que las personas tienden a aprender más fácilmente lo que otros ya han aprendido, incluso en la ausencia de cualquier medio de comunicación. De hecho, en la físico-química, por ejemplo, los cristales de nuevos compuestos deben ser más fáciles de cristalizar en todo el mundo cuanto más a menudo se hacen y existe evidencia de que esto realmente sucede.

Todo aprendizaje implica un almacenamiento de información. Es decir, no es posible el aprendizaje sin memoria. Cada especie, como un conjunto, requiere un almacén de memorias para recordar procesos previos que le permitan evolucionar colectivamente. A este tipo de información almacenada se le denomina «registro akáshico» en las tradiciones espirituales.

En un contexto metafísico, el «akasha» es una palabra sánscrita que significa «sustancia primaria», de la cual todas las cosas han sido formadas. Es la quintaesencia que comúnmente se denomina éter. Es el primer y más primitivo estado de sutilidad, antes de que haya sido dirigida por nuestros pensamientos individuales y afectada por nuestras emociones en esta vida. Esta energía es una cualidad de la Luz, tanto en un sentido físico como espiritual. Es una cualidad de la vitalidad, individualizada exclusivamente como almas específicas. De acuerdo a diversa literatura esotérica, se establece que el «akasha» es una energía que tiene una directa relación con la Madre Tierra. De hecho, se establece que es un atributo basado en la Tierra, que sostiene la memoria de cada una de las formas de vida que existen. En nuestro caso, son las denominadas redes de conciencia o akáshicas.

Las redes akáshicas humanas son una compleja red de campos de energía magnética codificada y cristalizada que regula flujos de información asociados a cada alma humana. Esta red conecta con un almacén de datos que se encuentra en el interior de la Tierra, y en él se encuentra el registro personal de todo cuanto le ha sucedido a cada alma, denominando a esta locación como la «cueva de la creación». Cada flujo de información se conecta al ser humano mediante su genética multidimensional (campo del ADN). Esta cueva es físicamente real, pero tiene atributos interdimensionales. Difícilmente será encontrada, debido a su locación, su profundidad, y, de hecho, se encuentra oculta, gobernada y protegida por los guardianes y vigilantes de la conciencia planetaria, denominados los *Señores de los Registros*. Estos seres aseguran la integridad y la seguridad de esta información.

La *«cueva de la creación»* contiene un registro de todas y cada una de las almas que han estado en el planeta o está programado que lo estén. Por consiguiente, la *«cueva de la creación»* sostiene un registro planetario de todos los humanos y, por lo tanto, constituye la memoria colectiva de toda la humanidad. Cada alma tiene un registro de cada experiencia vivenciada encarnación tras encarnación, la cual queda imbuida en el cristal del alma que se encuentra en la *«cueva de la creación»*.

Desde luego, no existe un cristal para cada encarnación, más bien, para cada alma humana. Todas las vidas están almacenadas en una sola estructura cristalina, para representar a la misma alma que ha encarnado muchas veces. Para aportar claridad, el registro akáshico no está contenido físicamente en el ADN, más bien, en el ADN se encuentran los «conectores» hacia el cristal del alma, pero estos «conectores» ocupan un espacio en el campo del ADN del genoma humano. Con cada encarnación, el cristal del alma se activa. Y, se desactiva con cada transición post-mortem.

Desde luego, científicamente no existen pruebas irrefutables de esta relación entre el campo del ADN, las redes akáshicas y el cristal del alma que se encuentra en la *«cueva de la creación»*, pero el objetivo de esta explicación, es que reconozcamos metafísicamente como funciona todo ello. Como diría el Dr. Scheldrake, la ciencia se encuentra limitada por asunciones que restringen la investigación a problemas sin resolver acerca de la naturaleza de la conciencia y cuestiones inexplicables de desarrollo humano. Sin embargo, argumenta que todas pueden tener un acercamiento científico.

El Renacer Alquímico en Egipto

Como se explicó en párrafos anteriores, la esencia de la alquimia interna busca la transformación espiritual del ser humano. En ese sentido, aquellos seres atlantes que sobrevivieron al hundimiento de la Atlántida tuvieron que diseñar y construir un sistema de desarrollo humano para cultivar y transformar la conciencia hacia el estado Krístico.

Por un lado, tuvieron que lidiar con la restauración de las redes akáshicas para encausar evolutivamente a las almas en sus procesos de vida y muerte, encarnación tras encarnación. Y, por otro lado, construir los templos y estancias de desarrollo de las almas para su iluminación psicológica y espiritual. Al menos, esa fue la intención original hace más de 15.000 años. Esto obedece al Egipto primitivo, lo cual ocurrió muchísimo tiempo antes de las dinastías faraónicas conocidas.

La ruta de templos que se construyeron alrededor del Nilo sigue un patrón psicoenergético de desarrollo del ser humano basado en la geometría de la semilla de la vida y la flor de la vida. Los seres que fundaron Egipto comprendían muy bien las leyes universales y los patrones sagrados de creación, e intentaron hacer una réplica de ello en la antigua civilización egipcia para sostenerse en sintonía con el UNO. Cada templo construido era un auténtico centro de sabiduría. Se estudiaba de forma unificada la ciencia, el arte y la magia, cuya finalidad, por un lado, era la comprensión de la vida y el universo, como también, se enfocaba en enseñar a los discípulos a vivir en armonía con las leyes naturales y a despertar el potencial de la conciencia krística en su interior.

El Nilo se consideraba un reflejo de la Vía Láctea. Los templos se orientaban a determinadas constelaciones, según las características del trabajo y enseñanza que se realizaba ahí. En cada templo se impartían enseñanzas específicas. Y, en sus muros y bibliotecas de papiros registraban estos conocimientos. Es importante resaltar que el lenguaje de los jeroglíficos inventado por los antiguos egipcios obedece a un lenguaje simbólico. Es decir, esta clase de lenguaje está organizado para decodificarlo desde una perspectiva analógica o por similitud, la cual busca fortalecer el aprendizaje en el ámbito conceptual, ya sea en la compresión y desarrollo de nociones abstractas o como recurso dirigido a cambiar las ideas intuitivas ya existentes. Por ejemplo, los sueños son un tipo de lenguaje simbólico. Por lo tanto, no se debe asumir linealmente lo que representan los jeroglíficos. Más, bien son patrones, símbolos y arquetipos que sostienen un nivel de información específico.

La sagrada trinidad estuvo presente en el diseño original. En aquella época emerge la figura de Isis, como representación simbólica del divino femenino; Osiris, símbolo del divino masculino. Y, Horus, representación del hijo divino. En ese sentido Isis, se traduce como el amor, la magia, el arte y la vida. Osiris, es la ciencia, el conocimiento y la verdad. Y, por último, Horus es la voluntad divina manifiesta que integra la magia de Isis y la sabiduría de Osiris. Es decir, Horus representa la fuerza del Khristos.

La mitología egipcia relata que el dios Osiris y su hermana-esposa Isis fueron los primeros gobernantes míticos de Egipto. Ellos gobernaron sobre un reino de paz y tranquilidad, enseñando a su pueblo la ciencia y el arte de la vida, y otorgando a hombres y mujeres los mismos derechos para vivir juntos en equilibrio y armonía.

Sin embargo, el hermano de Osiris, llamado Seth, se puso celoso del poder y el éxito de su hermano y lo asesinó. Primero sellándolo en un ataúd y enviándolo por el río Nilo, para luego descuartizar su cuerpo en 14 trozos, esparciendo cada trozo por todo Egipto, para evitar que encontraran su cuerpo. Sin embargo, Isis recuperó las partes de «Osiris», y volvió a rearmar su cuerpo a través del arte de la momificación, con la ayuda de su hermana Neftis, logrando retornarlo a la vida.

Osiris fue la primera momificación registrada en la mitología egipcia. Sin embargo, Osiris estaba incompleto, le faltaba el pene (símbolo de vitalidad), el cual se lo había comido un pez, por lo tanto, ya no podía gobernar en la tierra, y tuvo que descender al Duat, Amenti o Inframundo, donde se convirtió en el Dios de la Muerte y la Resurrección, siendo responsable del juicio final de las almas desencarnadas. Sin embargo, antes de su partida, Isis se había apareado con él místicamente, y le había dado un hijo, llamado Horus, quien crecería para vengar a su padre, reclamar el reino y restablecer el orden y el equilibrio en Egipto.

Esta historia se hizo tan popular, que influenció profundamente la cultura egipcia, y estableció el eje central de la existencia de la vida después de la muerte, y más aún, la posibilidad de la resurrección de los muertos. Osiris a menudo se representaba en los jeroglíficos egipcios con una piel verde o negra que simbolizaba la muerte y la resurrección.

Esencialmente, al profundizar en el lenguaje simbólico de la mitología egipcia, es posible representar una nueva perspectiva de la batalla entre Seth, Osiris e Isis. Por un lado, Osiris se traduce como el portador del divino masculino que representa la ciencia, la razón y el conocimiento sagrado; Isis es la portadora del divino femenino que representa el arte, la intuición, la magia, el amor y la vida. Por otro lado, Seth es portador de fuerza humana descendida, que está representada por la ignorancia, el caos irracional, la asimetría y la entropía. En ese sentido, los 14 vórtices de la Tetraktys Abierta (3D) (ver Figura 10, pág. 55) representan el divino conocimiento atribuido a Osiris, el cual fue desarticulado y corrompido por las fuerzas demiúrgicas de Seth para confundir y dominar a la humanidad a través de las eras. El amor, la magia y la sabiduría de Isis intentó reconstruir el conocimiento sagrado para orientar a la humanidad hacia lo divino, pero no tuvo éxito. Con la acción de Seth nace la era de la confusión y la manipulación de las leyes divinas entre los hombres. Con lo cual, el humano «cae» nuevamente en profunda ignorancia sobre la verdadera naturaleza de Dios. Con ello, la intención original de construir una sociedad basada en la ciencia del Khristos se desvirtúa por completo.

Desde luego, existe una confusión al asociar exclusivamente el uso experimental de la «alquimia» a través de procedimientos de momificación que se iniciaron muchos milenios después, aproximadamente, en el año 3.500 a.C, cuyos procesos impedían que un cadáver llegase a su putrefacción natural. Es decir, como el sistema de creencias del Antiguo Egipto estaba basado en la vida después de la muerte, entonces en esa época existía la creencia que el cuerpo tenía que ser cuidadosamente preparado para ser reconocible, más tarde, por el alma en su despertar en la tumba, para luego emprender su viaje hacia el «más allá». Los egipcios creían que la muerte representaba la separación entre el cuerpo y el alma, y la momificación tenía como principal objetivo el purificar y volver divino al cuerpo, para convertirlo en «Osiris», o una imitación suya. Todos estos rituales, mitos y símbolos se originaron, en gran parte, por el culto a «Osiris», el dios egipcio de la muerte, símbolo de la fertilidad y regeneración.

De todas formas, un aspecto muy relevante de la mitología de Osiris, tiene relación al ritual empleado en el juicio final de las almas. En el «Libro Egipcio de los Muertos» se registra que el alma es conducida, en compañía de Anubis, a la «Sala de las 2 Verdades», lugar donde se encuentra el dios Osiris. En este lugar el alma debe declarar las 42 confesiones negativas, comenzando con la oración: "No he aprendido las cosas que no son", lo que significa que el alma se esforzó en la vida para dedicarse a cuestiones de importancia transcendente, en lugar de los deseos y vicios mundanos de la vida cotidiana. Las confesiones se recitaban delante de Osiris, Thot, Anubis y los 42 jueces, para establecer la virtud moral de la persona fallecida y su derecho a la felicidad eterna. En otras palabras, las 42 declaraciones negativas aseguraban a Osiris la pureza del alma, y esta declaración terminaba con la afirmación "Soy puro", repetida varias veces. Sin embargo, no era el reclamo de pureza del alma el que se ganaría a Osiris, sino el peso de su corazón.

En el Antiguo Egipto, se creía que, al morir, el destino del alma en el «más allá» estaba determinado por el peso del corazón. Para ellos, toda experiencia de vida, quedaba registrada en el corazón; allí estaba la esencia del Ser. En ese sentido, durante el proceso de momificación, el corazón permanecía dentro del cuerpo, de modo que viajaba junto con el difunto hacia la balanza de Ma'at. Al morir, el alma ingresa al inframundo, donde Osiris realiza su juicio final en la «balanza de la verdad». En un lado de la balanza pone el corazón de la persona desencarnada, y en el otro lado, deja caer una pluma de las alas de Ma'at, la diosa del orden, la verdad y la rectitud. Si el corazón pesaba más que la pluma, significaba que la persona era más perversa que buena, entonces Ammit - un demonio con la cabeza de un cocodrilo, la mitad delantera de su cuerpo de un leopardo y la otra mitad de un hipopótamo, pero con brazos de cabra, devoraría el corazón. Si Ammit devoraba el corazón de una persona, esta moriría en una segunda muerte, perdiendo el derecho a la vida eterna, y, por lo tanto, siendo completamente aniquilada de la existencia, borrando todo registro de sus memorias y experiencias. En cambio, si el corazón del alma era más ligero que la pluma, entonces el alma era admitida libremente en la dicha del Campo de Juncos o el Campo de Ofrendas, que hace alusión al paraíso egipcio. Para los antiguos egipcios no hubo un infierno; más bien, el destino más terrible que la muerte, era la inexistencia.

Más allá de la veracidad de la metáfora mitológica de Osiris, llama muchísimo la atención la importancia espiritual que le otorgaban, hace más de 10 mil años, al órgano del corazón. Siendo el decidor en el camino a la vida eterna. Sin duda, los egipcios tenían un sistema de vida muy particular. Lamentablemente, con el correr de las eras el pueblo del Antiguo Egipcio se dogmatizó y adoptó fuertemente el culto a Osiris y a las deidades del Panteón en sus vidas cotidianas, creando, con el tiempo, doctrinas religiosas devocionales en torno a ellos, estableciendo múltiples ritos de adoración, dogmas, estructuras jerárquicas, con lo cual se fue perdiendo el verdadero sentido de autonomía espiritual y de la conciencia krística en el desarrollo del Ser que intentaron encausar aquellos fundadores del Egipto primitivo que provenían de la civilización atlante.

De todas formas, más allá de la polarización y división de la conciencia que comenzó a engendrarse en Egipto, con el paso del tiempo emergieron pequeños grupos de personas que buscaron una comprensión más profunda de la vida, del cosmos, del potencial humano, de la inmortalidad del alma y de las historias mitológicas de sus antepasados. Esto impulsó nuevamente al desarrollo de la filosofía espiritual denominada Alta Alquimia Egipcia.

Esta línea de pensamientos impulsó una nueva generación de escuelas mistéricas orientadas al estudio profundo del espíritu, del alma, la energía universal, la conciencia y las dinámicas de la naturaleza en sus múltiples perspectivas, estableciendo bases filosóficas profundas en variadas temáticas, como el misticismo, el esoterismo, la metafísica, la astrología, la cosmología, la biología, la medicina, la química y la física.

Aunque estas disciplinas adquirieron vida propia a través de los tiempos, el propósito original de los primeros iniciados en la Alta Alquimia Egipcia fue el estudio profundo del alma/conciencia humana y su conexión con la naturaleza y el cosmos, que se tradujo en el desarrollo de métodos alquímicos de purificación del cuerpo y la mente, basados en el estudio, enseñanza y práctica del arte de la reconexión energética de la mente con el corazón, a modo de preparar al alma para que su fuente espiritual, su esencia, su divinidad cósmica, su Yo Superior, pudiera descender, reconectar y fundirse con su expresión humana. Y así manifestar el cielo en la tierra, como sinónimo de inmortalidad, autonomía espiritual, perfección humana y sabiduría krística.

Claramente, esta disciplina de la Alta Alquimia Egipcia, que buscaba despertar en las personas la Sabiduría/Dios Interior en conexión con el Cosmos, no tuvo gran popularidad en los ciclos posteriores de desarrollo de la antigua cultura egipcia. Más allá de la gran arquitectura templaria existente, fueron muy pocos los iniciados en esta línea de desarrollo espiritual, basada en la práctica diligente de múltiples métodos alquímicos de auto-exploración profunda, orientadas a cultivar la sabiduría del alma, y a la comprensión del gran misterio de la creación universal. En efecto, muchos de los templos y monumentos del Antiguo Egipto, con el paso del tiempo, fueron mayormente utilizados para el culto, ritos y adoración a las deidades y dioses del Panteón, entre otras prácticas. La devoción externa fue prevaleciendo, más que un cultivo interno del despertar de la sabiduría krística de cada alma. Es común en todo desarrollo socio-cultural establecer tradiciones espirituales dogmáticas. Es parte de la naturaleza humana accionar en automático, sin reflexionar ni cuestionar el origen de sus tradiciones. Sobretodo en contextos religiosos, en donde unos pocos se sienten los «elegidos», y con el poder de influenciar/dominar a las masas, estableciendo códigos morales de conducta, basadas en semi-verdades espirituales de control, y en el juicio polarizado hacia su beneficio personal, para enaltecer su propio ego. Sin duda, el Antiguo Egipto no fue la excepción.

Según los relatos antiguos, el patrono fundador de la Alta Alquimia Egipcia está asociado la figura de Thoth, considerado como el dios de la sabiduría, del conocimiento, la escritura, el alfabeto, la magia, la música, la meditación, la inteligencia y las enseñanzas espirituales. La historia de Thoth El Atlante es todo un enigma.

Los antiguos egipcios atribuyen a Thoth como el inventor de la escritura; también fue referenciado como el «escriba» del inframundo, y la voz de «Ra». Su nombre se define como «pensamiento» y «tiempo». Se decía que Thoth había logrado comprender los misterios de los cielos, y toda esa sabiduría la transformó en 42 libros sagrados, que luego ocultó aquí en la Tierra, con la intención de que fueran buscados por las generaciones futuras. Los 42 libros de Thoth supuestamente describen las instrucciones alquímicas de cómo alcanzar la inmortalidad y la conciencia krística. Sin duda, ¡es todo un misterio! ... De todas formas, lo más probable es que los libros fueran escritos paulatinamente por los sacerdotes/alquimistas egipcios que lograron su inmortalidad, traspasando toda la sabiduría de aquella experiencia al papel. Según la leyenda, los libros fueron escritos inicialmente en papiro.

Con el tiempo, las cualidades de Thoth fueron extrapoladas como parte de la tradición alquímica en todas sus formas, especialmente con la filosofía hermética. Esto se deriva del conocimiento desarrollado por quién ha sido considerado el padre de la alquimia metafísica: Hermes Trismegisto, a quién se le asocia como un aspecto encarnado de Thoth. No obstante, en antiguos textos, la historia de Hermes no es concluyente. Su figura resurgió fuertemente en la Edad Media, siendo construida casi ficticiamente hasta la actualidad, sobre todo por los movimientos ocultistas de la época.

Entre los múltiples relatos asociados a la figura de Hermes, se dice que fue un mítico sacerdote egipcio, que disciplinó a muchos reyes, en la época prefaraónica. Entre sus obras destacadas, se le atribuye la creación de la «Tabla de Esmeralda», cuyos misteriosos párrafos describen principios fundamentales de las leyes de la naturaleza y los misterios de la creación.

En estos textos se describe la máxima hermética de «como es arriba, es abajo; como es abajo, es arriba», que corresponde a uno de los postulados filosóficos más importantes en la comprensión del microcosmos y el macrocosmos, basada en la unidad de todas las cosas, en la correspondencia entre los procesos celestes y los procesos terrestres, siendo el hombre un enlace entre las energías ascendentes y descendentes. Este texto, ha cautivado la mente de personajes relevantes en la historia de la ciencia, tanto así, que fue traducido del latín al idioma inglés por Sir Isaac Newton, a quién se considera el padre de la física mecánica clásica. Y, quién fue un asiduo practicante de la alquimia.

La alquimia hermética profundizó su búsqueda en la consecución de la «piedra filosofal», cuya base es la transmutación de metales imperfectos, para producir el anhelado «elixir de la larga vida», cuya ingestión oral, permitiría eliminar toda enfermedad, devolver la juventud y prolongar la vida. Como también, estableció una línea de conocimiento alquímico muy importante en la comprensión de las leyes universales de la creación.

Sin lugar a dudas, la filosofía espiritual de la alquimia interior o el camino de la autotransformación, iniciada en las antiguas escuelas de misterios de Egipto, se propagó a través del tiempo, influenciando transgeneracionalmente (directa o indirectamente), a muchas tradiciones filosóficas y místico-espirituales del mundo, principalmente en la Antigua China a través de la filosofía Taoísta; en la Antigua Grecia con la filosofía de Hermes y las escuelas de Pitágoras, Platón y Aristóteles; en Europa con la tradición de los Druidas del período precristiano; en la India con el nacimiento de la filosofía del Yoga, sobretodo, en el período «vedanta» con la aparición de los primeros textos «upanishads». Como también hubo influencias en la civilización Maya, y en la mística de las religiones monoteístas como la cristiana, musulmana, y judía, que adoptaron simbolismos y expresiones de los conceptos originales del Antiguo Egipto. Incluso, existen múltiples relatos del entrenamiento místico que tuvo Jesús, en sus famosos años perdidos, por sacerdotes egipcios, quienes practicaban el arte de la Alta Alquimia Egipcia.

Esencialmente, cada cultura del mundo ha ido adaptando sus propias nociones de alquimia interior, de acuerdo a los sistemas de creencias que prevalecen en cada época. Pero, al menos, esa búsqueda de la autotransformación y el logro de la autonomía espiritual y la conciencia krística, engendrada por las antiguas escuelas egipcias, aún sigue vigente, de una u otra forma.

Decodificando el MerKaBa

Las antiguas escuelas de alquimia interior portan un gran conocimiento de los múltiples atributos de la conciencia humana y de las dinámicas psicoenergéticas del alma. Comprenden en detalles los atributos del campo unificado, no solo a nivel macrocósmico, sino, también, a nivel del alma humana. A este campo unificado del alma le denominaban MerKaBa.

La palabra MerKaBa es de origen egipcio, aunque su concepto nace desde los tiempos de Hiperbórea. Esta palabra es compuesta e integra 3 atributos esenciales. La palabra MER significa campos contrarrotatorios de energía basados en patrones geométricos específicos que envuelven a la persona. La palabra KA hace referencia al alma encarnada (que incluye su ego y personalidad). Y, la palabra BA se refiere a su dimensión espiritual superior (supraconsciencia/omniconciencia). En palabras simples, el MerKaBa es el cuerpo de luz humano; es el diseño, patrón, campo, vehículo o estructura mórfica del alma. Es la red multidimensional de circuitos contrarrotatorios de energías que dan forma al cuerpo, a la mente y a la conciencia ... a la totalidad de la anatomía psicoenergética del alma humana. La cual permanece interconectada o entrelazada a su esencia espiritual (ver Figura 50).

El MerKaBa, plenamente activo en la persona, adquiere una forma de platillo volante y se expande multidireccionalmente. Este cuerpo de luz tiene un diámetro de 15 a 18 metros. Su tamaño es proporcional a cada persona. Aún persisten antiguos relatos de aquellas civilizaciones milenarias y originarias de la tierra las cuales establecen que el desarrollo evolutivo personal y colectivo de su sociedad estaba influenciado por la ciencia MerKaBa. Ellos tenían una comprensión ampliada de toda esta tecnología espiritual que porta cada ser humano. Claramente, no toda la población era plenamente consciente de este conocimiento, pero existía una apertura mucho mayor que nuestra sociedad actual. Muchas almas fueron conscientes de la ciencia MerKaBa en aquellas épocas y la utilizaron para su más alto proceso evolutivo. Sin embargo, con el correr del tiempo y de las eras, existieron eventos planetarios que alteraron el rumbo de la civilización humana. Y, con ello, todo este gran conocimiento y los potenciales de conciencia de la humanidad disminuyeron enormemente.

Desde luego, en el antiguo Egipto renace profundamente la ciencia espiritual MerKaBa. La Alta Alquimia Egipcia era un sistema de alquimia interna basado en el fortalecimiento progresivo de la estructura de la psique o el alma, que los egipcios denominaban «KA». A medida que se incrementaba el flujo de energía universal en el «KA», el poder espiritual aumentaba. El aspecto más relevante en el desarrollo del «KA» era la incorporación de la dimensión superior del alma, que denominaban «BA». La dimensión «BA», en términos modernos, se traduce como el Yo superior, la Supraconsciencia y la Omniconsciencia, la cual trasciende las limitaciones normales de tiempo-espacio. Es un aspecto del Ser que se encuentra en un dominio vibratorio superior. La co-creación de una relación consciente con el propio «BA» era uno de los fundamentos esenciales de la Alta Alquimia Egipcia.

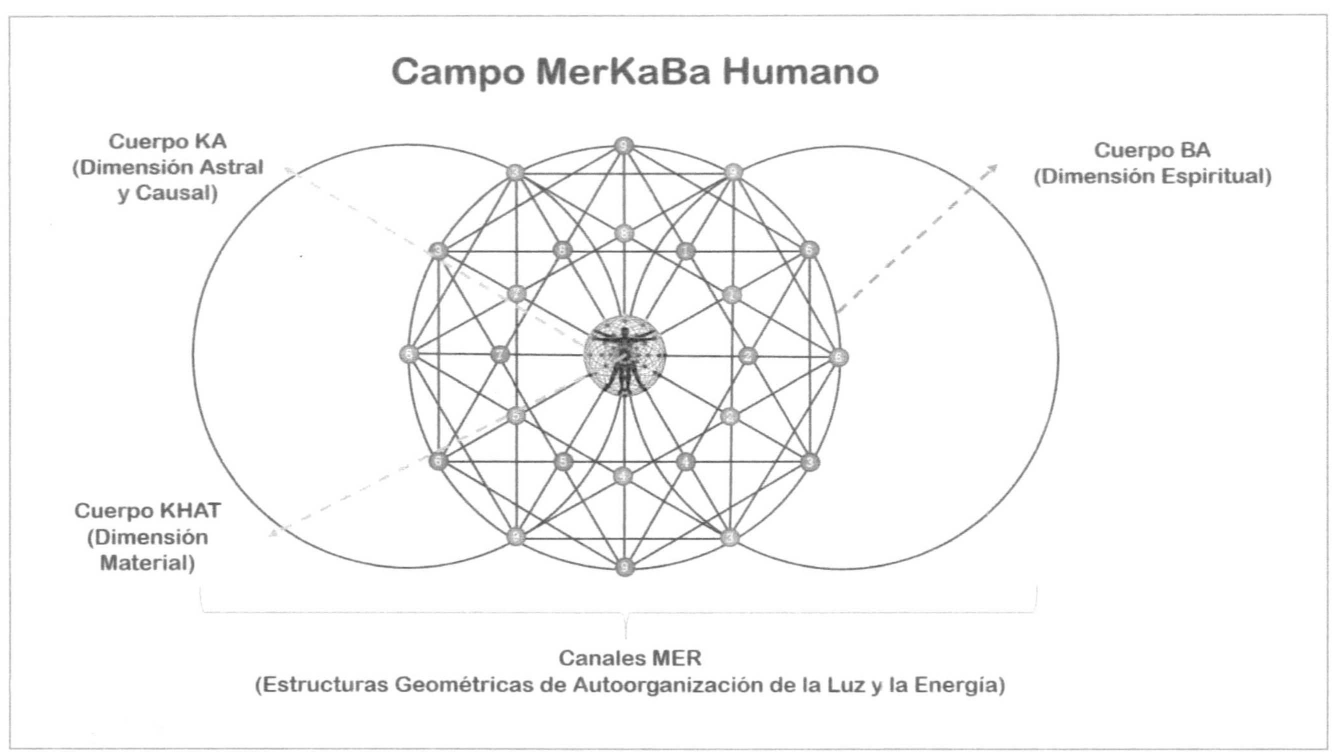

Figura 50: Representación Virtual de la Estructura del Campo MerKaBa

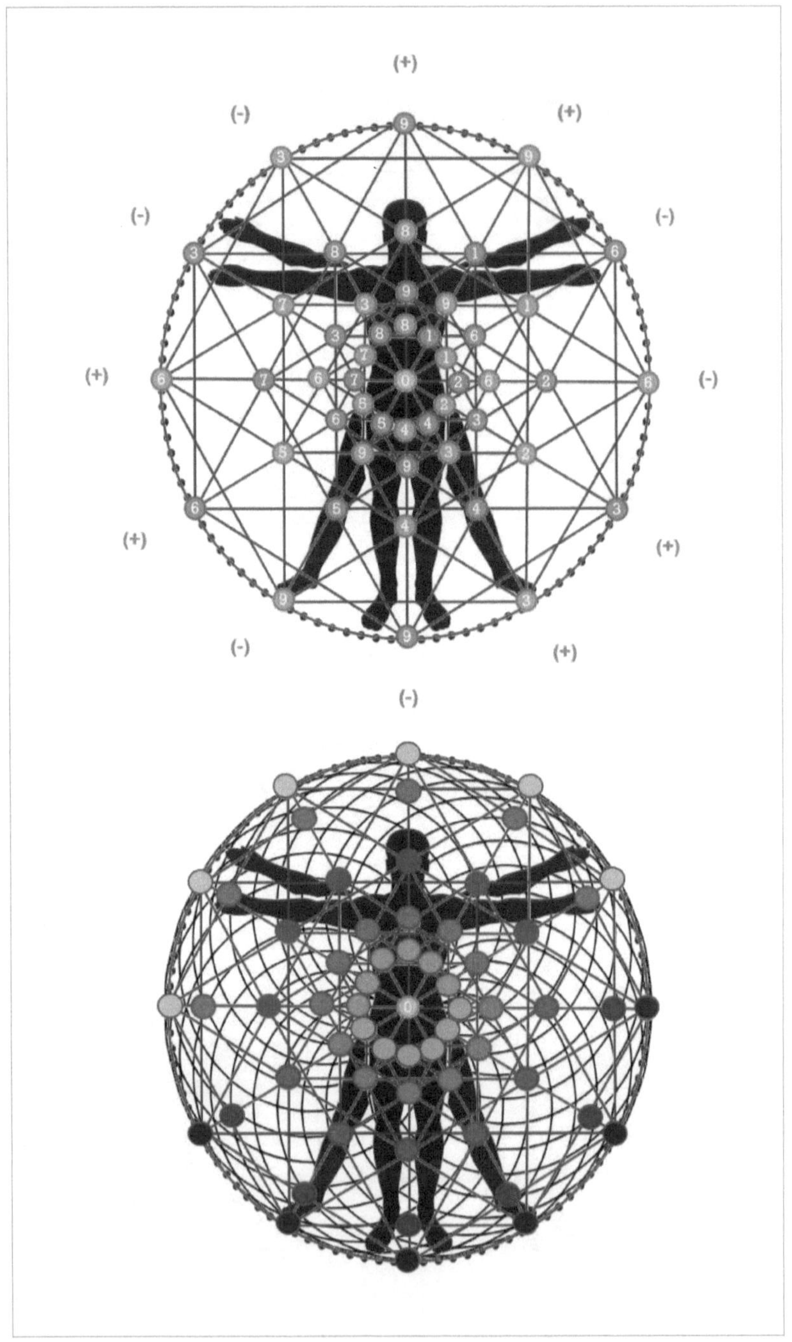

Figura 51: Representación Virtual del Cuerpo KA

DIMENSIÓN			#	CUALIDAD	COMPOSICIÓN	ALIMENTACIÓN	NIVELES DE PSIQUE	TIPO DE MEMORIA
TOTALIDAD			13	Esencia Unificada (KHRISTOS)	-	-	INFINITUD	EXISTENCIA
SUPRA ALMA (BA)	CUERPO BA	DIMENSIÓN ESPIRITUAL	12	Cuerpo Universal	METATRÓN	ESPÍRITU	OMNICONSCIENTE	MEMORIA UNIVERSAL
			11	Cuerpo Galáctico				
			10	Cuerpo Solar				
ALMA SINGULAR (KA)	CUERPO KA	DIMENSIÓN CAUSAL	9	Cuerpo Mental Superior (Búdico)	IDEATRÓN	PSICOENERGÍA	SUPRACONSCIENTE	MEMORIA TRANSPERSONAL
			8	Cuerpo Emocional Superior (Crístico)				
			7	Cuerpo Anímico (Voluntad)				
		DIMENSIÓN ASTRAL	6	Cuerpo Mental Inferior	VITATRÓN		SUBCONSCIENTE	MEMORIA EMOCIONAL
			5	Cuerpo Emocional Inferior				
			4	Cuerpo Etérico (Vitalidad)				
	CUERPO KHAT	DIMENSIÓN MATERIAL	3	Cuerpo Humano	ELECTRÓN	BIOENERGÍA	CONSCIENTE	MEMORIA INTELECTUAL
			2	Flora, Fauna y Minerales				
			1	Fuerzas Fundamentales				

Figura 52: Dimensiones de Conciencia del Campo MerKaBa

En términos simples, el ser Humano es posible considerarlo como un sistema dinámico de luz-energía multidimensional, con lo cual, todo trabajo de crecimiento personal y expansión de conciencia, implícitamente, está relacionado con luz y energía, a diferentes escalas transformativas.

En un contexto general, podemos decir que todo es luz-energía. La materia es luz-energía, lo psicoemocional también es luz-energía, y el alma o la conciencia, también es luz-energía. Todos los atributos de la experiencia humana están envueltos o impregnados por patrones de luz y energía que vibran de diferentes maneras. Y, esta luz-energía inteligente y funcional es el aliento del espíritu. Todo es espiritual, todo es lumínico, inteligente y evolutivo, todo tiene una función y una razón de ser, todo tiene una vida y un propósito existencial.

Bajo esta perspectiva, en la filosofía MerKaBa se establece que cada alma humana al encarnarse en nuestra realidad se entrelaza, simultáneamente, a 3 cuerpos de luz y energía fundamentales:

- o Cuerpo KHAT –»»» Dimensión Material
- o Cuerpo KA –»»» Dimensión Astral y Causal
- o Cuerpo BA –»»» Dimensión Espiritual

La dimensión material hace referencia al cuerpo físico, el cual es visible al ojo humano y opera en tercera dimensión (3D). Por otro lado, las dimensiones astral y causal entrelazan los componentes psicológicos y anímicos, los cuales se constituyen como el cuerpo psicoenergético o el cuerpo del alma singular. En el antiguo Egipto a toda esta dimensión psicoenergética se le denominaba cuerpo KA. El cuerpo KA solo podemos sentirlo o percibirlo extrasensorialmente porque opera en dinámicas muy sutiles más allá de la tercera dimensión. Y, desde luego, los atributos de la dimensión espiritual de la supra-alma (BA) vibran en sutilezas muchas más profundas que la dimensión astral y causal.

Sin duda, el cuerpo físico sostiene una serie de sistemas que trabajan en modalidad conjunta, interactiva e interrelacionada para que el organismo funcione correctamente y sostenga su salud. Estos sistemas corporales, son: Sistema Esquelético; Sistema Muscular; Sistema Nervioso; Sistema Endocrino; Sistema Cardiaco; Sistema Respiratorio; Sistema Tegumentario (piel, pelo y uñas); Sistema Linfático e Inmunológico; Sistema Digestivo; Sistema Urinario-Reproductor.

Análogamente al organismo físico, el cuerpo KA sostiene un conjunto de sistemas psicoenergéticos que interactúan entre si para que el cuerpo humano sostenga una experiencia vital coherente. Estos sistemas psicoenergéticos, son: Sistema de Meridianos Extraordinarios; Sistema de Meridianos Primarios; Sistema de Meridianos Secundarios; Sistema de Chakras Internos y Externos; Sistema de Nadis Internos y Externos; Sistema de Entramados; Sistema de Plantillas Geométricas, entre otros.

Desde luego, reconocer y comprender las dinámicas del cuerpo KA es esencial en el camino de la autotransformación. El cuerpo KA es la fuente vital del cuerpo físico (y de sus 30 billones de células que lo constituyen), y no sólo está relacionado con nuestras células, sino también con nuestro pensamiento, emoción y espíritu. Por lo tanto, cualquier desequilibrio o estancamiento de la energía vital del cuerpo KA será el origen y la causa de cualquier enfermedad física y desorden mental. Como también, el fortalecimiento de la energía vital del cuerpo KA permitirá el despertar de profundas habilidades psico-espirituales multidimensionales.

El cuerpo KA se constituye de miles de circuitos y estructuras biogeométricas de luz y energía contrarrotaroria, denominados en el antiguo Egipto como canales «MER». Es decir, el cuerpo KA son todos los entramados, filamentos y canales de luz y energía que dan forma y sostienen al alma humana - y todos sus componentes psíquicos, los cuales están entrelazados al cuerpo físico y a la estructura celular en su experiencia vital individualizada. Comúnmente, se le conoce como «doble etérico» o «forma astral». Al morir o desencarnar permanecemos individualizados en el vehiculo o cuerpo KA. El eterno KA se separa del cuerpo físico (KHAT). Es decir, el alma transmigra de una forma de tercera densidad (3D) a otra cuarta densidad (4D), con lo cual en el camino post-mortem nos movemos en los mundos astrales de 4D.

Ahora, si el alma humana (KA) ha trascendido el karma humano y se ha fusionado conscientemente con su dimensión BA, logrará trascender los mundos astrales (y la rueda de la reencarnación) y penetrará en los mundos causales superiores que son los planos vibratorios de conciencia krística donde permanecen, por ejemplo, los maestros ascendidos. Por lo tanto, aquella alma que logra la experiencia MerKaBa en su encarnación presente, entrará en la dimensión krística. Los Yoguis de la India, por ejemplo, buscan alcanzar el estado de samadhi o de unidad con lo divino, la cual consiste en penetrar en las dimensiones de la conciencia krística. En cierta forma, todos persiguen la misma experiencia: el Khrīstós.

Recordemos que el arte de la alquimia interior MerKaBa consiste en la plena activación del cuerpo de luz humano. Ello implica activar y reconectar canales de energía o circuitos «MER» entre el «KA» y el «BA, para así dinamizar flujos de energía altamente refinados que despierten las capacidades multidimensionales del alma (KA). Es decir, esta activación progresiva permite el despertar de habilidades psicoespirituales, las cuales han permanecido dormidas por milenios en las personas.

La ciencia occidental ha estudiado exclusivamente el cuerpo físico (KHAT), siendo totalmente ignorado el funcionamiento del cuerpo KA (¡y mucho menos la dimensión BA!). El desarrollo de una perspectiva científica en el estudio de las funciones del cuerpo KA está todavía en su etapa temprana. Sin duda, en las tradiciones médicas chinas y ayurvédicas de la India se ha cultivado un marco de conocimiento respecto de la red de meridianos de acupuntura y el sistema de chakras que sostienen al cuerpo físico, los cuales son componentes del cuerpo KA. Aún así, todavía existen múltiples estructuras sistémicas de la anatomía del cuerpo KA que no han sido exploradas profundamente.

Desde luego, otro aspecto muy relevante que ha sido totalmente ignorado y olvidado tiene relación a los conceptos de alma singular (KA) y supra-alma (BA). Cada alma humana tiende a identificarse a sí misma como un ser singular, que denominamos como el *Yo*, el *self* o el *sí-mismo*. Sin embargo, desde la cosmovisión MerKaBa, cada alma es solo la individuación multidimensional de la supra-alma que le denominamos comúnmente el *Yo Superior*. Es decir, el *Yo Superior* no es algo singular porque agrupa muchas almas, entre ellas tú. Más bien, el *Yo Superior* es como un *cluster de almas*, las cuales están entrelazadas vibracionalmente como una gran red espacio-temporal de conciencia multidimensional que sostiene información, conocimiento, atributos y características únicas de la gran mente universal, en donde todo ese conjunto de almas a las cuales perteneces son parte de ti y tu parte de ellas. Es por eso que la dimensión BA hace referencia al cuerpo solar, galáctico y universal, porque distintos aspectos del BA al cual pertences coexisten contigo en otros lugares del cosmos.

Por ejemplo, un aspecto de ti puede ser un extraterrestre que coexiste contigo desde las Pléyades, Andrómeda, Venus, Marte, etc. Y, desde luego, muchos de esos aspectos de ti están en un tiempo-espacio del futuro. El tiempo no es líneal, más bien multidimensional. Por lo tanto, cuando hablamos de guias espirituales, ángeles o arcángeles, no es que conectes con alguien distinto a ti. Son almas, fuerzas anímicas y patrones de conciencia que son parte de tu *Yo Superior* que se traduce en tu red macrocosmica universal.

Por lo tanto, podemos definir el BA (*Yo Superior*) como una red multidimensional de almas o unidades de tiempo-conciencia-espacio (KA) que sostienen una línea «*genética*» cósmica. Es decir, los múltiples BA (*Yo'es Superiores*) conforman la mente de Dios. Y, todos evolucionan interactivamente.

Desde una perspectiva profundamente espiritual, cuando los BA's se manifiestan cercanos al núcleo de cada galaxia (la primera horda), toda esa red sostiene *almas antiguas despiertas*. Son el denominado *consejo de ancianos galáctico* por las antiguas tradiciones espirituales. Por ello, más allá de la densidad en la cual encarnen esas almas, debido a su virtuosa genética macrocósmica, despertarán si o si en esa experiencia vital en la que se encuentran. ¡La fuerza de su BA los hará despertar!

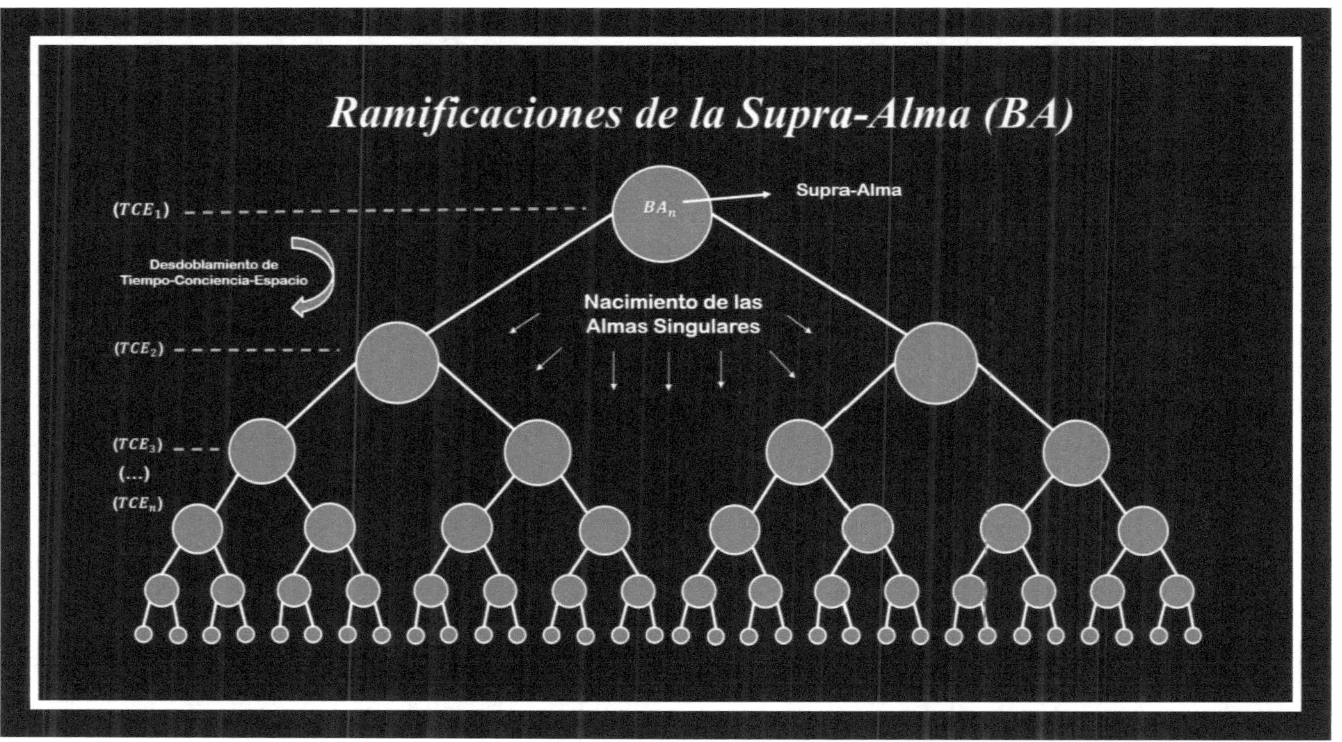

Figura 53: Individuación Multidimensional del BA

Claramente, para despertar todo ese potencial multidimensional los alquimistas egipcios establecían que cuando se activan y se reconectan, progresivamente, canales o circuitos de energía entre el «KA» y el «BA, se van dinamizando flujos de energía vital altamente refinados que energizan y potencian el «KA», generando una expansión de la conciencia y una profunda visión espiritual de la vida. Esta relación entre el individuo y sus aspectos superiores aseguraba que los poderes espirituales obtenidos a través del fortalecimiento del «KA» se utilizaran para el más alto bien de sí mismo y los demás, inhibiendo en gran medida el aumento del ego espiritual y el uso indebido del poder personal. De esta forma, establecían una secuencia alquímica universal de 3 fases en sus procesos de transformación personal: Ka — Ba — MerKaBa.

En términos simples, el primer paso consistía en establecer un balance energético en la estructura del «Ka», el alma o la psique: cuerpo-mente-corazón, lo cual implica un gran trabajo de autosanación personal, regulación de la emociones básicas y dominación del ego. Logrado ese paso, era posible intensificar flujos de energía universal para fortalecer la psique y despertar dones espirituales, a partir de diversos entrenamientos e iniciaciones; en donde, muchas veces, utilizaban los templos piramidales de la época, por las ideales condiciones que albergaban para el trabajo energético. Ese aumento de flujos de luz y energía elevaban la vibración del Ser y los poderes de su conciencia multidimensional, expandiendo la forma de ver la vida, la naturaleza y su conexión con el cosmos. Y, cultivando un profundo sentido de voluntad espiritual, compasión y sabiduría. Finalmente, la consecución de la plena reconexión de la mente con el corazón, preparaba al alma para su gran graduación: la fusión del alma con su Yo Superior. A esta fusión, los alquimistas egipcios le llamaban el logro del eterno «SAHU», que permitía una plena activación del cuerpo de luz humano, denominado «MerKaBa».

De acuerdo con el sistema alquímico egipcio, el «Mer» son campos contrarrotatorios de energía que sostienen y envuelven al ser humano en su totalidad, siguiendo patrones geométricos específicos. Cuando el «KA» ha sido altamente refinado y ha logrado una plena fusión con el «BA», estos campos contrarrotatorios se dinamizan hasta alcanzar un punto crítico, generando un potente efecto electromagnético en el cuerpo «KA», el cual se enciende como un fuego etérico de color dorado. Toda esta fusión Mer-Ka-Ba conduce al fenómeno del eterno «SAHU», que también se le llama «cuerpo espiritual glorioso», «atuendo dorado» o «cuerpo solar».

En términos modernos, esto significa que la persona ha alcanzado el máximo nivel de autonomía espiritual en el plano humano, que muchos denominan como estado de iluminación. Sin embargo, en alquimia interior ese estado de iluminación está asociado al logro de la inmortalidad. Y, como efecto de ello, en aquellos seres inmortales se les vislumbra un aura dorada alrededor de su cuerpo porque las estructuras geométricas que autoorganizan y sostienen todo su campo energético están girando contrarrotatoriamente más allá de la velocidad de la luz (a velocidad supralumínica multidimensional). Literalmente, se convierten en un canal y transmisor de luz, energía, información, conocimiento, magia y sabiduría universal en la tierra. Es decir, se han transformado en un Khrīstós y han trascendido los ciclos de vida y muerte.

Es importante señalar que en la filosofía de la alquimia interior MerKaBa se establecen 3 tipos de muertes: Física, Astral y Álmica. La primera muerte corresponde al cuerpo físico, que los egipcios le denominaban el «Khat». Esta muerte se traduce como pérdida de individuación experiencial física. La segunda muerte corresponde al cuerpo astral, denominado por los egipcios como «cuerpo KA». Esta muerte corresponde a la pérdida de individuación experiencial psíquica. La tercera muerte corresponde al alma en sí misma, el «KA». Esta muerte se traduce como la pérdida total de la individuación experiencial o vivencial en todos los niveles, que incluye la eliminación de la memoria akáshica. En otras palabras, esta tercera muerte es el retorno al eterno vacío, que se denomina inexistencia.

En ese sentido, cuando estamos encarnados en la forma humana alimentamos nuestro Ser en 3 modalidades básicas:

- Cuerpo Físico –»»» Bioenergía *(transformaciones químicas)*
- Cuerpo KA –»»» Psicoenergía *(transformaciones psíquicas)*
- Alma/Conciencia –»»» Aprender/Conocer *(síntesis vivencial)*

Desde luego, el alma/conciencia utiliza cuerpos o vehículos de expresión para sostener su aprendizaje perfectivo eterno en las distintas realidades que interactúa. Sin embargo, sostener nuestra individualidad como almas requiere un esfuerzo consciente en cómo nutrimos nuestra experiencia vital. En nuestra sociedad estamos familiarizados con la muerte física y asumimos intuitivamente que cuando una persona muere continua su viaje en otra dimensión, sin embargo, así como necesitamos alimentar nuestro cuerpo físico, también sucede lo mismo con el cuerpo KA. En ese caso, la energía psicoespiritual es su principal alimento.

¿Te has preguntado alguna vez porqué en el esoterismo se habla del parasitaje energético? Es decir, existen seres o entidades no visibles que atacan psíquicamente a personas encarnadas, o, en su defecto, se posesionan sobre ellas, dominándolas a voluntad. En muchos casos, ello ocurre porque esos seres necesitan alimentarse de energía psíquica para sostenerse en su cuerpo KA y sobrevivir en la dimensión en que se encuentran. Esos seres temen a la segunda muerte porque estarán a un paso de la inexistencia. Por lo tanto, para subsistir tienen 2 caminos: (1) El parasitar eternamente la psicoenergía de otras almas; (2) El encarnar en un cuerpo físico. Claramente, muchos de esos seres optan por el primer camino porque si llegasen a encarnar en un cuerpo físico serán arrastrados por las leyes del karma en su experiencia vivencial terrena.

El karma refleja el principio relacional de causa y efecto, y no asume ninguna condición negativa ni pecaminosa per se. Más bien es la sagrada Ley que cultiva armonía entre los seres. Es decir, reorganiza los patrones de conciencia colectiva de cada especie en sintonía con las leyes universales, lo cual forza a iluminar desde la conciencia los patrones de oscuridad que habitan en cada alma para que el TODO se sostenga en armonía eterna. Por eso, cada evento de vida que nos repercute kármicamente en el hoy, es una oportunidad de desarrollo e integración de mayor armonía consciente en nuestro interior.

Por lo tanto, ¿qué nos enseña la antigua ciencia espiritual MerKaBa? … Nos enseña a cómo autoabastecernos de luz y energía universal para sostener nuestra sagrada evolución individuada como alma-conciencia por la eternidad, en armonía con las leyes microcósmicas y macrocósmicas.

En palabras simples, podemos decir que el campo Mer-KaBa, en sí mismo, es el diseño a imagen y semejanza del que fuimos co-creados el cual está en sintonía con los patrones sagrados de la creación, como también, es un proceso de alquimia espiritual enfocado a activar todo el potencial psicoenergético del alma humana en sintonía con su dimensión espiritual.

Es importante resaltar que el proceso de activación del cuerpo de luz humano es progresivo en el tiempo, y no está basado en una técnica específica, porque sigue un profundo proceso de alquimia interior de 3 fases: Ka - Ba - MerKaBa. Es decir, primero se enfatiza en el balance emocional y psicoenergético del alma, el cual enaltezca un estado de conciencia basado en el amor, para luego iniciar el proceso de fusión o entrelazamiento consciente entre el alma humana con su Yo Superior, lo que permite la reorientación del ego/self humano hacia una profunda evolución espiritual y el despertar del amor universal como la experiencia espiritual más profunda, siendo un paso necesario en la realización de la conciencia krística. Sin embargo, ese amor universal debe cultivarse desde la conciencia despierta o la mente atenta. Esto no se refiere a estar enfocado mentalmente. Más bien a la mente atenta en el sentido zen. Es muy fácil fundirse en el gozo y después ser incapaz de actuar efectivamente en el mundo físico. Esto es como asumir que has llegado al destino de tu vida y pasas el resto de ella solo persiguiendo un constante estado de gozo. La mente atenta es esencial para nuestra evolución porque nos hace observar y reflexionar sobre nuestros propios hábitos, comportamientos y elecciones.

Para poder evolucionar, tenemos que vernos a nosotros mismos claramente, así como nuestros niveles de responsabilidad, integridad y compromiso. Todos estos elementos son los que fortalecen nuestro campo de luz, el MerKaBa. Esta es la razón por la que el proceso Ka-Ba-Merkaba es tan importante. Todos hemos observado, frecuentemente, cómo personas con un corazón abierto y la mejor de las intenciones, caen presas de las agendas de otros individuos o de la agenda de su propio ego. Si las personas no se comprometen por sí mismas a ser coherentes en su comportamiento (lo que lleva naturalmente a la integridad), se encadenan a su propio ego o el de otros.

De esta forma, la apertura del corazón sin una mente atenta y consciente es la expresión sesgada del Ser. La plena activación del campo MerKaBa es sinónimo de una persona espiritualmente autorrealizada que ha integrado la sabiduría universal en su interior y se encuentra en unidad con el microcosmos y el macrocosmos. El maestro Jesús El Khrīstós (o cualquier otro maestro de ese nivel) muestra ese alto grado de autoconciencia de sí mismo, que es un profundo estado de refinamiento personal, práctico y alcanzable para todos los humanos que sinceramente se disciplinan para encontrarlo. Es mucho más que perseguir exclusivamente el gozo.

Las enseñanzas de Jesús El Khrīstós estaban basadas en la ciencia MerKaBa, porque él vivió el proceso alquímico Ka-Ba-MerKaBa durante largos años en su etapa de transformación personal. Lamentablemente, sus enseñanzas se tergiversaron con el tiempo. Él nunca quiso que lo siguieran, más bien su intención fue que nos convirtiéramos en lo que él se convirtió: un ser humano autorrealizado en conciencia krística.

La ciencia MerKaBa emerge como un recordatorio de nuestra verdadera naturaleza, que nos alienta a alcanzar el estado de conciencia krística. Claramente, no es fácil sostener la mirada evolutiva desde esta perspectiva. La sabiduría ancestral nos explica que los potenciales de activación del MerKaBa, para cada alma, es variado, y es un proceso continuo, que se establece a través de la vida presente, entre vidas y vidas futuras. Es un ciclo evolutivo gradual del alma.

Actualmente, muchas tradiciones espirituales establecen que nuestra sociedad está retornando, poco a poco, a sus potenciales originales, los cuales siguen latentes en la genética humana. Mucha ayuda cósmica está llegando constantemente para que ese retorno al diseño humano original se reestablezca. Este conocimiento del MerKaBa ha comenzado a redescubrirse en las últimas décadas en distintas partes del planeta. Es ciencia espiritual en su máxima expresión. Por ello, cada vez que un alma reconecta a este conocimiento ancestral, implica que se está reconectando con la esencia de todas las cosas ... ¡la vida misma! ... y, en conexión inquebrantable con el Gran Espíritu. En definitiva, la ciencia MerKaBa es la ciencia del Khrīstós.

En nuestra sociedad, como gran parte de la población está desconectada de su esencia interior porque están muy sumergidos en los mecanismos del Ego, el activar estos potenciales les parece irrisorio, y, hasta, charlatanería espiritual. Sin duda, requiere una gran apertura de consciencia lograr cierta comprensión de la ciencia MerKaBa, porque implica una comprensión profunda del diseño de la naturaleza de la vida, el cosmos y la experiencia humana, y como éstas interactúan entre sí. De esta forma, no se trata solamente de activar el MerKaBa bajo una técnica específica, ya que esto solo marca el inicio de su activación, es el punto de partida. Más bien, la plena activación es muchísimo más profunda y compleja de lo que podamos, en algún momento de nuestras vidas, comprender racionalmente.

Sin embargo, su plena comprensión racional no es lo importante en esta etapa evolutiva, más bien, lo esencial es poner en práctica este conocimiento en el proceso mismo de sanación e iluminación del alma humana.

Tengamos en cuenta que somos luz, por ello, todo proceso evolutivo tiene que ver con la integración de luz y energía, a diversas escalas transformativas. Y, en ese sentido, el MerKaBa constituye la ciencia y el arte de cómo opera la energía y la luz, en la integración misma de cuerpo, mente, alma y espíritu. Por ello, no basta sólo con rezar muchas veces a Dios por alimento, paz y amor. Más bien, si el Ser Humano se reconecta a su esencia, a través de la tecnología interna sagrada de su MerKaBa, asumirá un rol protagónico co-creativo para la manifestación, puesto que tendrá el poder activo, en sí mismo, de manifestar todos esos potenciales de acción, en sintonía con su voluntad divina. Sólo hemos olvidado que ello fuese posible, sin embargo, poco a poco estamos despertando y recordando nuestros verdaderos dones divinos como seres humanos en evolución.

Cultivando la Conciencia Krística

Para darle un entendimiento práctico al proceso MerKaBa, las escuelas de alquimia interior han establecido que en el interior del ser humano existe una flama solar de gran potencial. Sin duda, el término «solar» se traduce como la luz dadora de vida (haciendo alusión al dios «Ra» de la mitología egipcia). Esta antigua analogía es sumamente vital para comprender la alquimia interior MerKaBa como un proceso que cultiva nuestra autonomía espiritual y la conciencia krística en la vida diaria.

Cuando hablamos del espíritu (o el sagrado «BA») lo podemos definir como una flama, una chispa, una luz, un fuego alquímico que llevamos dentro. Ese fuego sostiene nuestra fuerza creadora, nuestra voluntad divina, el potencial de la sabiduría y el amor que buscamos expresar. Sin embargo, esa flama interior necesita fortalecerse y expandirse. Mientras ello no ocurra, emite una luz débil, frágil, y con el tiempo, corre el riesgo de apagarse totalmente.

Entonces, ¿cómo sostenemos esa flama interior viva? ... Existen muchos relatos de la existencia de ángeles que se pusieron a disposición de la humanidad con la gran tarea de soplar nuestra flama interior para que no se apáguese ni se extinguiese, debido a los altibajos constantes que experimentamos en nuestro diario vivir. Siempre ha existido ese alguien a nuestro lado que ha avivado nuestro fuego interno. Sin embargo, esa ayuda angelical externa es provisoria. Solo mantienen viva nuestra flama al mínimo, para que no se apague, esperando que algún día tomemos consciencia de ello, asumiendo la gran responsabilidad de avivar nuestro propio fuego interno (como dirían los antiguos egipcios, reconectar con el propio «BA»), para que así crezca y se expanda sin límites, transmutando todas nuestras limitaciones y conflictos internos, tomando más conciencia de nuestro potencial interior, adquiriendo mayor luminosidad, hasta transformarnos como un gran Sol, que irradia luz, sabiduría y amor, que ha recordado su naturaleza espiritual, y ha despertado su potencial krístico cocreador. Es decir, esa alma ha cultivado la capacidad de resurgir de la oscuridad para activar la flama solar en su interior.

En cierta forma, todo ello se trata de un proceso de autonomía espiritual que cultiva la conciencia krística. Cuando la conciencia y el alma han alcanzado la fuerza necesaria para que el fuego propio no se apague, cuando el dios interior está activo, nos transformamos en seres solares con una tremenda autonomía lumínica. Sabemos cómo retroalimentarnos día a día, cómo resurgir de las cenizas, cómo sostener nuestro fuego vivo, y sobretodo, tenemos la suficiente fuerza creadora para engendrar vida, y para avivar el fuego de otros, para que activen su propia flama solar.

Los antiguos egipcios representaban a ese fuego interno como la fuerza «sekhem», la cual nace en el plexo solar, y desciende al chakra raíz y a los centros sexuales. Esta fuerza se sostiene como una energía vital que puede expresarse sexualmente, creativamente y/o transformarse alquímicamente a través del «djed», que corresponde al camino energético de los 3 cerebros y los chakras a lo largo de la columna vertebral. Elevar la energía «sekhem» a través del «djed» es una transformación alquímica importante porque activa los poderes de los chakras y las funciones cognitivas superiores. Cuando la energía «sekhem» se despierta en la zona sacro-coxis, sube por la columna e ingresa al cerebro, y luego se direcciona hacia el corazón activando el campo MerKaBa, genera potentes estados de iluminación espiritual y expansión de la conciencia.

Análogamente, los Yoghis de la India sostienen una comprensión similar de ese fuego interno, pero ellos le llaman la fuerza «kundalini», el motor de creación de vida, de la creatividad. Según los Yoghis, existen en la columna vertebral dos corrientes nerviosas llamadas «ida» y «pingala», y un canal energético que recorre a largo de la médula espinal, que llaman «sushumna». En la extremidad inferior de este canal está el loto de la «kundalini», que se asocia en nuestro primer chakra, a la espiritualidad de nuestro sexo y al centro del sacro, donde inicia nuestra columna (coxis). En ese espacio corporal se encuentra enrollado el fuego solar llamado «kundalini», la cual engendra nuevas realidades de conciencia durante su activación. Conforme nuestra «kundalini» se hace más poderosa, más luminosa, más activa, podemos crear nuestra realidad existencial con más fuerza, mayor lucidez y con más fluidez o facilidad, es decir, con menos sufrimiento o esfuerzo.

Ahora, ¿cómo interactúa la fuerza kundalini en la activación de la flama solar interior? En cierta forma, al ser humano debiésemos considerarlo como un sistema dinámico de energías. Es por esto que nace el concepto de «flama solar» como sinónimo de iluminación y autonomía espiritual, porque todo trabajo de crecimiento personal está relacionado con la amplificación de luz y energía a diferente escala vibracional.

En efecto, cuando adquirimos autonomía espiritual, aprendemos a autoabastecernos de energía lumínica. Ya no somos dependientes a que venga alguien externo como un sacerdote, un terapeuta, un gurú, etc. Más bien, uno mismo aprende a fabricar su propio combustible para mantener el fuego interior encendido. Se desarrolla la capacidad de autogenerar luz, energía y vida.

El motor de la fuerza vital del ser humano, la energía sekhem o kundalini, una vez que se activa, engendra el fuego alquímico y el movimiento energético que regula las dinámicas neuro-hormonales, las cualidades emocionales primarias, y los deseos distorsionados del ego, ayudando a fortalecer la conexión vital de la mente con el corazón, permitiendo que la vibración psicológica se potencie, y nuestra luz se expanda, para que nuestra esencia, el Yo Superior, la Supraconsciencia, el sagrado «BA», comience a aflorar, y se haga presente conscientemente en nuestras vidas, para activar plenamente la flama solar en nuestro interior.

Evolución y Dualidad de Conciencia

Un aspecto importante en el proceso MerKaBa es la comprensión de la evolución de la conciencia. Al reflexionar sobre este concepto, notamos que el verbo «evolucionar» está directamente relacionado con el factor «tiempo». En otras palabras, la *evolución es tiempo*. Y, esto es muy relevante porque emerge la noción del tiempo como movimiento. Es decir, para que algo evolucione debe estar en movimiento, en constante actividad y cambio. Y, aquí emerge una comprensión ampliada de la naturaleza de la dualidad de nuestro mundo, como principio espiritual esencial.

La realidad que habitamos es dual porque en todo orden de cosas: la materia, la energía, el pensamiento y la conciencia, está vibrando, está oscilando de una polaridad a otra, se está transformando de un atributo a otro ... ¡está en movimiento perpetuo! Eso quiere decir que lo único que permanece constante en la vida es el *cambio*.

Para efecto didácticos, si intentásemos diagramar el concepto de dualidad, solo bastaría con dibujar una línea en un plano. Al revisar la figura, notaríamos que la línea como tal es «invisible», pues esta corresponde a la «estela» que deja el punto al moverse desde la posición A hacia B, cambiando desde un estado estático a dinámico. En cierta forma, la línea sería el derivado del punto, la cual tiene su origen en la posición A, y su cierre en la posición B. Eso implica que existe una dualidad posicional de A y B, siendo ambas totalmente opuestas, pero complementarias; y, además, tienen la capacidad de formar un sistema, denominado: «línea en el plano». Ahora, si quisiéramos hacer visible la línea en el plano, solo bastaría con unir ambas posiciones a través de un trazo, para dar origen a una forma espacial. En otras palabras, lo que explica este sencillo ejemplo, es que desde un «estado estático» emerge un «movimiento/vibración» inicial que permite dar origen al «tiempo» y al «espacio» ... con lo cual, la dualidad nace naturalmente por añadidura!

En nuestra sociedad, la dualidad del bien y el mal, durante mucho tiempo, ha sido muy malentendida o malinterpretada. Todos los males y las bondades de la sociedad se les han atribuido a los arquetipos de las Fuerzas de la Oscuridad y a las Fuerzas de la Luz, respectivamente. Sin embargo, si reflexionáramos al respecto, notaríamos que la dualidad no es un mecanismo pueril de la naturaleza. Al contrario, sin dualidad no existiría la realidad que habitamos. Sólo hemos olvidado que, al emerger la dualidad, nace la forma y las propiedades de simetría, conservación, cambio, balance, armonía ... ¡el amor!

En la conciencia humana, el origen de la dualidad emerge en la sutileza misma del pensar/sentir. Al poner en movimiento toda actividad del pensamiento, se crean ondas vibratorias, que en sí mismas, son duales, tienen oscilación; las cuales posibilitan la creación de realidades. Claramente, esa oscilación se puede intensificar hacia un caos, si son pensamientos destructivos. O en su defecto, la oscilación puede ser armoniosa, equilibrada, coherente, si son pensamientos proyectados desde el amor. La calidad/cualidad de aquella oscilación la decide el emisor, libremente, en el acto mismo de pensar/sentir.

Generalmente, en las personas, del torbellino de los pensamientos primero surgen las emociones, después los humores y el comportamiento psíquico y, a la larga, los hábltos y los rasgos de carácter/personalidad, los cuales, finalmente, crean una realidad interna, un estado de conciencia, que determina la percepción psíquica de sí mismo y del mundo. Como también, desde el pensamiento emerge el proceso creativo, nacen las ideas, que, con el tiempo, son manifestadas, y crean realidades externas, situaciones/eventos de vida, cosas materiales, condiciones socio-culturales y sistemas de creencias.

En cierta forma, las múltiples actividades del pensamiento, definen el flujo de nuestra conciencia, la cual se constituye, esencialmente, de cogniciones, percepciones, humores, emociones, sentires, comportamientos, interacciones sociales, culturales, medioambientales, biológicas, entre otros.

En el misticismo oriental, muchas personas buscan trascender esta realidad dual, salirse de la matrix, la cual denominan «maya» o «la gran ilusión». En esos casos, estas personas tienen un solo camino, que es cesar por completo todo acto de pensamiento, y transformarse en una entidad incorpórea, no vibracional/sin movimiento, que trascienda espacio/tiempo! Lo que implica, retornar al gran vacío absoluto, al «Wu Chi» como diría la tradición taoísta, que es un concepto oriental que se refiere al estado inicial del Universo antes de la formación de la dualidad Yin/Yang.

El famoso símbolo oriental del Yin y el Yang, describe las dos fuerzas fundamentales opuestas y complementarias, que se encuentran en todo lo existente en la naturaleza y el universo. La fuerza Yin representa el principio femenino, la tierra, la oscuridad, la pasividad y la absorción. En cambio, la fuerza Yang representa el principio masculino, el cielo, la luz, la actividad y la penetración. El Yin-Yang es el principio por el cual el «Tao» o la «Totalidad», inmaterial, permanente y potencial, se materializa en el mundo físico. Existe una dinámica entre ambos aspectos duales, un dinamismo de complementariedad, de alternancia, de transformación, que permite que el Yin se transforme en Yang y el Yang se transforme en Yin. De ahí que la representación simbólica del Tao sea la siguiente:

El pequeño circulo contenido en el Yin recibe el nombre de pequeño Yang y el circulo dibujado en el Yang recibe el nombre de pequeño Yin. Esto indica que, en una danza de polaridades, cada parte integra la otra, en este flujo constante que hace posible la existencia física.

En otras palabras, todo lo existente en el universo está en constante movimiento, viviendo procesos de cambio, de autoorganización, una y otra vez. ¡La vida es cambio! No existe nada inmóvil en nuestras vidas y en la naturaleza. Esa es la gracia divina de este principio dual de yin/yang. Como dice un antiguo refrán: *el no-movimiento es el cementerio de la vida*. La vida requiere de movimiento para existir. El movimiento es el alimento de la vida, es el impulso vital, es la forma como el Espíritu crea, se propaga y aprende de sí mismo.

El Aprendizaje Eterno del Alma

Desde la filosofía MerKaBa, cuando profundizamos en este movimiento creativo expansivo del Espíritu, vemos que, metafísicamente, emerge lo esencial de la vida: *el «alma»* (o el «Ka»). Cuando hablamos de alma, sin duda, tendemos a asociarla directamente con la esencia que vivifica un objeto, un cuerpo o un organismo. Si un objeto no tiene alma, asumimos que no hay vida allí, que es algo inerte. Como sea, la vida y el alma, están íntimamente ligadas. Coexisten la una con la otra. Por lo tanto, cualquier tipo de sistema biológico, como una planta, una flor, un pez, un mamífero, o un cuerpo humano, requiere de una fuerza anímica para que adquiera vida. El alma es inherente a un organismo vivo y a su estructura celular, porque es la fuerza genuina vital de cada cuerpo vibrante. Sin embargo, como veremos, no es lo mismo conciencia, alma y espíritu.

Alma y Espíritu son dos fuerzas que están íntimamente relacionadas, pero conceptualmente son distintas. El alma es como la gota de agua de un gran océano llamado Gran Espíritu. La humanidad entera sería el cúmulo de gotas que conforman toda el agua del océano. Estas gotas se parecen entre ellas, o forman un todo, pero son distintas y únicas. Lo común es el espíritu de todos y en cada uno.

Continuando con la metáfora, cada gota de agua dentro de este inmenso océano relacional se diferencia una de otra porque cada una tiene un cúmulo de experiencias distintas que ha ido adquiriendo con el tiempo. Una tiene más sal, otra concentra minerales que la otra no tiene, una es más densa, otra es más sutil, una está más contaminada que la otra, y así cada gota/alma es distinta. Todas las almas contenemos la fuerza del océano del espíritu y su poder creativo, pero cada alma tiene un camino experiencial distinto y una sutileza única para expresar esa fuerza espiritual.

Ese camino experiencial único, tiene relación con la gran capacidad implícita de cada alma humana que es la de adquirir conciencia. Es decir, tiene la capacidad de pensar/sentir, de aprender de sí misma, de autorregenerarse, de codificar, almacenar, procesar, integrar y resignificar experiencias, y de mantener continua la identidad cognitiva individual. Por ello, mientras más experiencias se vivencian, se procesan, se almacenan, se integran y se resignifican, más fácil nos resulta vivenciar lo siguiente. Sin embargo, para integrar estas experiencias apropiadamente se debe poner atención, observando y reflexionando con la mente y el corazón.

La adquisición de conciencia genera una amplificación del Ser. En realidad, los místicos de todos los tiempos a eso le llaman simplemente «luz», como sinónimo de sabiduría. Pero esa luz que va adquiriendo la conciencia del Ser, en realidad, es una carga de información, pero información concientizada, asimilada y procesada desde la mente y el corazón. De hecho, estos son precisamente atributos esenciales del alma-conciencia: *la memoria y lo aprendido*. Todo es información almacenada. Cada ser humano es un almacén de experiencias, vivencias y aprendizajes.

Entonces, cuando se habla de desarrollo de la conciencia, se refiere a la activación de esa capacidad que tenemos los seres humanos de experimentar, explorar y conocer, de vivir en plenitud interna y externa, y de ascender, es decir, de trascender o trascendernos. Todo ese proceso perfectivo de acumulación de experiencias y aprendizajes, que se constituyen de múltiples oscilaciones del pensamiento, es en realidad la conciencia que habita en el alma. En cierta forma, nuestro espíritu es una fuerza inmutable intemporal, mientras que el alma y la conciencia son cambiantes en el tiempo, son un proceso perfectivo eterno.

Ese proceso perfectivo de alma-conciencia se puede concebir como un «todo» que se experimenta en varias frecuencias, una más visibles que otras; unas más sutiles que otras; y unas más densas que otras. Sin embargo, todas esas vibraciones, de una u otra forma, son palpables y comprobables en el diario vivir. Ninguno de nosotros sólo piensa que es un cuerpo, y que necesita solamente dinero, comida y un techo. Es evidente que todos experimentamos deseos, anhelos, instintos, sentimientos, sensaciones, ideas, creencias, ilusiones, percepciones, intuiciones, visiones, certezas, miedos, temores, rabias, etc.

Cada una de las experiencias que vivimos está pasando simultáneamente por los distintos atributos existenciales de nuestro Ser, quedando un registro indeleble impreso en nuestro interior. En ese sentido, la materia, la energía, el pensamiento y la conciencia, están íntimamente atadas en nuestra experiencia humana, entrelazando información a diferente escala vibracional, desde lo más sutil a lo más denso.

Bajo esta noción del alma y la conciencia como un proceso de aprendizaje eterno, que se nutre de experiencias tras experiencias. Paradójicamente, cuando nos adentramos en este camino del crecimiento interior, muchas veces emerge una especie de auto adoctrinamiento en la cual nos enfocamos más en la meta, en el logro específico, en el éxito, en la devoción a algo, en vez de profundizar en la experiencia alquímica o transformativa que se vivencia momento a momento, que es la forma natural de aprendizaje del alma para adquirir mayor luz-conciencia en su diario vivir. Es como si nuestra mente, rápidamente, visualizara una línea recta de desarrollo desde A hacia B. Siendo A, el momento que nos encontramos actualmente, y el punto B, nuestro futuro potencial iluminado. Y, todo esto se ve enaltecido por todos los dogmas y sistemas de creencias que se han construido a través de la historia.

Claramente, todos tenemos la opción de elegir libremente cual sistema nos acomoda, pero sorprende que los fundamentos de lo que implica aprender y de cómo se aprende no se constituyan como los aspectos esenciales en el marco de discusión del desarrollo del alma y la conciencia. Por el contrario, llama la atención el énfasis que se pone en lo «qué» se enseña y no en «cómo» se enseña, siendo que el proceso de aprendizaje auto-transformativo en cada persona involucra elementos como la exploración, la indagación, la observación, el análisis, la intuición, la percepción, la acción, la interacción, el descubrir, la creatividad, la reflexión, la integración, la resignificación, el cambio y la transformación. Todos esos elementos de aprendizaje son considerados en un verdadero proceso de alquimia interior MerKaBa para despertar la sabiduría krística.

Quizás, la forma en cómo hemos sido educados desde pequeños en las escuelas tradicionales, con sus estructuras de adoctrinamiento, se extrapola, de igual manera, en el crecimiento personal de los individuos, como si se tratase de una carrera profesional en la cual vamos avanzando por niveles. Sin duda, los sistemas educativos imperantes, con sus formatos de instrucción, han dejado una huella indeleble en nuestro subconsciente e inconsciente colectivo, y han distorsionado lo que implica realmente el «aprender» en todo el ciclo de vida de cada persona.

A lo largo de la historia, los modelos educativos del mundo se han establecido simplemente en instruir a las personas en determinados conocimientos y en establecer moldes conductuales para que éstos se transformen en personas autómatas de los sistemas socio-culturales reinantes. Sin comprender, realmente, que la educación debe ser entendida como el arte y la ciencia de cultivar la sabiduría del ser en sus múltiples dimensiones de cuerpo, mente y espíritu, en armonía con la naturaleza y el cosmos.

Si observamos y analizamos las raíces históricas del sistema educativo que prevalece actualmente, es sorprendente como sus bases ideológicas todavía siguen muy presentes en muchas instituciones educativas del mundo, de toda índole.

Prusia fue el nombre de un estado europeo del Báltico que jugó un papel clave en la historia de la educación, entre el siglo XVIII y la primera Guerra Mundial. Ocupaba el territorio de la actual Polonia, una pequeña porción de Rusia y la zona oriental de Alemania (lo que fue la extinta RDA hasta la caída del Muro en 1989).

En el Estado de Prusia del rey Federico Guillermo I, la obligatoriedad escolar aparece por primera vez en la historia, como base de un sistema docente muy unido a la organización estatal. Con el tiempo los prusianos dieron vida a la Alemania. La instrucción y el espíritu militar se apoderaron de los niños en cuanto entraban en la escuela. Un manual de educación primaria les decía a los maestros cómo debían actuar con sus alumnos: "¡Siéntese derecho! ¡Silencio! ¡Cállese la boca! ¡Manos arriba! ¡La espalda recta! ¡Enséñeme el cuaderno!". El maestro ordenaba y el alumno debía obedecer las órdenes de inmediato.

El Estado debía adoctrinar a su pueblo para disciplinario y convertirlo en un instrumento al servicio de las aspiraciones de los políticos. En 1806, las tropas napoleónicas humillaron al ejército prusiano en la batalla de Jena. Fue el comienzo de la educación pública. De esta manera, se instauró el sistema educativo prusiano, cuyo objetivo declarado fue la creación de cinco grupos sociales:

1. Soldados obedientes para el ejército.
2. Trabajadores obedientes para las minas.
3. Buenos súbditos para el Gobierno.
4. Empleados serviles para la industria.
5. Ciudadanos que pensaran de la misma manera en la mayoría de las materias.

Este adoctrinamiento de la sociedad prusiana fue practicado en la «Escuela del Pueblo», a la que acudía el 95% de la población. Por otro lado, el sistema prusiano creó otro tipo de centros educativos donde se ofrecía una educación tradicional de mayor calidad; y los llamó, la «Escuela Auténtica». A estos colegios acudía poco más del 5% del alumnado, y su cometido era educar a los líderes del futuro. La «Escuela del Pueblo» creaba las masas colectivistas, y la «Escuela Auténtica» los generales que las comandarían.

Y, esto no queda allí. Este gran modelo educacional «adoctrinador» no se estableció solamente en Prusia o Alemania, sino que se extendió a Europa, Estados Unidos, y obviamente, a América Latina. Por lo tanto, ¿realmente, fuimos tan ilusos y creímos que la «educación pública» se estableció para educar a los más necesitados y así proveerles de herramientas que le generasen oportunidades de crecimiento y desarrollo en sus vidas? Al parecer, las personas autoconscientes, independientes y autónomas no encajaban en este modelo, más bien, eran contraproductivas para el Estado. Lo más paradójico, es que han transcurrido más de 200 años de la implementación de este modelo educativo, y aún prevalece en gran parte de la sociedad. La elite se educa para liderar los gobiernos, los sistemas bancarios, las grandes compañías, etc., y el resto de la sociedad, se educa para ser el obrero de esta elite, ayudándolos a amasar su fortuna y poder.

Sin embargo, ¡todavía hay esperanza! Las antiguas raíces de la alquimia interior todavía siguen vivas. En las últimas décadas, ha emergido un movimiento en muchas escuelas del mundo que es diametralmente opuesto al modelo prusiano, y que se vislumbra como una luz de esperanza para la educación de nuestros niños y jóvenes, y que poco a poco se inserta en la comunidad global. Esta nueva concepción de la educación se denomina educación holista, y se basa en la premisa de que cada persona encuentre identidad, significado y propósito en la vida a través de las conexiones con la comunidad, con el mundo natural y los principios espirituales del amor, la sabiduría y la voluntad co-creativa.

Durante la década de 1970, emerge variada literatura e investigaciones en ciencias, historia y filosofía con un concepto global para describir esta nueva forma de entender la educación, denominada holismo. Esta forma de pensamiento pretende abarcar e integrar múltiples dimensiones y experiencias que dan significado a las posibilidades humanas. Cada niño y adolescente es más que un futuro empleado, la inteligencia de cada persona y sus habilidades son mucho más complejas que sus resultados obtenidos en exámenes estandarizados.

La educación holista tiene como objetivo provocar en la persona una reverencia intrínseca por la vida y un amor apasionado por el aprendizaje. Esto se hace, no a través de un «currículum» académico que condensa el mundo en paquetes de instrucción, sino a través de una conexión directa con la naturaleza y el cosmos. La educación holista fomenta el sentido de descubrir. María Montessori, después de la segunda guerra mundial, fue una de las pioneras en la concepción del término de la educación holista. Ella establecía el concepto de educación cósmica, es decir, ayudar a la persona a sentirse parte de la totalidad del universo, encantándose de forma natural por el aprender.

No existe una mejor manera de lograr este objetivo, más bien, prevalecen muchos caminos de aprendizaje y el educador holista los valora todos, lo que es apropiado para algunos niños y adultos, en algunas situaciones, contextos históricos y/o sociales, no tiene porqué ser el mejor para otros. El arte de la educación holista radica en su capacidad de respuesta a los diversos estilos de aprendizaje y las necesidades de evolución de los seres humanos. La educación holista no puede ser reducido a un conjunto de técnicas, doctrinas o dogmas. En última instancia la educación holista se basa en los corazones y las mentes de los seres humanos.

En la cultura occidental, desde Hermes, Pitágoras, Sócrates, Platón y Aristóteles, pasando por Jean-Jacques Rousseau, Edmund Husserl, Pierre Teilhard de Chardin, Johann Pestalozzi, Jean Piaget, Paulo Freire, María Montessori, Rudolf Steiner, entre muchos otros; intuitivamente, compartían una visión holística del aprendizaje y la educación, como vía de conexión con la totalidad del Ser. En cierto grado, el concepto moderno de educación holista apunta a establecer los lineamientos que permitan al individuo experimentar y descubrir, por sí mismos, los misterios de la vida, y conjuntamente, proporcionarles las herramientas que lleven al individuo a abrir paso hacia el despertar de sus potenciales más profundos, lo cual, sin duda, lo llevará a asumir un compromiso con la sociedad estableciendo acciones para el más alto bien de todos. Desde luego, la educación holista se nutre de la antigua filosofía de la alquimia del alma.

Como sea, esta nuevas/antiguas filosofías del aprendizaje y la educación del alma, que tiene sus raíces en la alquimia interior, poco a poco se está reinsertando en el mundo, y abre una puerta a la verdadera comprensión de lo que implica aprender desde una perspectiva de unicidad con el cosmos y la naturaleza; la cual propone una serie de valores espirituales que preparan a las personas, desde su niñez y adolescencia, para que desarrollen su conciencia profundamente, la cual se traduzca en acciones que enaltezcan la evolución humana. Y, si es que así lo desean, desde esa base de entendimiento, durante el transcurso de su vida adulta, abran su mente y su corazón, y emprendan su viaje hacia la comprensión de los misterios de la vida y de su propia existencia, activando el potencial que ofrece el transitar el camino del Khristos y la alquimia interior MerKaBa.

Un Paso hacia la Inmortalidad

La ciencia espiritual MerKaBa afirma que la vida es movimiento, es caos, es orden, es cambio, es muerte, es transformación; porque está en una dinámica constante de desarrollo creativo armónico siguiendo los principios naturales del *Yin y el Yang*. Y, en el caso de la especie humana, la vida nos mueve para salirnos de nuestra zona de confort y así desarrollar la conciencia, la creatividad, la sabiduría, el aprendizaje, en justa proporción armónica con la naturaleza y el cosmos. Como dice el refrán: *a lo que te resistes, persiste.* Esto conlleva a liberarnos de viejas estructuras mentales, a soltar el control, a abrazar la incertidumbre, a vivir la aventura que nos ofrece la vida, dando continuos saltos cuánticos de conciencia, que nos estimulan a despertar nuestro poder interior y reconectar con la totalidad de nuestro Ser, para así trascender e iluminar nuestras propias sombras psíquicas, que hemos ido acumulando por miles de años, generación tras generación.

Sin duda, somos almas eternas, en constante desarrollo perfectivo. Y, justamente, el Logos planetario de nuestra amada Tierra – comúnmente reconocido como *Gaia* -, junto a los guardianes y vigilantes de la Tierra, creó el sistema de la reencarnación para ayudar a sanarnos y armonizar el flujo de memorias distorsionadas acumuladas desde la caída de Atlántida hasta el hoy, para así reencausarnos, evolutivamente, como especie colectiva humana. Como se explicó anteriormente, cada alma tiene asociado un cristal aquí en la Tierra, que almacena la información de todas sus experiencias encarnadas. En lo profundo de la Madre Tierra están localizados estos cristales del alma, los cuales con cada encarnación se activan y registran cada segundo de nuestra existencia vital humana. Claramente, estos cristales están fuertemente custodiados y resguardados por la jerarquía espiritual de Gaia.

Según las tradiciones espirituales tibetanas, budistas y egipcias, entre una vida y otra, cuando nos hallamos al otro lado del velo y echamos un vistazo a la vida física que acabamos de dejar, muchas veces sentimos un profundo pesar por haber descuidado el desarrollo espiritual como el propósito esencial de nuestra vida encarnada. Según estos sistemas de creencias, la perfección y el refinamiento del alma para fortalecerse y adquirir sabiduría se realiza a través de una serie de encarnaciones. Si una persona permanece ligada a emociones y deseos, después de su muerte habrá de reencarnarse automáticamente, porque sigue atada a experiencias vibracionalmente inferiores.

En cierta forma, estas tradiciones establecen que nosotros elegimos en todas y cada una de las vidas los objetivos y experiencias de nuestra encarnación con la finalidad de desarrollar la conciencia de nuestra alma, y de esta forma, adquirir una mayor maestría, y contribuir al enaltecimiento de la conciencia colectiva humana. Cada vez que llegamos aquí, en forma física, el telón se baja nuevamente y nos sentimos atrapados y aislados, inmersos, nuevamente, en la ilusión. El sentido de separación y olvido de «quienes somos», que nos agobia durante nuestra existencia, forma parte de este gran experimento humano que nos pone a prueba y nos motiva para volver a reconectarnos con nuestra Esencia.

De esta manera, para trascender la reencarnación automática, y recuperar la «libertad» (¡y la memoria!), el alma debe trabajarse a sí misma fuertemente en su vida encarnada, para tener el potencial de liberarse de ataduras kármicas y trascender la muerte. En ese momento, dicha alma conseguirá la inmortalidad y entrará en el reino celestial. En este caso, la condición de inmortalidad tiene una directa relación con las memorias del alma.

La memoria es la clave de la conciencia superior. Cuando un ser se vuelve inmortal, no es que viva en su cuerpo presente para siempre. Eventualmente, siempre evolucionaremos más allá de cualquier forma física. Lo que esto nos explica es que las memorias de cada una de nuestras experiencias vitales -terrestres y extraterrestres- son recordadas, asimiladas, concientizadas, reprocesadas, resignificadas y sanadas, y ya no existe una ruptura en el flujo de nuestra conciencia. En otras palabras, nuestra mente consciente, subconsciente y supraconciente se reconectan en coherencia armónica, como una plena conciencia unificada. Eso es ser inmortal. Es por esto, que cuando nos iniciamos en el camino de la autotransformación, emerge una búsqueda fervorosa en encontrar respuestas, al menos, a 3 preguntas trascendentales, que quizás son simple en su redacción, pero muy profundas en su contenido: ***¿Quién Soy? ¿Porque estoy aquí? ¿Hacia dónde voy?*** ... En cierta forma, lo que buscamos en el fondo de nuestro Ser, es: ¡Recordar!

De todas formas, haciendo alusión a la *Ley de Conservación de la Energía*, que nos dice: *la energía no se crea ni se destruye, solo se transforma*; el alma nunca desaparece —recordemos que el alma está creada en unidad eterna. Después de la muerte terrena, el alma más o menos iluminada por su experiencia vital o encarnación, deja su atuendo físico, e inicia un nuevo camino a seguir. Pero no se trata de un camino en estos planos conocidos, como el que nuestra alma ya hizo en vida. El alma, una vez terminada su experiencia terrena, vive o existe en otras dimensiones - acorde a su vibración de conciencia. Y, está a la espera de la oportunidad de volver a encarnar, para seguir elaborando su proceso perfectivo o iluminativo.

En enseñanzas muy antiguas, se habla de que el ser humano no sabe morir conscientemente. Es decir, como vive desconectado de su esencia espiritual, la muerte llega a él de forma intempestiva, causando, muchas veces, dolor, sufrimiento, sentimientos de culpa, y dejando asuntos pendientes con su entorno más cercano; por eso se habla que el alma sigue deambulando en el astral, no descansa en paz y quedó atada kármicamente. Lo cual queda almacenado vibracionalmente en su Ser.

Esto implica que, si fuésemos conscientes de la experiencia de muerte y estuviésemos plenamente reconectados con nuestra supraconciencia (el sagrado BA), elegiríamos el momento oportuno con total paz interior, haciendo una transición natural a otro plano de existencia y siguiendo nuestro desarrollo perfectivo en otra dimensión, con total armonía y comprensión. De hecho, existe bastante evidencia de monjes tibetanos, budistas y yoghis, que cuando sienten el momento de su partida, buscan un lugar en la naturaleza para alzar su vuelo a otro plano existencial, los cuales entran en un profundo estado de meditación y se desconectan de sus cuerpos, dejándolos en perfecto estado. Es decir, hacen su ascensión a otra dimensión de conciencia.

Abrazando el Caos

Una de las claves de la alquimia interior MerKaBa está en el entendimiento y aceptación de las dinámicas del caos como parte de los procesos de la vida. Desde luego, en el viaje experiencial del alma cada uno de nosotros en algún momento de nuestras vidas ha experimentado situaciones complejas con mayor o menor grado de stress, dolor y/o sufrimiento. Como también, más de alguna ocasión, nos hemos sentido confusos respecto de nuestro rumbo de vida, volviéndonos autómatas, sin direccionalidad, sin claridad, y envueltos en un estilo de vida y accionar cotidiano que, muchas veces, no nos gusta, y más encima, nos agota emocionalmente, y nos enferma cada día más ... lo que conlleva a un total caos y colapso interior.

Sin duda, gran parte de la sociedad desea una vida feliz, rebosada de bienestar, prosperidad, abundancia, salud óptima, paz, armonía, equilibrio pleno y autorrealización. Sin embargo, en muchas ocasiones, pareciera que la vida confabula contra nosotros y comenzamos a experimentarla desde la vereda opuesta, en donde emergen múltiples conflictos de todo tipo: psicológicos, afectivos, de salud, económicos, sociales, familiares, culturales, existenciales, etc. Y, a ello, le sumamos el ritmo vertiginoso en que opera el sistema de vida actual, que nos condiciona y nos direcciona a un constante estado de tensión, stress, alerta y sobrevivencia.

Entonces, he aquí el dilema. Quizás, nuestra noción de felicidad dicta mucho de lo que realmente nos ofrece la vida, siendo solo un ideal, un constructo y/o arquetipo de nuestra mente. Si miramos al pasado, vemos que nuestra historia humana está colmada de conflictos, dolor y sufrimiento (¡y la época actual sigue la misma senda!). Hasta el momento, no existe evidencia empírica, tácita y científicamente comprobable de la existencia de una sola persona que haya vivido de forma espontánea en felicidad absoluta, libre de sufrimiento, desde su nacimiento hasta su muerte, sin esfuerzo personal alguno.

Incluso, los más grandes maestros espirituales de oriente han tenido que aislarse de la sociedad, e irse a las montañas, para dedicar su vida exclusivamente a la práctica de múltiples disciplinas contemplativas en pos de lograr un estado de armonía interior que los conduzca hacia el glorioso arquetipo del estado de iluminación y/o felicidad espiritual, el cual, muchas veces, nunca llega.

Muchos dirán que Buda o Jesús son los estandartes de tal hazaña, sin embargo, si uno analiza los relatos de sus vidas, el conflicto emocional y el sufrimiento, no estuvo ausente de sus vidas, en sus procesos de transformación personal. Ellos no nacieron libres de temores, angustias, ansiedades, preocupaciones, frustraciones, ira, rencor, tristezas, dolor, deseos, confusión mental, necesidades biológicas, etc. Más de alguna vez, ellos sintieron y/o experimentaron algún grado de sufrimiento, y que poco a poco lo fueron trascendiendo.

Entonces, ¿qué nos queda? ... pareciera que el sufrimiento, en sus múltiples grados, es parte de nuestras vidas. No hay escapatoria. Al parecer, vivimos en una dinámica sistémica social que promueve el aumento de entropía, el caos. A medida que evolucionamos como sociedad, nuestro estilo de vida se vuelve más caótico, más desorganizado, más distante de la armonía natural.

Cuando nos adentramos en una comprensión de las dinámicas de la experiencia humana, el concepto de vida humana, en sí mismo, es una compleja paradoja sistémica; porque vivimos insertos en mundo dual, de opuestos. Ello implica, que el caos=muerte y el orden=vida son la cara de la misma moneda. Ambos estados son necesarios para el correcto funcionamiento de la naturaleza humana, porque es la forma como se regula a sí misma.

Esto es un punto esencial para nuestra comprensión de la extraordinaria noción de complementariedad. En esencia esta noción significa que nada en el mundo es sólo blanco o sólo negro, sino que todo se compone de diversos matices de gris; es un concepto que admite la coexistencia de dos propiedades al parecer opuestas, o incluso contradictorias, en un mismo ecosistema. Siendo estas contradicciones estados de conciencia que se complementan.

En ese sentido, los seres humanos no somos entidades orgánicas que experimentamos la vida de manera independiente, y aislada, al medio ambiente que habitamos. Al contrario, la experiencia humana es parte de un ecosistema que se rige por leyes naturales, que son aplicables a todo ser vivo. Todos los eventos que se dan en la naturaleza son regidos por principios fundamentales.

Uno de esos principios establece que las dinámicas de la vida se definen como patrones de autoorganización de información que interactúan con una estructura disipativa (el cuerpo). Esto quiere decir que cada organismo vivo se encuentra en una constante búsqueda de equilibrio interno y/o externo, en una lucha entre caos v/s orden — autoorganización - para interactuar y propagarse de la forma más eficiente sobre el medio que habita. Como diría, Ilya Prigogine, el famoso científico precursor de la teoría del caos: *el caos posibilita la vida y la inteligencia*. Esto hace posible que las estructuras disipativas se transformen en islas de orden en un océano de desorden.

Ilya Prigogine, fue un biofísico de origen ruso, nacionalizado belga, galardonado con el Premio Nobel de Química en el año 1977, por sus hallazgos sobre las estructuras disipativas, lo cual dio origen a un nuevo paradigma científico, basado en los procesos irreversibles y probabilísticos, en la organización de estructuras sistémicas a partir del caos, lo cual se aleja del mundo de Newton con sus leyes deterministas, predecibles y reversibles. Para Prigogine la vida es el reino de lo no lineal, de la autonomía del tiempo, de la multiplicidad de las estructuras.

Las estructuras disipativas se constituyen como estructuras coherentes, autoorganizadas en sistemas alejados del equilibrio; representando la asociación de las ideas de orden y disipación, como procesos termodinámicos irreversibles. En otras palabras, este hecho establece que la disipación de energía de un sistema, que suele asociarse a la noción de evolución hacia el desorden (alta entropía), se convierte, lejos del equilibrio, en fuente de orden (baja entropía). Los seres vivos funcionamos como sistemas disipativos, ajustándonos o reordenándonos según las fluctuaciones del medio que habitamos. El equilibrio absoluto en un sistema vivo es la muerte, es volver al vacío. Esto implica que todos los seres vivos nos movemos alrededor de un equilibrio relativo compatible con la vida. Es decir, los sistemas vivos tendemos hacia el desorden (caos o alta entropía), pero podemos instalarnos lejos de ese equilibrio, y desde allí construir nuevas estructuras de orden. Esto permite la biodiversidad que observamos en la naturaleza. La constante readaptación de las especies al medio que habitan. En cierta forma, la Madre Tierra y el Universo se vuelven creativos a partir del no-equilibrio, porque están constantemente buscando armonía entre el Yin y el Yang.

Por ello se observa que a medida que nos alejamos de un punto de equilibrio, aparecen, espontáneamente, nuevos tipos de estructuras, nuevos tipos de orden; y en el caso de los seres humanos, nuevas estructuras de orden social. Del caos surgen estructuras ordenadas o autoorganizadas que exigen nuevos aportes de energía para poder mantenerse, siendo el comportamiento de este nuevo sistema totalmente impredecible, observándose grandes fluctuaciones que crearán nuevos atributos que son cualitativamente muy diferentes de los que se encontraban en un estado anterior. Aun así, esta nueva estructura guarda la memoria de las bifurcaciones y decisiones tomadas con anterioridad.

Como dijo Prigogine: *la vida tiene la capacidad de crear nuevas formas por el simple hecho de permitir la agitación de las antiguas*. Sin duda, a mayor complejidad de una estructura, tanto más complejo será el nuevo nivel de autoorganización de la nueva estructura. Existiendo un gran aumento de flujo, intercambio y disipación de energía/información, lo cual resultará en mayor coherencia, pero también en una mayor inestabilidad potencial.

Esencialmente, para que un sistema sostenga su coherencia interna y su vitalidad, depende de la colaboración entre los elementos que lo constituyen, y, sobretodo, que exista una apertura a la recepción de nuevos datos, nueva información, nueva energía. Esto permite una autoorganización sistémica más eficiente.

Claramente, si extrapolamos toda esta fundamentación sistémica a la comprensión de nuestra experiencia humana, sin duda, nos aporta mucho entendimiento y claridad del por qué la vida nos mueve constantemente de un estado de conciencia a otro. Sobretodo, toma mucho más sentido aquella antigua frase budista: *el dolor y el sufrimiento son nuestros maestros.* Como también, la frase célebre de Friedrich Nietzsche: *lo que no te mata te hace más fuerte.*

Ante estos hallazgos, podríamos establecer que desde el big bang de la humanidad, que se traduce en el nacimiento mitológico de Adán y Eva, se da origen de forma natural, al caos, al drama y al sufrimiento en la experiencia humana, como también, emerge la creatividad, el amor, la voluntad, la inteligencia y la autoconsciencia, por la simple interacción que establecemos, como sistemas psicobiológicos que somos, con nuestro entorno, con el medio que habitamos. En ese afán de sobrevivir, desarrollarnos y evolucionar, vamos creando, continuamente, múltiples estructuras de orden bio-psico-socio-cultural, para propagarnos como especie, basados en acciones y logros específicos, que obedecen a los dictámenes de nuestra propia consciencia e inconsciencia colectiva y memoria psíquica subconsciente ancestral.

Y, es aquí, el punto clave y esencial de nuestra infelicidad humana. Lamentablemente, como seres autoconscientes, a medida que evolucionamos colectivamente, no hacemos limpieza de nuestra herencia psicogenética, es decir, de todos esos patrones biopsicoespirituales involutivos que se han acumulado, almacenado y proliferado, hasta el día de hoy, con cada generación de almas humanas y cuyas memorias se transmiten trans-generacionalmente. Aquí se incluye, también, los patrones involutivos de la primera generación de almas encarnadas en este mundo, hace cientos de miles de años atrás. Con lo cual, es válido preguntarse: ¿Cuál es la verdadera historia del origen de la especie humana? ¿Cuál es nuestro potencial psicogenético primordial?

Estas preguntas son esenciales para comprender el propósito sagrado de nuestra encarnación humana presente, porque a medida que limpiamos y sanamos las distorsiones de nuestra historia humana, permitimos que las próximas generaciones instauren nuevas estructuras bio-psico-socio-culturales de mayor orden, complejidad y armonía, que enaltezcan el pleno de desarrollo de nuestra conciencia, a nivel personal, colectivo y universal.

ADN y Karma

Ahora, ¿cómo limpiamos la memoria vibracional de nuestras experiencias vitales encarnadas, vida tras vida? … La respuesta está en los sustratos de memoria de las redes akáshicas que conectan con el biocampo del ADN de cada persona.

El ADN es la molécula de la evolución que contiene el código de la vida. Esta afirmación ha tomado gran relevancia en las últimas décadas por la comunidad científica y la sociedad en general, especialmente a partir del año 2000, cuando científicos anunciaron que el genoma humano había sido secuenciado. Con lo cual, muchos establecieron que el lenguaje en cómo «Dios» había creado la vida estaba resuelto, habían encontrado el manual de instrucciones de la vida, especialmente, porque estos hallazgos tienen directa relación con el enigma más importante de la historia de la humanidad: ¿Cómo emerge realmente la vida inteligente y autoconsciente en la Tierra?

Sin duda, estos descubrimientos proporcionaron un gran avance en la comprensión de la biología humana, y con ello, aumentó el interés e inversión, hasta el día de hoy, en proyectos investigativos, principalmente, en tópicos de medicina y biotecnología. A simple vista, daba la impresión que como los científicos tenían el código de la vida entre sus manos, era sólo cuestión de hacer cruces de instrucciones genéticas y los problemas médicos, de salud y alimentación de la población estaban resueltos. Desafortunadamente, muchas de las afirmaciones a partir del secuenciamiento del genoma humano estaban incompletas. Muchas más dudas emergieron a como realmente operaba este manual de instrucciones.

En la cultura científica se sigue interviniendo el organismo humano bajo la premisa básica de que se trata de un sistema de tuberías y piezas de ensamble, por lo tanto, bajo esa óptica, difícilmente podremos comprender las potencialidades que ofrece la genética humana. Necesitamos ampliar la mirada y profundizar en una comprensión holista de los potenciales humanos. Aún prevalecen los principios mecanicistas para explicar el comportamiento de la naturaleza humana. Se estudian solo las influencias bioquímicas en las funciones del organismo, descartando factores climáticos, sociales, psicológicos, bioenergéticos y transpersonales, que, en su conjunto, corresponden al ambiente en que interactúa el ADN.

Si bien es cierto, el principio mecanicista que describe a la molécula helicoidal de ADN como la unión de cuatro grupos químicos, o nucleobases, que cuando se organizan en un orden específico, contienen las instrucciones genéticas que necesita un organismo vivo para construirse y conservarse. Sin embargo, la información genética es más que eso y muchos investigadores han decidido profundizar en aquellos atributos del ADN que prematuramente se le llamó «ADN Basura», simplemente porque no comprendían su funcionamiento. Nuestro ADN no está solamente diseñado para la construcción de nuestro cuerpo físico, sino, también, constituye una red biológica multidimensional que sirve como almacenamiento de información y comunicación.

En muchos casos evidenciados de enfermedades genéticas, se establece que la información genética de las personas está intacta. Estos genes no se modifican per se, más bien, el ADN se expresa en respuesta a los estímulos de su ambiente, es decir, existe una plasticidad genética que activa y desactiva genes según las condiciones y/o calidad de vida de las personas. Existe un biocampo vibracional que regula la expresión genética y las funciones del organismo según la calidad del ambiente. Sin duda, las implicancias de estos hallazgos en la salud y el potencial humano son múltiples y muy variados, porque entrelaza, holísticamente, las funciones biológicas con todos los fenómenos que experimentamos cotidianamente, como lo son: las emociones, instintos, deseos, sentimientos, ideas, creencias, ilusiones, intuiciones, visiones, certezas, anhelos, fenómenos extrasensoriales, entre otros; y con ello, la interacción con otras realidades psíquicas, anímicas y espirituales.

Todas estas premisas investigativas están siendo sostenidas a un nivel profundo de comprensión con la nueva disciplina de la ciencia Epigenética. Cuando un cambio en el ambiente tiene consecuencias biológicas en el organismo, incluso mucho tiempo después de ocurrido el evento, se establece la existencia de un efecto epigenético en acción. Los científicos describen la epigenética como todos aquellos casos en donde el código genético, por sí mismo, no describe claramente el fenómeno observado. Es decir, existió algo en el ambiente que gatilló el efecto en el organismo.

De esta forma, el ADN no es una plantilla que sólo contiene directrices mecanicistas estandarizadas, que permiten generar tejidos, órganos, etc. Más bien, la codificación existente en el biocampo del ADN es el punto de partida, de ahí en más, el ambiente con el que interactúe la persona irá modelando las expresiones propias de su material genético, desde la concepción misma, hasta la vida adulta, y posterior vejez. El ambiente regula todo el ciclo de vida de la persona.

La palabra «epi» en epigenética es derivada del griego, que significa "en", "sobre", "encima" o "junto a". De esta forma, la Epigenética establece que el ADN en nuestras células, no es una molécula pura inmodificable. Esto nos permite observar la epigenética como el conjunto de modificaciones en la expresión de nuestro material genético que condicionan la forma en cómo los genes se activan y desactivan, pero que no alteran la información contenida en los genes, propiamente tal.

Los efectos Epigenéticos se evidencian en todo momento, y son muy profundos en la explicación de la interconexión con nuestra realidad circundante. Por ejemplo, algunos casos de estudio han observado cómo la calidad de las condiciones biológicas, energéticas y psicoemocionales de los progenitores, durante los primeros meses de gestación, pueden afectar a su hijo(a) por el resto de su vida. Aunque esos individuos al nacer parezcan perfectamente saludables, algo sucedió durante su desarrollo en el ambiente del vientre que ciertos patrones psicobiológicos le repercuten durante décadas, que, incluso, impactan a las nuevas generaciones que este individuo fecunde; es decir, existe una transmisión de información transgeneracional, no sólo a nivel bioquímico y de rasgos físicos, sino también, a nivel emocional, cognitivo, conductual, social, e incluso, espiritual; los cuales, son parte de los atributos que forjarán la biología, el carácter y personalidad del nuevo individuo. Estas características pueden denominarse la herencia holística del linaje familiar, y comprende la información ancestral no sólo de padres, abuelos y tatarabuelos, sino, de todos los antepasados y descendientes. De esa forma, se va construyendo un inconsciente colectivo familiar, social y global.

Es importante señalar que la herencia familiar, es sólo uno, de los tantos factores que contribuyen en la modelación de nuestro Ser esencial, ya que el complejo e individual funcionamiento del ser humano se construye de múltiples factores, pero, de todas formas, son relevantes estos hallazgos transgeneracionales, ya que nos permite ser conscientes que en todo momento estamos entrelazando información vital que nos reconecta con el origen mismo de nuestra alma, direccionando nuestra búsqueda hacia el descubrimiento de aspectos esenciales y trascendentales de nuestra humanidad: ¿Quiénes somos? ... ¿Por qué estamos aquí? ... ¿Hacia dónde vamos? ... ¿Cuál es el verdadero potencial que tenemos como individuos?

Sin duda, estamos en una época única de investigación de muchos aspectos de nuestra verdadera naturaleza y potencial, y es conmovedor darnos cuenta que estamos siendo testigos conscientes de la existencia de un ambiente unificado que interconecta inteligentemente nuestra genética con la energía, con el pensamiento y con el espíritu.

Ahora, ¿a qué nos referimos con que el ADN se expresa en respuesta al ambiente? Muchos son los investigadores que han establecido una ruta profunda de comprensión de los factores ambientales que intervienen en la genética humana, como lo son, los cambios climáticos, la contaminación ambiental, la polución electromagnética, la radiación solar, la calidad en la alimentación y la condición social-familiar. Estos serían los factores externos, sin embargo, los atributos esenciales que más influencian la expresión genética de las personas, son sus pensamientos y emociones, es decir, la expresión de nuestra propia naturaleza interior. Los pensamientos/emociones son ondas de energía vinculadas integralmente a la expresión celular de nuestro cuerpo. Estos mecanismos invisibles que operan en nuestras células, afectan directamente nuestros procesos biológicos, psicoenergéticos y espirituales.

En otras palabras, nuestro campo de ADN interno actúa a modo de computador biocuántico que almacena la información de cada evento de nuestras vidas, desde la formación misma del cigoto humano. Cada sensación y emoción percibida, ya sea que fuese generada por nuestros sentidos, observaciones, cultura y creencias, traumas, eventos, condiciones familiares y sociales, entre otros; queda registrada dentro de cada célula, y en el ADN. Durante el nacimiento, somos bebés casi perfectos, así como nuestros componentes físicos y psicoenergéticos, sin embargo, a medida que crecemos, comenzamos a absorber el ambiente, y ya todo cambia.

Esta perspectiva de almacenamiento biocuántico del ADN, actualmente, está siendo muy investigada por la ciencia. Y es muy interesante un particular experimento realizado por investigadores del Instituto Federal Suizo de Tecnología, en Zúrich. Estos investigadores señalan que solo un gramo de ADN puede almacenar, en teoría, ¡455 exabytes! Esto es suficiente para albergar toda la información (imágenes, videos y textos) de Google, Facebook, Instagram, LinkedIn, y Twitter en un sólo gramo de ADN. Y más aún, toda esta información encriptada en este gramo de ADN puede mantenerse almacenada por miles de años.

Bajo esta premisa, si analizamos la información genética del alma humana, desde una perspectiva transpersonal de almacenaje experiencias y aprendizajes de vidas pasadas en un gramo de ADN, se hace más evidente por qué los seres humanos tienen una propensión inherente a avanzar en determinada dirección y cumplir determinados objetivos, los cuales ya están preestablecidos dentro de nuestro campo del ADN, y traen consigo el famoso karma. La energía kármica, solo es información del alma que representan los asuntos no resueltos, los sentimientos de pasión por determinadas cosas, nuestras relaciones familiares y sociales, etc. En otras palabras, el karma correspondería al ambiente experimentado en la(s) vida(s) anterior(es), cuyas experiencias y lecciones de vidas se encriptan como bits de información en el campo del ADN y repercuten en el hoy a nivel corporal, psicoemocional, familiar, social, y finalmente, en el desarrollo evolutivo trascendente (inteligencia espiritual).

De esta forma, el karma refleja el principio de causa y efecto, y no asume ninguna condición negativa ni pecaminosa; es decir, todo evento que repercute en el hoy tiene su origen en alguna acción experimentada en esta vida o en otras vidas, que direcciona a la persona hacia determinada condición de vida. Por ello, la sabiduría espiritual ancestral establece que quién gobierne equilibradamente sus pensamientos, emociones y sus actos, y busque siempre en cada acción el más alto bien de todos, reflejará en su vida presente mayor armonía.

Individuación e Identidad

Para comprender el karma es importante profundizar en como desarrollamos nuestra identidad cognitiva única y singular en cada encarnación. Desde la perspectiva MerKaBa se asume que el ser humano es un alma/conciencia que se perfecciona continuamente a sí misma. Está en un continuum de aprendizaje, automaestría y autorrealización. Es decir, tiene la gran facultad de la autoconsciencia, que se traduce como la toma de conciencia de su relación con el mundo que lo rodea, de su propia personalidad, de su naturaleza interna, de su conducta, de sus actos, pensamientos y sentimientos, de sus deseos, intereses y potenciales de acción; mediante lo cual, crea y recrea, gradualmente, su realidad interna y externa. En otras palabras, al ser humano es posible definirlo como un sistema bio-psico-espiritual que está en un constante proceso de individuación, de diferenciación única, que busca transformarse en una unidad autónoma, en una totalidad integrada, que interactúe y se retroalimente en plena consciencia con el entorno que habita.

Para comprender lo que implica el proceso de individuación como almas en evolución, en primer lugar, observemos el fenómeno de la individuación a nivel biológico, en términos de como la célula se va diferenciando de su entorno, del conjunto; adquiriendo mayor autonomía en sus procesos vitales.

El organismo humano se compone de 50 a 70 trillones de células. Todas ellas generan los diferentes tejidos del cuerpo, y están altamente especializadas, y son completamente diferentes una de otras. A menos que algo esté realmente mal, los intestinos no crecen en la cabeza, y no tenemos dientes en los ojos. Esto parece obvio, ¿cierto? Recordemos que cada célula de nuestro organismo es derivada de la división de una sola célula original. Esta singular célula es denominada Cigoto.

El cigoto se forma cuando un espermatozoide se entrelaza con un óvulo. Este cigoto, como unidad indiferenciada, posteriormente se divide en dos; esas dos células se dividen nuevamente, y se obtienen cuatro nuevas células, y así sucesivamente; hasta crear el maravilloso cuerpo humano. A medida que las células se dividen, éstas se transforman, y se van diferenciando una de otra, según sus funcionalidades. Este proceso es conocido como diferenciación celular, y es vital en la formación de cualquier organismo multicelular.

Si observamos las células, éstas se inician, exactamente, con el mismo material genético. Todas ellas provienen de la misma fuente original: el cigoto. Sin embargo, las células logran transformarse y diferenciarse de una forma tan única, que sorprende cómo éstas utilizan el mismo material genético y lo expresan de diferentes maneras. Y, sorprende, aún más, como las células mantienen la memoria y siguen haciendo este proceso constantemente. Por ejemplo, las células en la médula ósea siguen produciendo células sanguíneas; y las células en el hígado, siguen produciendo células hepáticas. ¿Cómo ocurre ello?

Una explicación establece que las células, a medida que se especializan en sus funciones, reordenan su material genético, activando o desactivando genes en reacción selectiva a las influencias del medio en que habitan, asegurando que los genes apropiados se expresen en los momentos adecuados. Por ejemplo, la literatura científica, establece que el hígado es el órgano más grande del cuerpo y realiza más de 500 funciones, y todas ellas están relacionadas a procesos digestivos y transporte de nutrientes. Sin embargo, existe sólo una función clave que no realiza: no transporta el oxígeno por el cuerpo. Esta tarea la realizan las células sanguíneas, las cuales están estructuradas por una proteína muy particular, la hemoglobina. El hígado nunca hará esta función, aunque tenga el material genético original para hacerlo.

En cierta forma, las células «saben», de manera autónoma, autoorganizar sus dinámicas vitales internas en pos de aportar coherencia estructural y funcional al sistema del cual son parte, y que está en proceso de formación continua, como es el caso del organismo humano. En otras palabras, cada célula es una totalidad integrada que tiene la capacidad de reproducirse y autorregularse por sí misma, autoorganizando la información de su red de procesos vitales en pos de sostener una coherencia interna, y un acoplamiento, interacción y retroalimentación eficiente con su ambiente.

Es interesante notar en la estructura celular la función clave que ejerce la membrana plasmática. Esta corresponde a una barrera semipermeable que establece un límite que discrimina entre el interior bioquímico de la célula y los elementos del ambiente externo. Esta barrera contribuye a mantener el equilibrio entre el medio intracelular (si-mismo) y el medio extracelular (no-si-mismo), regulando, selectivamente, la entrada y salida de muchas moléculas/información. De esta manera, la membrana plasmática permite la demarcación de la identidad celular como unidad sistémica funcional autónoma, única y diferenciada, en continua conexión colaborativa con un sistema, organismo y/o ambiente de complejidad mayor, del cual es parte. En otras palabras, esta membrana le da identidad individual a la célula - emerge el si-mismo - ya que la delimita, pero no la aísla con el medio, sino que la comunica con este. Con ello, esta identidad celular promueve un cierre operacional, que le permite a la célula autoorganizar, reconfigurar, y darle coherencia, a su propia red de procesos dinámicos internos para la autoconstrucción de sus elementos, estructuras y sistemas funcionales vitales que la mantienen viva.

He aquí un punto clave del proceso de individuación, el nacimiento de una identidad cognitiva integrada - la percepción de sí mismo y su entorno - que en términos psicobiológicos denominaríamos como el «Self», el «Yo», el «Si-Mismo». En el caso de las células, se hace evidente a través de su membrana celular y su cierre operacional. Ahora, si extrapolamos la observación de este procedimiento de individuación a nivel del alma, la conciencia y la experiencia humana, la relación de semejanza con el proceso de diferenciación celular, se hace muy patente.

Antes de continuar con esta analogía sistémica, es necesario diferenciar entre individualismo e individuación. El individualismo le otorga supremacía, de modo deliberado, al individuo o una peculiaridad, más que a consideraciones, responsabilidades e interacciones colaborativas colectivas. En cambio, la individuación se refiere a un proceso de desarrollo sistémico que define e integra las cualidades individuales dadas, con lo cual emerge un estado de identidad cognitiva. Siendo en el caso del ser humano, un proceso por medio del cual se convierte en un ser definido, único, diferenciado y que integra la totalidad.

Como hemos revisado hasta el momento, la vida de un organismo multicelular se inicia en un estado de indiferenciación o no-diferenciación, como es el caso del cigoto, y con el correr del tiempo alcanza un alto grado de diferenciación. Análogamente, en el caso de la psicobiología humana ocurre lo mismo. Desde la concepción misma, nuestra vida se inicia inmersa en un estado psíquico de completa inconsciencia e indiferenciación. Es decir, las polaridades vivenciales básicas entre sujeto y objeto, como también, entre condición interna y externa; no están claramente diferenciadas. En este caso, tanto el feto, como el recién nacido, están en una condición paradisiaca, en donde todas sus necesidades son satisfechas de forma automática. Por ejemplo, durante el proceso de gestación, las necesidades del feto son directamente satisfechas por el organismo de la madre. Posteriormente, cuando el recién nacido hace contacto con el mundo exterior, sus necesidades son atendidas por su madre, o en su defecto, el cuidador asignado. En esta etapa del desarrollo, el niño experimenta su realidad de manera a-relacional, sin diferenciar entre procesos psíquicos conscientes ni subconscientes ni inconscientes. Vive en un estado de subconsciencia/inconsciencia primordial.

De esta forma, haciendo alusión a la antigua terminología de la alquimia interior, que establece que la fase inicial de toda transformación alquímica es nigredo=negro; podemos afirmar que la psique de cada persona se desarrolla a partir de la oscuridad de su mente subconsciente y el inconsciente colectivo. Estos 2 atributos psíquicos se constituyen como la «tierra negra» de la cual crecerá y se desarrollará la conciencia de la nueva experiencia vital. Eso implica, que el subconsciente y el inconsciente colectivo son más antiguos que la conciencia encarnada del momento presente, las cuales siguen operando junto a ella o, incluso, a pesar de ella. Registrando toda experiencia de cada nuevo movimiento psíquico del alma encarnada. Esto implica que cada recién nacido no es una «tabla rasa», más bien, es un continuum de conciencia que adquiere una nueva corporalidad, y que durante su desarrollo seguirá fortaleciendo la diferenciación consciente entre su consciencia ordinaria, el subconsciente personal y el inconsciente colectivo.

Esta diferenciación consciente entre los distintos aspectos de la psique es el proceso de individuación, y es absolutamente necesario en el desarrollo de la personalidad, y en el crecimiento personal, puesto que una diferenciación débil conduce a una identidad individual ambigua, confusa, que es muy influenciable por la colectividad. En otras palabras, esta individuación permite el establecimiento de la consciencia y el ego como expresiones base en el desarrollo de una identidad cognitiva coherente.

Por ejemplo, en la etapa de la niñez, entre los 3 o 4 años, son cada vez más numerosos los instantes del ego y la consciencia. La aparición de la palabra «yo» en el lenguaje del niño es una expresión directa de la incipiente identidad personal que ha comenzado, en efecto, a formarse. En la psique del niño, comienzan a integrarse las estructuras psicológicas de la consciencia y el ego como su centro, con creciente continuidad y coherencia. Con el tiempo, este complejo proceso interno de integración y síntesis posibilita el surgimiento original de un sentido de identidad personal ligado, en primer lugar, al cuerpo. Esto implica, que la mente consciente ha reconocido al cuerpo como la barrera sistémica que delimita la percepción básica de sí-mismo y el entorno; con lo cual se reconoce como un «Yo» individual.

De esta forma, se inicia el proceso de individuación basada en la autonomía psíquica, que busca fortalecer el desarrollo de la plena conciencia individual. Sin embargo, el inconsciente colectivo tiene una gran fuerza, que puede destruir esa autonomía, porque la personalidad del niño, en mayor parte, se construirá como respuesta adaptativa a las normas, sistemas de creencias, códigos y tradiciones familiares y socio-culturales que prevalecen, lo que conduce a un comportamiento psíquico basado en lo que el entorno espera de él. Esto, muchas veces, fracciona la personalidad, generando un profundo efecto de multiplicidad de «yo 'es» emocionales, las cuales se irán mostrando, con mayor o menor intensidad, en respuesta a los contextos relacionales en los que interactúe y se desenvuelva el individuo. Y que, a la larga, se puede traducir en un profundo vacío emocional y pérdida total de identidad.

Si hacemos una analogía de esta tensión psicosocial entre el inconsciente colectivo y la consciencia individual, con su medio biológico, vemos que contrasta enormemente. Como vimos anteriormente, la célula asume una autonomía intrínseca en su comportamiento con el medio. Ella selecciona lo que es necesario del ambiente para autoorganizar coherentemente sus estructuras internas para mantener viva su funcionalidad y su identidad celular (si-mismo), constituyéndose como una unidad eficiente, flexible, integrativa y colaborativa con el sistema del cual es parte. En cambio, en el ser humano, en muchos casos, producto de esta distorsión psíquica que emerge a temprana edad en el desarrollo de su profunda personalidad individual — influenciados por los vaivenes del inconsciente colectivo, va degradando la capacidad de observación, percepción y reflexión de sí-mismo y el entorno, por lo tanto, el potencial de selección y discernimiento de los elementos del entorno que incorpora a su psique para sostener un continuum de individuación, mayormente, coherente e integrativo de su identidad cognitiva, muchas veces, es débil y disonante. Y como resultado, el aporte intrínseco al sistema social y natural del cual es parte - incluida la «limpieza» de los sustratos del inconsciente colectivo, será inocua.

De esta forma, todos los sustratos de nuestras experiencias vitales influenciadas por el inconsciente colectivo, se transforman en nuestra sombra psíquica, dejando una huella indeleble en nuestro subconsciente. Esta sombra contiene todas aquellas inclinaciones, deseos y sentimientos, cuya expresión, por diferentes razones, es desaprobada por las normas socioculturales y los sistemas de creencias existentes. Con ello, se adhiere a la psique una impronta autobiográfica que se compone de los contenidos psíquicos personales y colectivos que han sido reprimidos de manera activa. Como también, engloba una serie de aspectos constructivos de la personalidad, como potencialidades, talentos y habilidades latentes, que no han sido activados. Con lo cual, el camino hacia un desarrollo de una identidad cognitiva coherente que nos direccione a despertar la inteligencia divina en nuestro interior, está directamente relacionado con la purificación, reconexión y unificación de nuestras 3 mentes: Consciente, Subconsciente y Supraconsciente. Es decir, este proceso reconectivo nos invita a experimentar el universal proceso de transformación espiritual, que los antiguos alquimistas egipcios denominaban: Ka- Ba – MerKaBa.

De hecho, en alquimia interior MerKaBa, se habla que el ser humano tiene 3 mentes, 3 cebreros y 9 esferas de conciencia primordial que autoorganizan la realidad psico-experiencial del alma. En términos simples, las 3 mentes están asociadas a la mente consciente, subconsciente y supraconsciente. Los 3 cerebros se asocian al cerebro intestinal, del corazón y de la cabeza. Y, las 9 esferas de conciencia son las cualidades de la inteligencia espiritual que el alma debe cultivar para desarrollar la conciencia krística, las cuales están asociadas al: Amor, Creación, Razón, Vida, Poder, Intuición, Aceptación, Verdad e Inmortalidad.

Desde esta perspectiva, el gran proceso alquímico MerKaBa conlleva, progresivamente en el tiempo, a la unificación armónica de las 3 mentes, los 3 cerebros y las 9 esferas de conciencia. Un alma que inicia su tránsito en esta dirección, comienza a transitar el verdadero sendero del Khrīstós. Si el iniciado asume un compromiso asiduo, constante y consciente, la experiencia MerKaBa será una realidad en su vida diaria.

Las 3 Mentes

En relación a las 3 mentes, investigaciones neurocientíficas establecen que la mente consciente supone aproximadamente un 5% del total de nuestra mente, mientras que el 95% restante corresponde a la mente subconsciente. Por otro lado, la mente supraconsciente trasciende la mente consciente y subconsciente porque se encuentra en un plano vibratorio superior en conexión con lo divino.

En términos prácticos, la mente consciente, esa pequeña porción del 5%, sólo razona de forma lógica. Emite juicios y acepta o rechaza a voluntad. Es la que nos permite tomar decisiones, analizar, deducir y experimentar racionalmente, en estado de vigilia. Aquí proyectas tus deseos y anhelos. Sin embargo, no es capaz de controlar, por muy consciente que sea, los biorritmos del cuerpo, ni tampoco, la interacción psico-corporal automática con el entorno y a las experiencias cotidianas. Más bien, esas funciones son atributos de la mente subconsciente ... Uno no necesita ser consciente de respirar para respirar, ¿cierto? La mente subconsciente controla la mayoría de las funciones corporales, ya sea el sistema nervioso autónomo, los músculos involuntarios, los órganos, las glándulas, los latidos del corazón, los sentidos, entre otros. Esta mente, al contrario de la mente consciente, razona analógicamente, es decir, por semejanza. Por ejemplo, una mala experiencia en la infancia al bañarnos en la bañera, en la adultez, puede llevarnos a tener miedo de bañarnos en una piscina. Conscientemente, sabemos que no es lo mismo una bañera que una inmensa piscina, pero para nuestra mente subconsciente es algo parecido. El subconsciente absorbe, sin juzgar.

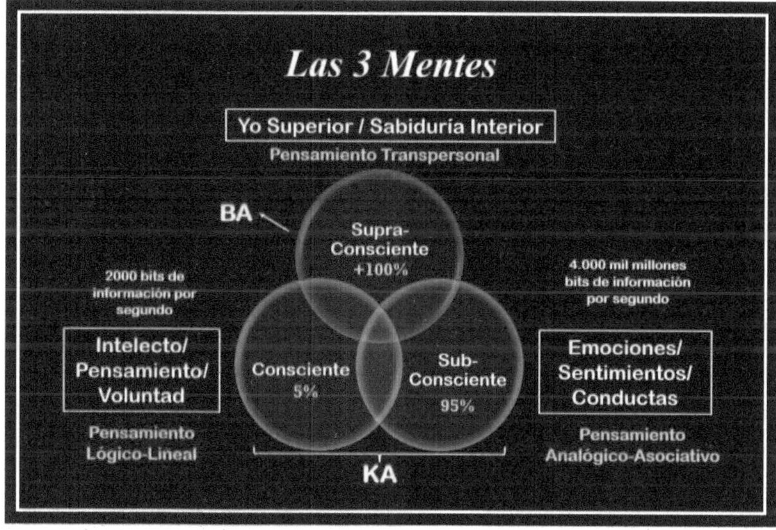

Figura 54: Esquema de las 3 Mentes

Nuestra mente subconsciente codifica y procesa en símbolos, imágenes y metáforas. Los sueños no dejan de ser metáforas, símbolos de nuestro subconsciente. Además, la mente subconsciente es capaz de procesar 400 mil millones de bits por segundo, mientras que nuestra mente consciente solo procesa 2000 bits de información por segundo. Por eso, mientras nuestra mente consciente aún está observando, nuestra mente subconsciente ya ha detectado patrones no verbales en el entorno y los ha relacionado a la velocidad de la luz. La intuición, esa capacidad sensorial que nos proporciona información sobre algún asunto que no sabemos explicar racionalmente, decodifica información del subconsciente. De esta forma, la información consciente - lo que sabemos de nosotros - es tan solo la parte visible de un gran iceberg. La información inconsciente o subconsciente es la parte invisible, sumergida y mucho mayor, y es donde están precisamente los patrones no conscientes de nuestra conducta involutiva o improductiva, como también los potenciales dormidos.

De hecho, muchas de estas memorias subconscientes almacenadas, se nos van proyectando como imágenes mentales, en distintas experiencias cotidianas; sobre todo en los sueños. Todo ello se manifiesta de forma espontánea, natural y automática. Claramente, no somos plenamente consciente de este proceso.

De toda esta información subconsciente, en gran medida, se derivan todos esos patrones conductuales automáticos que nos imposibilitan ser/estar en plenitud, y nos impiden conducir nuestra vida libremente. Eso ocurre porque en el subconsciente quedan registrados nuestros traumas, hábitos, conductas y rasgos de carácter, los cuales pueden aflorar e influir en los procesos cognitivos, afectivos y motivacionales de la vida presente. Rara vez nos permitimos reflexionar en el origen de nuestro ser/hacer ¿Quién soy? ¿Por qué siento lo que siento? ¿Por qué pienso lo que pienso? ¿Por qué digo lo que digo? ¿Por qué hago lo que hago? ... Sin lugar a dudas, el subconsciente controla nuestra vida.

Existió un doctor en medicina procedente de Alemania, llamado Ryke Geerd Hamer, quién realizó un extensa investigación y trabajo terapéutico alrededor de 1979, siendo pionero en el desarrollo de la Nueva Medicina Germánica. En la Nueva Medicina Germánica, se establece sólidamente la naturaleza de la enfermedad sobre la base de principios biológicos universales y la interacción de los tres niveles que se interconectan para formar al organismo: la psique, el cerebro y los órganos. Las enfermedades tienen pleno sentido biológico y no son errores de la naturaleza. Más bien, son programas diseñados por la naturaleza para ayudar a un individuo a sobrellevar un desafío.

El Dr. Hamer se dio cuenta de que su propio cáncer y la muerte de su mujer tenían que estar conectados con la trágica muerte de su hijo Dirk. Como médico, investigador, científico, y jefe de medicina interna en una clínica oncológica en Múnich, le fue posible al Dr. Hamer llegar a la conclusión de que una alteración psicológica puede producir un choque conflictivo biológico con una manifestación física visible en el cerebro y generando cambios en parámetros físicos-nerviosos conducentes a crecimientos, ulceraciones o necrosis cancerosas, así como cambios funcionales en órganos específicos del cuerpo. Un shock conflictivo biológico, llamado DHS (síndrome de Dirk Hamer, en honor a su hijo), causa el aparecer de un foco de actividad en el cerebro, llamado FH (foco de Hamer). Este conjunto de anillos concéntricos que se pueden observar en una tomografía computarizada -TAC -, se centra en un punto preciso del cerebro. La localización de este foco depende de la naturaleza del shock o choque conflictivo y del contenido de tal. Tan pronto aparece el FH, el órgano controlado por ese foco central sufre una transformación funcional. Esta transformación puede manifestarse como un crecimiento, como pérdida de tejido o como reducción o pérdida de función.

Según el Dr. Hamer, se ha comprobado que existe un tiempo aproximado de 2 años entre la aparición del conflicto psicológico y el primer diagnóstico de un cáncer declarado, o ya extendido. Es evidente que este período de tiempo debe tomarse como una estimación generalizada, pero se ha demostrado una y mil veces. Este investigador define el cáncer o degeneración celular como un conflicto psicológico, vivido en silencio y no expresado bajo ninguna forma durante un largo período de tiempo. A partir de vivir una realidad interior muy conflictiva, como puede ser una pena profunda, un rencor o un miedo determinante, si es vivenciado en absoluto silencio, sin compartirla con nadie, sin expresarla ni hablando, ni cantando, ni pintando, ni con cualquier otra forma de comunicación; es decir, reprimiendo y falseando ese sentimiento, las células del cuerpo comienzan un proceso de degeneración celular, y es entonces cuando la enfermedad/programa se instala en el cuerpo. Sin embargo, si se resuelve el conflicto psicológico, el proceso canceroso se invierte para reparar los daños y permitir al individuo la vuelta a la salud.

Aquí observamos claramente el fenómeno relacional de la memoria subconsciente y la densificación energética. El conflicto interno que nace de una energía reprimida de tipo psicológico, aquella emoción, sentimiento o idea, es un conflicto existencial que queda registrado, grabado e impreso, y que ha alterado ciertos chakras, meridianos, entramados, red de nadis y puntos acupunturales; ralentizando su corriente o acelerándola, y esta energía modificada, a su vez, altera el funcionamiento óptimo de las células.

En ese sentido, cualquier conflicto psicológico, como puede ser algún evento vivido con dolor, con sufrimiento, con cierto trauma, con el recuerdo de algo no deseado, algo no fluido, algo no querido, algo que nos hizo daño, no solo en el cuerpo sino también en la psique o alma, queda registrada en toda célula, articulación, tejido o fluido del cuerpo. Cuando en una experiencia posterior similar, se despierta esa memoria, entonces se cursan síntomas parecidos a los vividos en el pasado, y naturalmente se activa de nuevo el dolor vivido con anterioridad. Incluso, la mayoría de las veces se activa de forma inconsciente e involuntaria, y eso es natural.

Si alguien tuvo una mala experiencia en la infancia, cuando se repite algo similar en su vida adulta, se le activa de nuevo un recuerdo subconsciente de aquella mala experiencia vivida de niño. Algo le resonó vivamente en su interior que le modificó por completo su usual comportamiento psicológico y le alteró su estado anímico sin explicación alguna. En la vida del adulto, llega un momento en que las memorias almacenadas en el cuerpo son tantas, y tan inconscientes, que la persona se siente cargada, pesada, saturada y colapsada, sin saber el porqué.

Existen algunos métodos terapéuticos de reprogramación[2] de esas memorias registradas en el cuerpo y la psique, que realmente son muy efectivos, si son practicados con responsabilidad y diligencia. Cuando se accede a estos métodos basados en la «información», se debe saber que la disolución o neutralización de esas capas multidimensionales de memorias en nuestro ser debe ser paulatina, progresiva y adaptada al ritmo de cada persona. Y, sobre todo, se debe estar dispuesto a que se muevan capas profundas de registros. En definitiva, se infiere que la mente subconsciente es como un mecanismo psicoenergético que registra y procesa cada experiencia de vida, cada segundo

---

[2] Junto a la psicóloga María Francisca Latorre, hemos desarrollado en nuestras dependencias el método terapéutico de Reprogramación PsicoEspiritual®, el cual usa como base los principios de la ciencia espiritual MerKaba aplicada a la reprogramación de las memorias en conflicto de la mente subconsciente y su interconexión con la red akáshica personal. Más información, en: www.psicoespiritual.cl

vital de existencia, a diferente escala vibracional, la cual sostiene la conexión con la red akáshica personal.

Este hecho relacional entre materia, energía, memoria y conciencia, en el fondo, es una gran revolución a nivel existencial. Toda la filosofía del materialismo, desde Descartes hasta hoy, cambia por completo. Este sabio mecanismo que posee todo individuo es una estrategia de su ecosistema espiritual, inserto en el campo unificado, que permite completar las experiencias inconclusas: traumas, conflictos emocionales, creencias, etc.; para así regular todo el desequilibrio que de ello se deriva. Todo está ocurriendo al mismo tiempo. La experiencia humana es multidimensional, y cada experiencia o registro de la memoria subconsciente individual, contiene también la información completa de la solución y del equilibrio armónico universal.

Siguiendo con la definición de las 3 mentes. Desde tiempos inmemorables, la sabiduría ancestral y los maestros espirituales de todas las razas y culturas del mundo, han llegado a una misma conclusión en la búsqueda de comprender el verdadero potencial humano. Esa conclusión tiene relación con la existencia de un aspecto profundo de la conciencia humana: *la mente supraconsciente*. Este aspecto ha sido y es la verdadera fuente de la inteligencia y la sabiduría del hombre, la cual trasciende la mente consciente y subconsciente, con ello, trasciende el espacio-tiempo, y conecta con lo divino, con el océano cósmico y el gran espíritu. Con el paso del tiempo, según el sistema de creencias, ha ido tomando diversas denominaciones, tales como: Supraconsciencia, Mente Superior, Esencia Interior, Sabio Interior, Ángel de la Guarda, Voz Interior, Superinteligencia, Yo Superior, Maestro Interior, etc.

Lamentablemente, hemos olvidado la conexión con esa esencia, con esa fuerza e inteligencia más sutil que nos direcciona a despertar nuestros dones y potenciales más profundos de nuestra alma-conciencia, y que nos permite avanzar y evolucionar integralmente, evitando dar tumbos, constantemente, entre proyectos mentales, placeres emocionales, desequilibrios psicológicos y enfermedades. En cierta forma, desde esa inteligencia espiritual, emerge el verdadero plan evolutivo de cada alma humana, vida tras vida. Como se ha señalado anteriormente, lo que nos da vida es un alma, una fuerza genuina vital que se entrelaza a cada cuerpo vibrante. Pero esa alma, tiene un propósito, una función vital, que viene direccionada por esa fuerza intrínseca que da vida al alma y la conciencia, que es el espíritu.

La primera fuerza es el espíritu universal, el gran sustrato creador e omniconsciente; después emerge el plano del alma-conciencia, nuestra luz individual; posteriormente se desarrolla el plano psicológico/personalidad; y finalmente el plano corporal, la materia orgánica y visible. La función, la intención, la idea, el propósito, lo que hay detrás de los actos y las palabras, es lo que hace mover y activar nuestros procesos psicológicos, pensamientos, emociones, sensaciones ... y eso, a su vez, mueve a los chakras, las energías etéricas y canales acupunturales. Y estos mecanismos psicoenergéticos, son precisamente los que vivifican la materia. Nuestro organismo, con todas sus reacciones metabólicas, nerviosas y endocrinas; responde a la energía que transcurre por nuestros meridianos y núcleos energéticos; pero esta energía no material se dinamiza según los propósitos, los anhelos y la fuerza anímica de cada uno. Nuestras energías cotidianas vibran según vibra nuestra conciencia día a día.

Como almas en evolución estamos completamente impregnados con las memorias de nuestra conciencia, de lo que hemos vivido, de nuestro paso por la existencia, de lo aprendido y procesado. Lo que llamamos conciencia, como vimos, es información, es el sustrato de todo lo vivido y el núcleo central de todos los registros almacenados. Y, esos registros son los que condicionan nuestros pensamientos, sentimientos, emociones, sensaciones, energías, materializaciones, estados vibratorios, actos y procesos biológicos. Conciencia-energía-materia viene a ser como una cascada de fuerzas, desde la fuerza más sutil a las más burda o densa; pero todo ello procede de la carga que contiene el alma, del propósito inicial y único de cada ente. Y, esta ánima de cada uno, está en contacto directo con la fuente, con el gran espíritu de procedencia, con ese gran dios inteligente y creador que poseemos dentro y que podemos llamar espíritu. Es evidente que no todos tenemos la misma fuerza, la misma calidad vibratoria como entidad. Aunque todos estemos hechos de lo mismo, el espíritu; cada ser vivo tiene, según su proceso perfectivo, una calidad sustancial distinta, una peculiaridad, una característica alquímica diferente. Siendo estructural o espiritualmente lo mismo, somos todos distintos, como cada una de las flores de un jardín; pueden ser la misma especie, pero no hay ni una sola flor idéntica a otra.

En gran parte de la humanidad, existe una especie de desconexión entre el espíritu - nuestra esencia universal - y el alma – nuestra conciencia individual. La clave de esa desconexión está en el propósito o intención. Al parecer existe un propósito de nuestro espíritu, de nuestra esencia, ese dios interno creador, esa fuerza común que tiene un gran proyecto grupal, que es la humanidad; y, también existe el pequeño pero respetable propósito de cada alma, el libre albedrío de cada conciencia, el propósito individual, la intención de nuestra pequeña chispa diferenciada del Todo. Sin embargo, ocurre a menudo que la intención o el propósito que tiene nuestra esencia universal es distinto del propósito de nuestra alma. Es decir, a veces los dos propósitos no están alineados. Generalmente, la intención o el propósito del alma, está condicionado, teñido o modificado por las memorias registradas desde que nacimos, por nuestra conciencia, el almacén vivencial del alma. Si no coincide el propósito divino con el propósito humano, a menudo la fuerza de ese océano cósmico, por intermedio del «Yo Superior», da señales de que no vamos por el camino de la evolución, el progreso y la expansión universal.

Sin duda, aquella especie de desconexión entre nuestra esencia espiritual y nuestra conciencia/alma, es solo ilusoria desde nuestra posición humana y condicionamiento socio-cultural. Muchas veces, las memorias que cargamos por las experiencias de la vida, desde el nacimiento mismo, generan los bloqueos y condicionamientos psicológicos que impiden reconectarnos conscientemente con nuestro Yo Superior. De esta manera, para generar esta experiencia reconectiva, la fuerza de nuestra voluntad espiritual tendría que ser mucho más potente que la fuerza de todo lo grabado en nuestra conciencia. Justamente, es aquí donde las prácticas de alquimia interior ayudan a calibrar y potenciar esa fuerza espiritual que apoye el sentir, percibir o escuchar la voz sabia y eterna de nuestro Yo Superior.

Por ejemplo, la ancestral práctica de la meditación nos ayuda a aprender a escuchar, porque para poder escuchar necesitamos del silencio. ¡Ese es el primer paso! Si permitimos el discurso imparable de la mente y las emociones, la voz de nuestra supraconsciencia ni siquiera la podremos oír. Tan sólo debemos aprender a subir el volumen de nuestra esencia, y, a la vez, bajar el volumen de nuestro ego-personalidad. La voluntad del pequeño Yo (KA) debe conectarse a la voluntad del Yo Superior (BA) para que el Ser se unifique íntegramente a su realidad más elevada. Sin ello, se sigue avanzando en la mente consciente/subconsciente de la personalidad (ego) y sus limitaciones.

Los 3 Cerebros

Sin duda, la naturaleza de la mente es sutil, vasta y abierta a múltiples posibilidades, la cual trasciende el cuerpo físico. En cambio, el cerebro es un mecanismo limitado, finito, que opera como el centro de las acciones y reacciones a las respuestas sensoriales del cuerpo, enlazando la experiencia encarnada a la mente y a la conciencia. Es decir, el cerebro es la interfaz interactiva y sensorial entre la realidad concreta y lo sutil.

En alquimia interior MerKaBa, se establece que el ser humano tiene 3 centros cerebrales que procesan la bioinformación sensorial de la experiencia encarnada, estos son: cabeza, corazón e intestinos. En términos sistémicos, la cabeza representa el sistema nervioso central, que, con sus 86.000 millones de neuronas, es el encargado de procesar el pensamiento, secretando neurotransmisores, tales como: dopamina, melatonina, pinolina y dimetiltriptamina (DMT). Metafísicamente, el cerebro de la cabeza es denominado: el macrocosmos. El corazón representa el sistema nervioso cardíaco, el cual utiliza una red de 40.000 neuronas para procesar sentimientos, generando los neurotransmisores de la oxitocina, humores, endorfinas, EPA/DHA, entre otros. Metafísicamente, el corazón se denomina: la unidad de conciencia. Y, finalmente, los intestinos representan el sistema nervioso entérico que utilizan más de 100 millones de neuronas para procesar la vitalidad del organismo y las emociones primarias, para lo cual secreta, principalmente, los neurotransmisores de la serotonina, cortisol e insulina. Metafísicamente, el cerebro intestinal se denomina: el microcosmos.

Investigaciones realizadas en EE.UU. por HeartMath Institute, y patrocinadas por Stanford Research Institute – SRI International - han explorado los mecanismos fisiológicos por los cuales el corazón se comunica con el cerebro de la cabeza, procesa la información, e influye, en las percepciones, las emociones, la inteligencia y la salud. A través de los años, han experimentado con diferentes medidas y/o métricas psicológicas y fisiológicas, siendo estadísticamente significativa la medición de la variabilidad del ritmo cardíaco (HRV), como un indicador psicofisiológico conducente a evaluar, a modo de biofeedback, los estados emocionales asociados al estrés, a la salud y bienestar. Han hecho evidente que las emociones negativas conducen a un trastorno aumentado en los ritmos del corazón (HRV) y en el sistema nervioso autónomo, afectando así desfavorablemente el resto del cuerpo. Por el contrario, las emociones positivas crean armonía y aumentan la coherencia en el ritmo cardíaco (HRV), mejorando el equilibrio en el sistema nervioso.

Las consecuencias para la salud son fáciles de entender: La falta de armonía en el sistema nervioso conduce a la ineficiencia y aumento del estrés en el corazón y otros órganos, mientras que los ritmos armoniosos son más eficientes y menos estresantes para los sistemas del cuerpo.

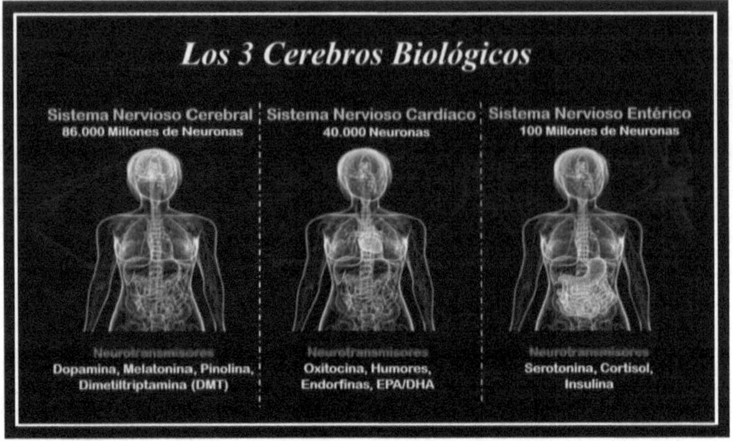

Figura 55: Esquema de los 3 Cerebros

Más intrigantes son los profundos cambios positivos que se producen cuando se aplican técnicas de meditación que aumenten la coherencia en los patrones de la variabilidad del ritmo cardíaco (HRV). Estos incluyen cambios en la percepción y en la capacidad de reducir el estrés y hacer frente con mayor eficacia a las situaciones difíciles (resiliencia). Se observó que el corazón estaba actuando como si tuviera una mente propia, y continuamente fue influenciando profundamente la manera en que percibimos y respondemos al mundo. En esencia, parecía que el corazón estaba afectando a la inteligencia y la conciencia.

En términos psicobiológicos, la investigación experimental en Heartmath Institute establece que el corazón genera el más poderoso y extenso campo electromagnético del cuerpo. Comparado con el campo producido en el cerebro, el componente eléctrico del campo del corazón es algo así como 60 veces más grande en amplitud y 5.000 veces más fuerte, influenciando a cada célula del cuerpo. Los cambios eléctricos que se producen en nuestro corazón cuando «sentimos» algo, pueden ser detectado a varios metros de distancia del cuerpo con magnetómetros sensibles. Por ello, cuando estamos estresados o con desequilibrios psicoemocionales, existe un desorden en los biorritmos neurofisiológicos del corazón, lo que conduce al bloqueo e inhibición de la comunicación entre el neocórtex, el sistema límbico y el cerebro del corazón, lo cual altera la conexión con la inteligencia emocional y cognitiva de la persona, alterando enormemente su calidad de vida.

Por otro lado, investigaciones científicas han afirmado que en el tracto gastrointestinal se aloja un segundo cerebro muy similar al que tenemos en la cabeza. El tubo digestivo está literalmente tapizado por más de 100 millones de células nerviosas, casi exactamente igual que la cifra existente en toda la médula espinal, estructura que junto al encéfalo – cerebro, cerebelo y tronco encefálico – forma el denominado sistema nervioso central (SNC).

Este segundo cerebro se conoce como Sistema Nervioso Entérico (SNE), y, es en realidad una unidad anatómica única que abarca desde el esófago hasta el ano. Al igual que el cerebro de la cabeza, el cerebro gastrointestinal produce sustancias psicoactivas que influyen en el estado anímico, como los neurotransmisores serotonina y dopamina, así como diferentes opiáceos que modulan el dolor. De hecho, el 90% de la serotonina del organismo, la hormona del bienestar, la producimos en el intestino. Además, sintetiza benzodiazepinas, compuestos químicos que tienen el mismo efecto tranquilizante que el Valium.

La filosofía de la alquimia MerKaBa establece que no es posible cultivarse fuertemente en términos psicoenergéticos si existen desequilibrios en los 3 cerebros. Todo ello obedece a los procesos sinápticos del cuerpo. Se entiende por sinapsis a la forma en cómo las neuronas se comunican entre sí. Esta comunicación ocurre en 4 niveles:

- Neurológico: Transmisión de impulsos nerviosos.

- Bioquímico: Transmisión de hormonas y neurotransmisores.

- Biofísico: Transmisión de ondas de presión.

- Energético: Transmisión de ondas electromagnéticas.

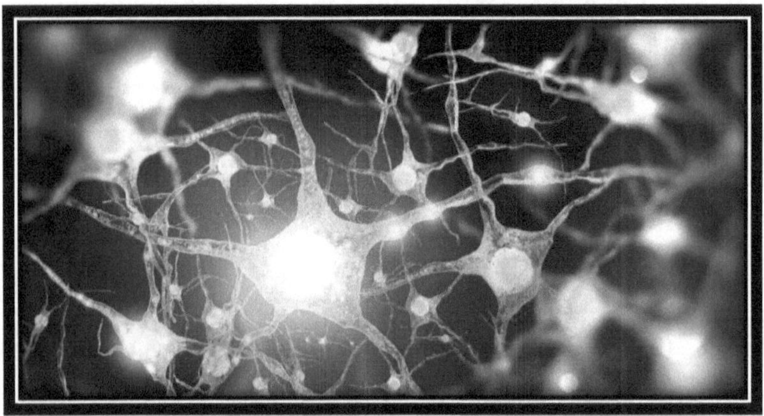

Figura 56: Representación virtual de la sinapsis neuronal

El ser humano es un sistema dinámico de energías, por lo tanto, en un proceso transformativo de iluminación personal basado en herramientas de alquimia interior MerKaBa se debe considerar que en todo momento se están cultivando procesos sinápticos porque el sistema nervioso está siendo constantemente estimulado al incorporar nueva energía/información (chi, ki o prana).

En un proceso sináptico ocurren 4 etapas esenciales que modulan la expresión de nuevas capacidades cognitivas, dependiendo del tipo de estimulación sensorial.

1.- Entrada de Información: Una neurona recibe una entrada de información en forma de impulsos nerviosos captados por sus dendritas y envía una serie de impulsos a una segunda neurona.

2.- Formación de un Circuito: La segunda neurona forma nuevas conexiones con una tercera, al igual que la primera. Las nuevas sinapsis se establecen por crecimiento de los axones y dendritas.

3.- Actividad en Aumento: Se crean más sinapsis, que se vuelven más estables (permanentes)

4.- Integración: Mediante la activación continuada, el nuevo circuito se asimila dentro de la red de neuronas circundantes, lo que permitirá la activación de una nueva función cognitiva. La red entera representa una función cognitiva específica.

En ese sentido, es fundamental considerar al cuerpo y sus 3 cerebros, en conjunto con las 3 mentes, como parte esencial del proceso alquímico de iluminación psicológica y espiritual. Si observamos metafísicamente este proceso, ocurre la siguiente secuencia:

Sinapsis Energética
(Las 3 Mentes)

Sinapsis Neurológica
(Los 3 Cerebros)

Sinapsis Bioquímica
(El Cuerpo)

Reestructuración del ADN Multidimensional
(On/Off de Genes)

Nuestra expresión genética multidimensional (on/off) está determinada, principalmente, por nuestros pensamientos, sentimientos, actitudes, creencias y percepciones. Cuanto mayor es la cantidad de luz y energía que podemos sostener en nuestro sistema cuerpo-mente-alma, más alta será la vibración sutil de nuestro Ser y mayor nuestra capacidad de despertar potenciales dormidos. Esos potenciales de la conciencia han permanecido en modo «stand by» por milenios ... sin duda, ya es tiempo del gran despertar.

Finalmente, el despertar de la conciencia krística se reduce a una simple secuencia alquímica de procesamiento de información, luz y energía, en distintas escalas transformativas:

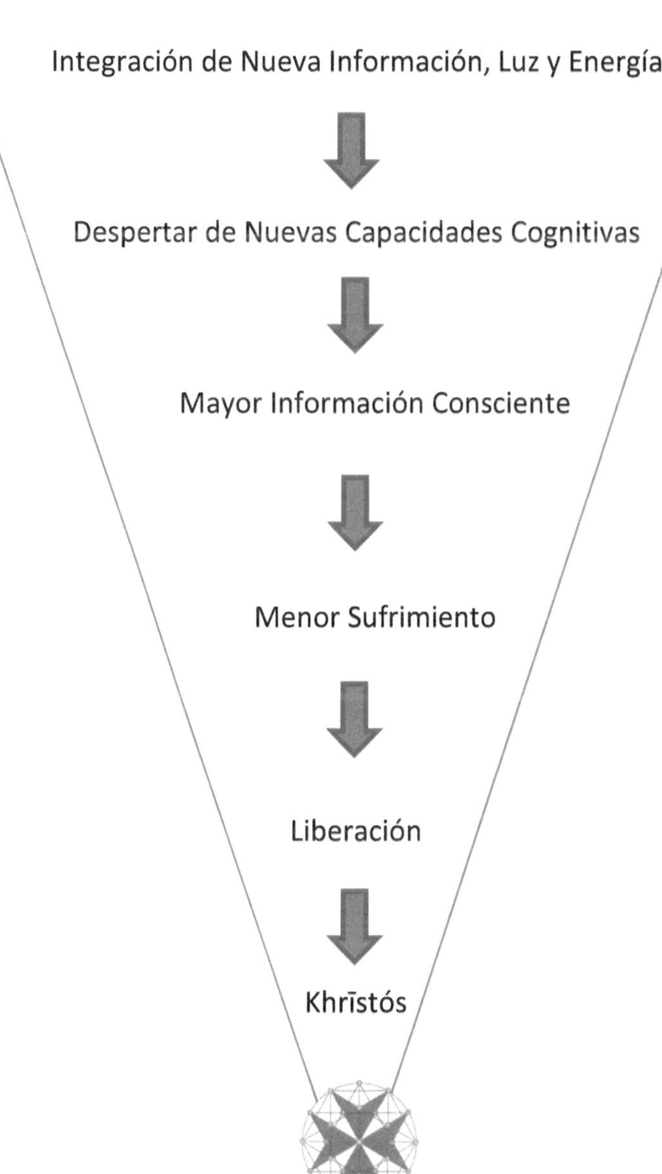

Figura 57: Secuencia Alquimica del Despertar de la Conciencia Krística

Las 9 Esferas de Conciencia

Desde la ciencia MerKaBa, cuando hablamos de los potenciales de la conciencia nos referimos a las cualidades, atributos o capacidades sagradas que poseemos todos los seres humanos, los cuales deben cultivarse y expresarse armónicamente en nuestro interior para despertar la vibración krística.

Esos atributos son parte del diseño humano, que siguen el patrón numerológico de la sagrada tetraktys, los cuales se constituyen como arquetipos que expresan distintas potencialidades de la conciencia humana. Estos son:

0: Vacuidad

1: Amor

2: Creación

3: Razón

4: Vida

5: Poder

6: Intuición

7: Aceptación

8: Verdad

9: Inmortalidad

La *Vacuidad* corresponde al sagrado espíritu que interpenetra toda la creación. Es la naturaleza incognoscible de Dios, lo inmaterial, el éter, la quintaesencia, la energía oscura, el gran vacío y los campos mórficos invisibles que dan origen a la luz, el alma, a la conciencia, a la vida y la experiencia humana en la Tierra. Desde la *Vacuidad* provienen, nacen o emergen las 9 esferas de conciencia que el ser humano debe desarrollar e integrar alquímicamente en su interior para despertar todo su potencial sagrado en conexión con el macrocosmos y microcosmos.

Estas esferas de conciencia están entrelazadas a nuestro cuerpo KA, las cuales se traducen como vórtices y vectores de luz-conciencia que se configuran en la geometría sagrada tridimensional de la estrella tetraédrica.

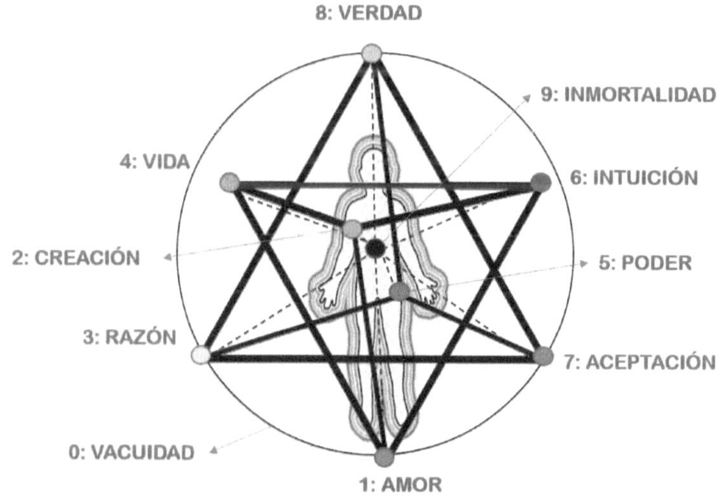

Figura 58: Representación del Cuerpo KA con las 9 Esferas de Conciencia basado en la Geometría Sagrada de la Estrella Tetraédrica en 3D

Curiosamente, las esferas de conciencia al configurarlas en un plano matricial bidimensional se transforman en el antiguo símbolo y patrón alquímico denominado *Eneagrama*.

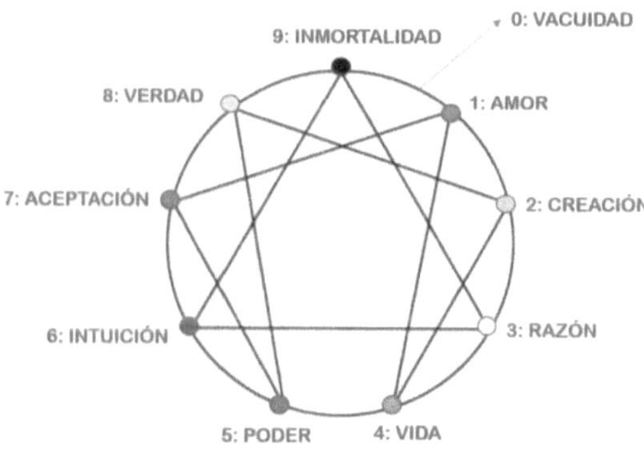

Figura 59: Distribución de las Esferas de Conciencia en 2D (Eneagrama)

La Figura 58 nos muestra una relación muy interesante entre los tetraedros Tierra y Cielo. Por un lado, el tetraedro Tierra está asociado a las cualidades Yin, que incluye las esferas del AMOR, CREACIÓN, VIDA e INTUICIÓN. Por otro lado, el tetraedro Cielo está asociado a las cualidades Yang, que incluye las esferas de la VERDAD, PODER, ACEPTACIÓN Y RAZÓN. Ambas cualidades Yin/Yang se integran con la esfera de conciencia de la INMORTALIDAD.

Además, notamos en la Figura 58 que el eje vertical o el axis central de nuestro cuerpo KA se sostiene con las esferas del AMOR, la VERDAD y la INMORTALIDAD. Eso quiere decir que esos 3 elementos son el axis que sostienen nuestro Ser en el aquí y ahora, que se traducen en armonía, sabiduría y eternidad.

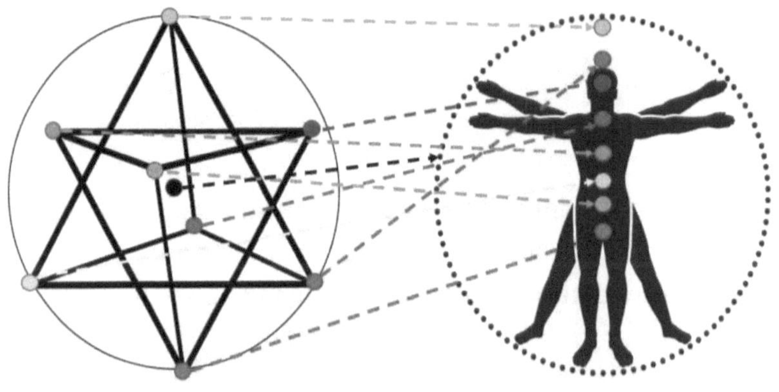

Figura 60: Relación de las 9 Esferas de Conciencia con el Sistema de Chakras

Desde luego, las 9 esferas de conciencia tienen una directa relación con el sistema de chakras de nuestra anatomía psicoenergética humana. Esos centros de energía realizan la función de absorber energías superiores para condensarlas en paquetes de luz-información que impactan nuestro Ser en sus 4 niveles experienciales esenciales: Físico, Energético, Psicológico y Espiritual. En un nivel determinado, los chakras funcionan como transformadores de luz y energía, cuyas dinámicas expansivas proporcionan profundos cambios a nivel de la conciencia.

Existen 8 chakras principales. Anatómicamente, los chakras principales se hallan en línea vertical ascendente desde la base de la columna vertebral hacia sobre la cabeza. La relación de cada esfera de conciencia con su respectivo chakra asociado es la siguiente:

0: Vacuidad –»»» Éter / Energía Oscura

1: Amor –»»» Chakra Raíz

2: Creación –»»» Chakra Sacro

3: Razón –»»» Chakra Plexo Solar

4: Vida –»»» Chakra Cardíaco

5: Poder –»»» Chakra Garganta

6: Intuición –»»» Chakra Entrecejo

7: Aceptación –»»» Chakra Corona

8: Verdad –»»» Chakra del Alma

9: Inmortalidad –»»» Vortex Sagrado del Corazón

A continuación, se describen cada una de las 9 esferas de conciencia que toda alma humana debe integrar plenamente en su interior a través de este viaje experiencial y proceso de aprendizaje que vivenciamos en esta preciosa esfera azul que llamamos Tierra.

○ **Esfera de Conciencia del AMOR**

La esfera de conciencia del AMOR está asociada, esencialmente, a las cualidades humanas de la empatía, la compasión, la confianza, el respeto, la comunicación, la generosidad, la comunión, la entrega; entre otros. Estas cualidades buscan elevar la conciencia del ser humano hacia un profundo entendimiento del amor en todas sus formas de expresión, que van más allá del romanticismo entre dos amantes.

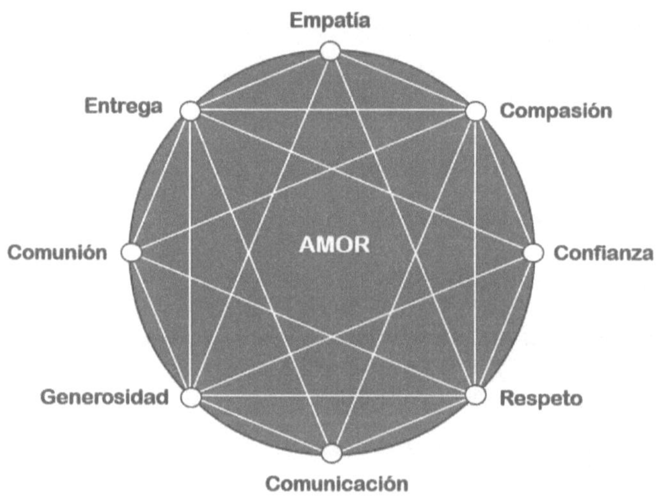

La vida se construye siguiendo patrones armónicos que interactúan entre sí. Y, esta interacción esta sostenida en el más profundo amor universal para que la vida se sostenga infinitamente. En el caso de los seres humanos, la interacción que sostenemos entre nosotros mismos debiese seguir ese mismo principio universal. Nuestras mentes están interactuando en todo momento. Formas de pensamientos van y vienen, creando y recreando realidades constantemente.

Desde luego, si esas formas de pensamientos fueran proyectadas desde un *alma-mente* madura y despierta que ha cultivado la esfera de conciencia del amor en su interior, nuestra sociedad cultivaría un *consciente colectivo* con patrones psíquicos y conductuales que enaltecen la naturaleza humana en todas sus formas de expresión. En la concepción misma de cada ser humano, se transmitirían códigos biológicos, psicológicos, espirituales, conductuales y socioculturales desde un amor maduro y consciente. Y, con el correr de las eras, se construiría transgeneracionalmente un árbol genealógico - y una psicogenética - de cada alma humana con atributos, cualidades y patrones cultivados desde la conciencia del amor.

En nuestra época actual está despertando la conciencia del amor. Poco a poco estamos sanando nuestras historias familiares, sociales y humanas. Muchas experiencias del pasado han sido alimentadas por el odio, la violencia, el conflicto, la dominación, el dolor y el sufrimiento. Ha llegado el momento de la gran purificación. Cada día es más frecuente que las personas decidan transitar el profundo camino de la sanación del alma. Ello implica sanar nuestras raíces ancestrales maternas y paternas como base fundamental en nuestro crecimiento y desarrollo transpersonal. Psicoenergéticamente, estamos sanando nuestro chakra raíz.

El chakra raíz está situado en la base de la columna vertebral, que incluye la zona del coxis y el perineo. Este chakra distribuye nuestra energía vital primaria que proviene de las fuerzas terrestres. Su función principal es construir y cultivar el soporte y el sustento vital del cuerpo, la vida y la realidad cotidiana. Corporalmente, conecta con nuestras estructuras básicas: los huesos, articulaciones y músculos. A nivel hormonal,

está asociado a las glándulas suprarrenales (situadas en los riño-
nes) las cuales estimulan el flujo de adrenalina. Es decir, controla
las reacciones instintivas de lucha o huida, haciendo que afloren
nuestras cualidades instintivas de sobrevivencia en todo momento. Como también, nos aporta psicoenergéticamente el sentido de seguridad, confianza, pertenencia, orientación,
adaptación, resiliencia, empatía, respeto y comunión con el entorno.

El malfuncionamiento del chakra raíz ocurre cuando nos
desconectamos de la esfera de conciencia del AMOR. Es decir,
cuando perdemos contacto con los niveles básicos, primarios y
esenciales de interacción, nutrición y existencia humana. Esencialmente, esas personas se desconectan de la madre naturaleza, de la conciencia de su cuerpo físico, de los valores humanos
esenciales, de sus vínculos afectivos familiares primarios, y, en
muchos casos, se sienten víctimas de las circunstancias, interiormente están muy heridos (el síndrome del niño interior herido),
siendo excesivamente autocompasivos y autoindulgentes.
Desde luego, son personas que se pueden sentir autosuficien-
tes, pero cuando algo negativo les sucede en su vida es culpa de
los demás y se frustran rápidamente. Y, en casos extremos, usan
ese sentimiento de culpa maquiavélicamente para controlar y
manipular a los demás y lograr lo que ellos necesitan para sobrevivir.

De hecho, la persona que adquiere continuamente la
condición de víctima no tiene la capacidad de reunir y regenerar
sus fuerzas psico-vitales primarias para seguir adelante con su
vida, porque culpa a los demás por su situación actual. Depende
de otros para mantenerse con vida. Evita asumir la responsabilidad de su propia independencia material, emocional y

espiritual. Para salir de ese estado de inconsciencia necesita imperiosamente cultivar amor en su interior. Debe comprender el sentido de su existencia humana básica y elemental. Lo que conlleva a reafirmarse autónomamente en el mundo desde el amor, la bondad y el afecto positivo hacia sí mismo y los otros, estableciendo limites personales claros, abiertos y conscientes. Adoptando un comportamiento y una actitud positiva hacia las oportunidades que la vida le ofrece. Y, esencialmente, tiene la capacidad de honrar las sombras y virtudes de su padre, madre y antepasados. Asumiendo que esos patrones psicogenéticos son parte de su herencia humana la cual debe trascender durante el transcurso de su vida, para sembrar un nuevo linaje transgeneracional desde la conciencia del amor.

o **Esfera de Conciencia de la CREACIÓN**

La esfera de conciencia de la CREACIÓN está asociada a las cualidades humanas de una persona ingeniosa, clara, divergente, flexible, generativa, multiplicativa, organizativa, selectiva; entre otros.

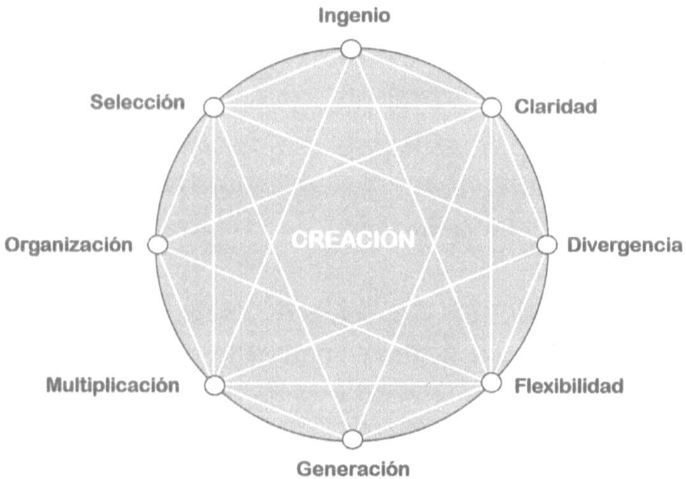

Estas cualidades buscan elevar la conciencia del ser humano hacia un profundo entendimiento de esa fuerza creativa que porta interiormente. Al igual que la Madre Tierra crea, recrea y diversifica la flora y fauna para construir el maravilloso mundo natural que observamos día a día. Los seres humanos sostenemos el mismo potencial creador. Nuestras cualidades humanas más profundas están asociadas al poder creativo que habita en cada uno de nosotros. El activar ese potencial implica reconocerse como seres altamente creativos en todas sus formas de expresión. El regalo sagrado de la creatividad nos permite manifestar ideas de gran impacto en el mundo y en la sociedad humana, otorgando gran beneficio, placer, bienestar y desarrollo a los individuos. Tenemos el potencial de crear obras maravillosas. Los genios conectan con su poder creativo, se inspiran a sí mismos y permiten que toda esa energía fluya libremente a través de su cuerpo, su mente, sus emociones y sentimientos.

Desde luego, el poder creativo no solamente está ligado al instinto reproductivo humano de la procreación, cuyo efecto es generar y dar a luz nuevas criaturas de la especie humana, por su multiplicación. Como seres autoconscientes, el cultivar las cualidades del pensamiento creativo nos hace altamente productivos en el desarrollo de ideas originales, asociaciones conceptuales y resolución de problemas. Nuestra visión de la vida se vuelve más amplia, abierta y resolutiva.

Muchos piensan que la fuerza creativa la portan exclusivamente las personas ligadas el mundo del arte o los inventores. Lo cierto es que la creatividad está en el ADN mismo de la humanidad. Sostener una vida significativa implica sentirnos libres en cómo nos expresamos creativamente como individuos, siendo conscientes y responsables del impacto que generan nuestras creaciones en la realidad mundana o social en la que interactuamos. Tenemos el poder para cocrear nuestro propio futuro, y, desde una conciencia despierta, podemos hacer nuestra propia y original contribución al mundo.

Psicoenergéticamente, el poder creativo está asociado a nuestro chakra sacro. Este centro energético almacena y distribuye la energía vital por el cuerpo, la mente y el alma, permitiendo expresar sus profundas cualidades a través de la sexualidad, el placer y el pensamiento creativo. La creación y el placer consciente nos ofrece la posibilidad de proporcionarnos mayor bienestar a nosotros mismos. Nos permite disfrutar sana y dignamente de los placeres de la vida, y construir aquello que anhelamos en lo profundo de nuestro ser. Biológicamente, el chakra sacro tiene relación con los órganos genitales, las glándulas reproductoras, con la sexualidad, con la síntesis de las hormonas sexuales y con la micción.

Bloqueamos psíquicamente el flujo de energía de nuestro chakra sacro cuando nos desconectamos de la esfera de conciencia de la CREACIÓN y complicamos nuestras vidas con la anhedonia[3], los deseos mezquinos, las adicciones y el adormecimiento mental que genera la integración sistemas de creencias que limitan nuestra capacidad creativa. Incluso, cuando limitamos nuestra propia experiencia sexual por los prejuicios y

---

[3] El término "anhedonia" fue descrito, por primera vez, por el psicólogo francés Ribot en 1986, cuando publicó su libro sobre la psicología de los sentimientos. La anhedonia es la incapacidad para experimentar placer, la pérdida de interés o satisfacción en casi todas las actividades de la vida. Se considera una falta de reactividad a los estímulos habitualmente placenteros. Constituye uno de los síntomas o indicadores más claros de depresión, aunque puede estar presente en otros trastornos como la esquizofrenia.

tabúes sociales imperantes. Todo ello nos desvitaliza, nos rigidiza mentalmente, perdemos enfoque y claridad, y, a la larga, nuestras conductas se automatizan y la búsqueda de placer y bienestar se distorsiona considerablemente. En muchos casos, está la tendencia a la depresión, la amargura, el prejuicio, los celos, el sentido de indignidad, la carencia material, la pesadumbre y la desidia.

○ **Esfera de Conciencia de la RAZÓN**

La esfera de conciencia de la RAZÓN está asociada a las cualidades humanas de la autoconciencia, observación, reflexión, deducción, análisis, discernimiento, clasificación, interpretación; entre otros.

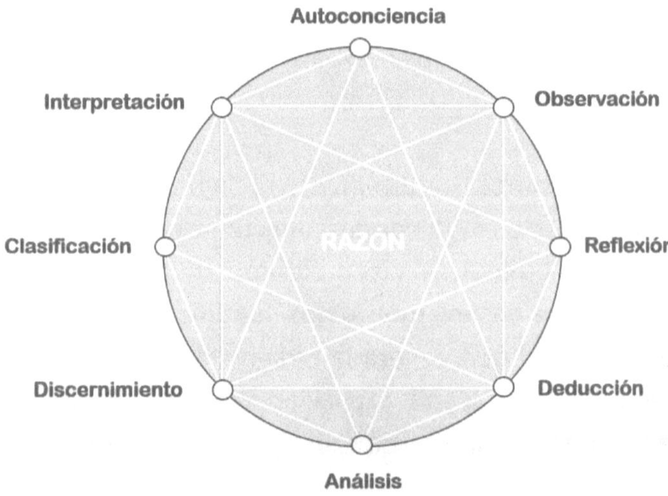

Estas cualidades buscan elevar la conciencia del ser humano hacia el profundo desarrollo del intelecto y la razón, cuyas facultades permiten las representaciones mentales y el entendimiento concreto y abstracto de la naturaleza de la realidad, como también, de las conductas, comportamientos y acciones en nuestra experiencia humana cotidiana.

El intelecto y la razón es la base del Yo, el ego y la personalidad, porque permite la autoconciencia y la construcción de una identidad cognitiva única e individual desde la cual observamos, analizamos e interpretamos el mundo que nos rodea, para luego establecer los parámetros de conciencia en cómo nos expresaremos en él, basados en nuestra limitada y finita percepción de la realidad.

Cuando nos adentramos en el camino espiritual tendemos a la negación de la realidad existencial de la personalidad, de nuestro ego racional, de nuestro «pequeño Yo». Sin embargo, conocer la función de nuestro ego es de vital importancia, porque el ego es tan espiritual como todo lo demás. Ello implica penetrar los velos del autoconocimiento desde una mirada reflexiva, analítica y discerniente que nos proporcione de un entendimiento con sentido común de nuestras fortalezas y debilidades personales más profundas, asumiendo sanamente las limitaciones de nuestro intelecto para interpretar totalmente nuestra realidad espiritual.

El ego es el vehículo de expresión racional de nuestra esencia genuina. Lo que llamamos personalidad es la forma expresiva de nuestro ser. Son los mecanismos psicológicos desde la cual vivenciamos nuestra experiencia humana y construimos nuestra individualidad, autoestima, confianza, voluntad y poder personal, libre albedrio y toma de decisiones. Como también, son los mecanismos que utilizamos para decodificar conscientemente nuestros temores, creencias y juicios. Desde luego, es de vital importancia construir una personalidad sana y coherente.

Por otro lado, históricamente, el desarrollo de las facultades intelectuales se asocia esencialmente a personas ligadas al mundo académico, filosófico y científico. Sin duda, el pensamiento intelectual y analítico son capacidades cognitivas que están presentes en todas las personas. Tradicionalmente, a este tipo de pensamiento se le ha buscado medir con los famosos test estandarizados de coeficiente intelectual, para determinar el grado de inteligencia que porta una persona. Sin embargo, recopilar información relevante, identificar cuestiones clave, comparar diferentes escenarios o situaciones, modelar posibles patrones de causa y efecto, y sacar conclusiones esenciales para construir metódicamente soluciones apropiadas, son facultades que todo ser humano posee, y que pueden ser desarrolladas y fortalecidas en todo momento.

Psicoenergéticamente, la sede del intelecto y la razón está asociada al eje magnético del cuerpo que corresponde al chakra del plexo solar. Este centro energético regula los impulsos instintivos y viscerales sobre las cosas y las situaciones de nuestra vida. Corporalmente, está ubicado sobre el ombligo y conecta con todo el sistema digestivo: el estómago, el hígado, los intestinos, el bazo y el páncreas, con lo cual controla todas las funciones digestivas y metabólicas. Ello incluye la regulación de los niveles de glucosa e insulina en la sangre. Por ejemplo, la enfermedad de la diabetes se asocia a la debilitación de la energía del plexo solar.

Insípidamente, en la adolescencia comienza a cultivarse este centro energético con el desarrollo de nuestra personalidad. En la adultez, el plexo solar asume una condición más activa en la medida que sostenemos un mayor autocontrol y desarrollamos una identidad personal más fuerte y resistente. En esta etapa el carácter, el autoconocimiento y la toma de decisiones se acentúa y emerge el desafío de salir al mundo y afrontar la vida con un mayor sentido de valoración hacia sí mismo, autoestima, poder, voluntad, confianza y libertad.

Disminuye el flujo de energía en el plexo solar – y se generan bloqueos en sus canales - cuando nos desconectamos de la esfera de conciencia de la RAZÓN. Es decir, caemos en profunda ignorancia sobre nosotros mismos. Nuestra mente no logra aquietarse y nos volvemos emocionalmente muy reactivos y caóticamente instintivos y viscerales porque no nos damos el tiempo para reflexionar en relación a lo que nos sucede internamente. Cultivar el autoconocimiento implica una constante dinámica cíclica de experimentar, observar, reflexionar, comprender, integrar y accionar.

Desde luego, el cultivar la ignorancia personal nos conduce a la pérdida total de poder y voluntad, y los temores, la ansiedad, la desvalorización y la falta de confianza se acentúa naturalmente porque las fuerzas del inconsciente colectivo nos arrastran hacia lo que la sociedad desea que internalicemos psíquicamente. Con ello, la individualidad, el carácter y la toma de decisiones se construye, en muchas ocasiones, desde miedos, creencias y juicios irracionales e inconscientes. El carácter se forja a partir de la experiencia de conocernos a nosotros mismos. Ello implica aquietar la mente reactiva para pausarnos, enfocarnos y aplicar la reflexión y el discernimiento para así mejorar la «*digestión*» de nuestras experiencias emocionales cotidianas, lo que fortalecerá el uso de nuestro libre albedrío en el sentido de hacer más consciente nuestra toma de decisiones en todo momento.

○ **Esfera de Conciencia de la VIDA**

La esfera de conciencia de la VIDA está asociada a las cualidades humanas de la salud, vitalidad, bienestar, nutrición, regeneración, autorregulación, balance, evolución, entre otros.

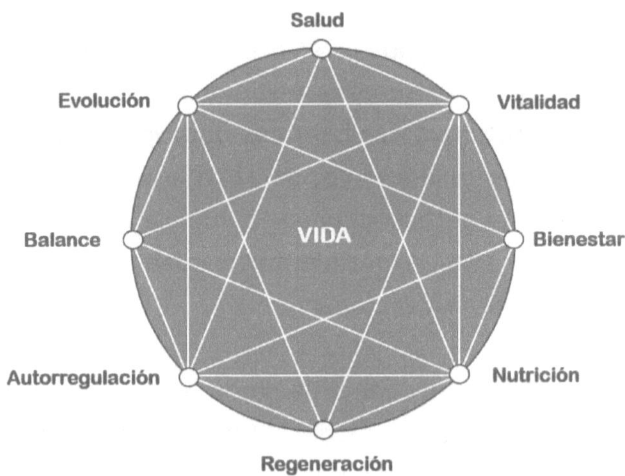

Estas cualidades buscan elevar la conciencia del ser humano hacia un profundo entendimiento del amor propio, el autocuidado y la autonomía vital, como también, del respeto y gratitud por la vida.

Cada ser humano porta las capacidades para la autosanación. Es decir, existe una inteligencia innata en nosotros, que, al reconectar y tomar conciencia de ella, nos permite autorregularnos y controlar, afrontar y tomar decisiones personales para restaurar, regenerar y optimizar los procesos vitales de nuestro cuerpo y mente en pos construir mayor salud en todos los niveles de nuestro ser. Desde luego, cuando activamos el poder de la autosanación reconectamos con el amor propio y establecemos nuestras necesidades vitales como prioritarias. Y, por añadidura, el corazón comienza abrirse en gratitud y respeto hacia la vida.

El amor propio no es egoísmo, más bien es cuidar y nutrir las necesidades vitales básicas para construir un bienestar físico, mental y social que nos permita interactuar saludablemente con los ritmos de la vida.

Psicoenergéticamente, la sede del amor propio está asociada al chakra cardiaco. Este centro energético se ubica en el centro del pecho y, esencialmente, regula el funcionamiento de los circuitos vitales del sistema sanguíneo (corazón), el sistema respiratorio (pulmones) y el sistema inmunológico (timo). Es importante resaltar que el alimento esencial de la vida y las células es el oxígeno. Sin oxígeno no hay vida. En nuestro caso, las células obtienen energía del oxígeno que inhalamos segundo tras segundo para regenerarse y mantener su actividad vital. Durante la inhalación los glóbulos rojos de la sangre transportan el oxígeno a todas las células del cuerpo para nutrirlas vitalmente.

De manera análoga, en la medida que cultivamos alegría en nuestro interior nos oxigenamos emocionalmente, con lo cual nutrimos y regeneramos nuestra mente, afectando positivamente las funciones corporales. De hecho, se ha evidenciado que la glándula del timo y el sistema inmune se fortalece cuando existen en las personas cantidades apropiadas de oxígeno en su cuerpo, como también, un estado anímico de mayor alegría y gratitud por la vida. Ambas condiciones se correlacionan.

Bloqueamos el flujo de energía de nuestro chakra cardíaco cuando nos desconectamos de la esfera de conciencia de la VIDA. Es decir, perdemos conexión con nosotros mismos y nos olvidamos de nutrir vitalmente nuestra mente, cuerpo y emociones. En esos estados anímicos de continua melancolía, tristeza, lamentaciones, angustia y desolación cerramos las puertas a que el oxígeno de la alegría penetre en nuestro ser. Poco a poco nos comenzamos a apagar emocionalmente, hasta que el cuerpo somatiza esas experiencias negativamente, alterando el sistema inmune y las defensas del organismo, y con el paso del tiempo la enfermedad física es una realidad en nuestro cuerpo. Como también, la mala nutrición alimenticia proporciona una baja oxigenación, lo cual no nos permite sostener un cuerpo fuerte y sano a través del tiempo, transformándose en una potencial causa de enfermedad.

En la medida que tomamos conciencia de los procesos vitales de nuestro ser, y accionamos en profundo amor propio y gratitud por existir, el poder de la autosanación se activará y la vida nos sonreirá plenamente.

○ **Esfera de Conciencia del PODER**

La esfera de conciencia del PODER está asociada a las cualidades humanas del autoliderazgo, decisión, determinación, acción, firmeza, autodisciplina, perseverancia, coraje; entre otros. Estas cualidades buscan elevar la conciencia del ser humano hacia un profundo entendimiento del gran poder que porta interiormente para manifestar realidades en el mundo.

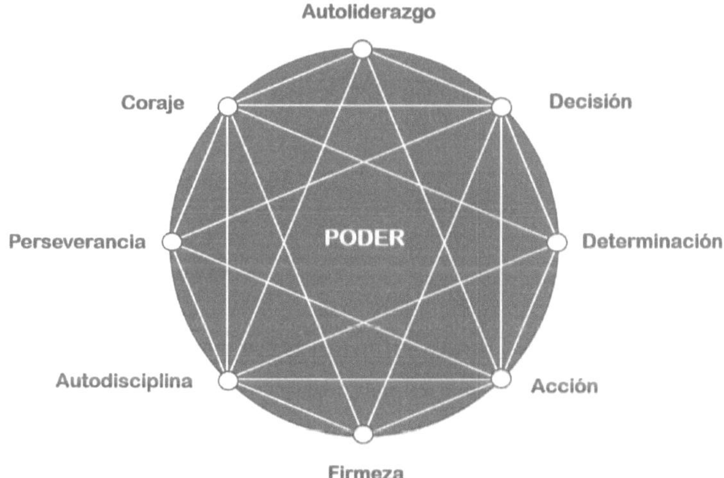

Desde luego, todo proceso de manifestación implica dirección, decisión y acción. Los pensamientos y las ideas no se materializan espontáneamente en el mundo. Por más creativos que seamos, si no tenemos el poder de voluntad, la determinación, la autodisciplina, la perseverancia y el coraje necesario para corporizar nuestras ideas, seguirán alojadas eternamente en nuestra mente. El solo hecho de verbalizar y comunicar lo que pensamos ya construye una realidad en el mundo. Por ejemplo, el expresar pensamientos y sentimientos a través de la escritura, la oratoria, la danza o una imagen visual, se constituye como una representación de una realidad interna que ha sido corporizada y materializada en el mundo, lo cual puede afectar positiva o negativamente en los otros.

En la mente emerge la realidad primaria de aquella idea que buscamos manifestar. Esencialmente, muchos desean construir una realidad que les satisfaga plenamente. Anhelan una vida abundante y rebosada de felicidad. Sin embargo, se debe considerar que si el pensamiento está distorsionado surgirán emociones, conductas y comportamientos que crearán una realidad interna en desarmonía, y eso se traduce en un estado de conciencia que condicionará la percepción psíquica de sí mismo y del mundo. Por ende, no se tendrá el autoliderazgo necesario para manifestar en armonía, y para el mayor bien de todos, aquella realidad deseada. Incluso, puede que lo materializado atente en contra de nuestra propia calidad de vida. Por lo tanto, el manifestar también requiere autoliderazgo consciente. Es decir, quien porta autoliderazgo tiene la capacidad de gobernar, gestionar y regular eficazmente sus pensamientos, ideas, intenciones, pasiones, deseos y conductas en pos de lograr de manera sana sus propósitos. Ello implica un alto grado de inteligencia emocional e intrapersonal, dado que implica una conciencia y conocimiento de nuestra propia persona y la capacidad de usar esa información sabiamente con integridad.

Psicoenergéticamente, la sede del poder de la manifestación se asocia al chakra de la garganta. Este centro energético regula la expresión consciente e inconsciente de nuestro ser, porque a través de éste canalizamos nuestras ideas, pensamientos y sentimientos, y las manifestamos en el mundo.

Este centro está localizado en la parte interna y externa de nuestra garganta, y conecta con las glándulas tiroides y paratiroides. La función de estas glándulas es la de producir y liberar las hormonas tiroideas para ayudar a las células del cuerpo a funcionar de manera correcta en el control del metabolismo, que se traduce en el ritmo y velocidad en que funciona cada parte del organismo. La cantidad adecuada de hormona tiroidea garantiza una temperatura, frecuencia cardíaca, nivel de energía y tasa de crecimiento adecuados.

Además, en la zona posterior de la garganta, cercano a la medula oblonga, el bulbo raquídeo o la base del cráneo se encuentra un punto energético que se denomina esotéricamente la «boca de Dios». En este punto convergen los 12 nervios craneales que salen directamente del encéfalo. Estos nervios se encargan de la transferencia de información nerviosa entre el sistema periférico y el sistema nervioso central, para controlar las funciones sensoriales y motoras autónomas e inconscientes más vitales del cuerpo, tales como: el control del ritmo cardiaco y la tensión arterial, la regulación de la respiración, el control de los músculos involuntarios de la nutrición, deglución y la digestión, entre otros.

En gran medida, el flujo de energía se bloquea en el chakra garganta cuando nos desconectamos de la esfera de conciencia del PODER. Es decir, cuando perdemos el poder de expresarnos en el mundo y manifestar lo que pensamos, sentimos y anhelamos. Mientras más activo y desarrollado se encuentra este centro energético de mejor manera movilizamos y expresamos nuestros sentimientos hacia los otros, como también, manifestamos con mayor claridad, firmeza, decisión y acción nuestras ideas en el mundo. Lo inconsciente lo hacemos consciente y lo expresamos con poder, fuerza y voluntad.

○ **Esfera de Conciencia de la INTUICIÓN**

La esfera de conciencia de la INTUICION está asociada a las cualidades humanas de la percepción, sensibilidad, imaginación, precognición, canalización, clarividencia, clariaudiencia, clarisentencia, entre otros. Estas cualidades buscan elevar la conciencia del ser humano hacia un profundo entendimiento de la inteligencia intuitiva multidimensional como función cognitiva esencial en la percepción consciente de la realidad.

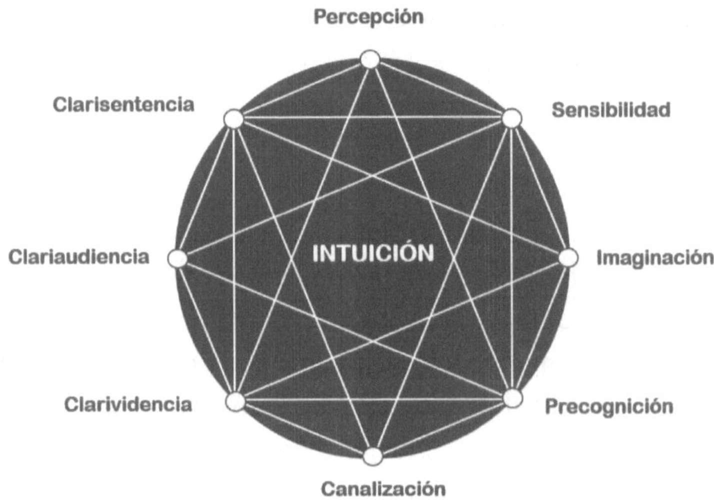

Los seres humanos poseemos dos facultades cognitivas complementarias para interpretar la diversa realidad que habitamos: la razón y la intuición. La inteligencia racional ha sido mayormente desarrollada en estos últimos siglos, en cambio, la inteligencia intuitiva fue más significativa en la antigüedad.

Hoy en día, tendemos a educar exclusivamente el raciocinio, la lógica, lo intelectual, la capacidad deductiva y analítica, pero hemos dejado de lado el otro gran componente de la mente, que sería la percepción extrasensorial, la sensibilidad, la imaginación, la inspiración, la mediumnidad, la precognición, la comunicación no lógica, la telepatía, etc. Estas cualidades de nuestra mente son las menos valoradas por nuestra sociedad actual.

Mayormente, la inteligencia intuitiva ha sido explorada por artistas, Inventores, médiums, clarividentes, místicos y visionarios. Claramente, estas capacidades no han sido desarrolladas al 100% porque los condicionamientos socio-culturales están siempre presentes e impiden profundizar plenamente en ello.

Creemos que pensar es lo contrario a sentir. Y, se asume, en muchas ocasiones, que todo lo relacionado con lo intuitivo y sensorial es irracional e irreflexivo. Lamentablemente, tendemos a polarizar nuestra percepción de la realidad, en donde la razón y la intuición operan como islas cognitivas. Nunca hemos intentado integrarlas y desarrollarlas plenamente como un solo gran mecanismo cognitivo multidimensional que todos los seres humanos poseen. Seguimos ignorando todo ese potencial que está latente en cada uno de nosotros.

Desde luego, ninguna de las dos facultades cognitivas es mejor que la otra, sino necesarias y complementarias. La unión de pensamiento y sentimiento es la clave para cultivar sabiduría en nuestro interior. Todo ser humano debiese aspirar a esta gran unificación durante el transcurso de su vida para fortalecer su crecimiento y desarrollo personal. Ello permitirá percibir y experimentar la extensa realidad que habitamos de manera unificada.

Psicoenergéticamente, la sede de la intuición está asociada al chakra del entrecejo, comúnmente denominado el tercer ojo. Este centro energético conecta con el cerebro y la zona del entrecejo, y, esencialmente, regula los circuitos vitales de la inteligencia intuitiva, los cuales, al activarse apropiadamente, despiertan la mente multidimensional, lo que fortalecerá la reflexión, la contemplación, el entendimiento y la claridad en cómo percibimos nuestra realidad, ampliando sus espectros de interacción sutil y extrasensorial. A nivel corporal, los mecanismos del tercer ojo se entrelazan funcionalmente a las redes neuronales de todo el sistema nervioso para procesar la información sensorial a través de imágenes, palabras y sensaciones. Además, conecta con las glándulas pituitaria y pineal, para ayudarnos en el equilibrio hormonal del cuerpo y la regulación de los ritmos circadianos y los ciclos del sueño.

Bloqueamos el flujo de energía de nuestro chakra del entrecejo cuando nos desconectamos de la esfera de conciencia de la INTUICIÓN. Es decir, cuando somos incapaces de pensar y sentir unificadamente por nosotros mismos, lo cual nos lleva a experimentar confusión y pérdida de claridad mental, constantemente. Cuando dudamos de lo que percibimos y sentimos intuitivamente, y no accionamos en consecuencia y coherencia, la energía del entrecejo se nos debilita. La apertura el poder de la mente multidimensional ocurre cuando activamos el tercer ojo en plena conciencia.

○ **Esfera de Conciencia de la ACEPTACIÓN**

La esfera de conciencia de la ACEPTACIÓN está asociada a las cualidades experienciales del caos, el cambio, la transformación, la muerte, la imperfección, la incertidumbre, la aleatoriedad, la naturalidad, entre otros. Estas cualidades buscan elevar la conciencia del ser humano hacia un profundo entendimiento de las paradojas y contradicciones de nuestras vivencias y experiencias humanas.

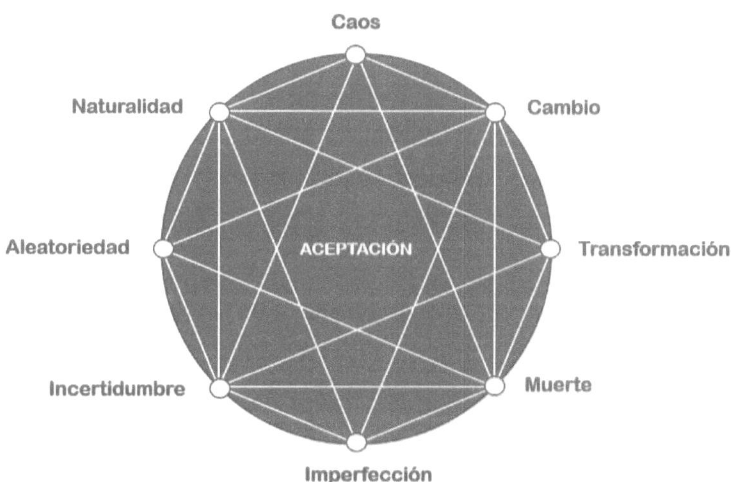

Vivimos en mundo de paradojas que busca construir armonía, proporcionalidad y complementariedad en cada atributo, aspecto y cualidad de la realidad manifestada. No existe vida sin muerte, ni orden sin caos, ni felicidad sin sufrimiento. Continuamente transitamos de un estado de conciencia a otro, y todo está ocurriendo en el ahora, en el mañana y en el ayer. Es decir, todas las situaciones y experiencias de nuestra vida interactúan dinámicamente entre sí, y, nos influencian directa o indirectamente más allá de las barreras del tiempo y el espacio, para ayudarnos a construir armonía consciente en nuestro interior en todo momento.

En esencia, nada en el mundo es sólo blanco o sólo negro, sino que todo se compone proporcionalmente de diversos matices de gris. El arte de la autotransformación personal consiste en encontrar esa proporcionalidad armónica en nuestro interior que nos permita percibir y experimentar la realidad en su real plenitud. Lamentablemente, como no aceptamos la profunda naturalidad de nuestra realidad, nos polarizamos continuamente hacia los extremos y tendemos, por ejemplo, a abrazar la vida, pero rechazamos la muerte. Es decir, nos resistimos a la evolución temporal y cíclica de las situaciones, vivencias y experiencias, siendo que lo único que prevalece constante en nuestra realidad es el cambio y la transformación.

Quien se adentra en el camino de la aceptación, logra perdonarse a sí mismo y comienza a honrar su propósito sagrado de existir, y, como alma que es, comprende que se encuentra en un proceso perfectivo eterno que se basa en aprendizajes, experiencias y vivencias multidimensionales, las cuales buscará armonizar e integrar en consciencia despierta para fluir con los ciclos sagrados de la existencia. Por lo tanto, al trascender las resistencias, los odios, las aversiones, el sobrecontrol, la soberbia y las culpas, dará paso a una fluidez consciente con las paradojas y contradicciones que le ofrece la vida. Es decir, esa alma se inicia en el camino de la conciencia krística o de unidad.

Psicoenergéticamente, la sede de la aceptación está asociada al chakra de la corona. Este centro energético se localiza en la parte superior de la cabeza. Conecta con el centro del cerebro y el cuerpo calloso, cuyas estructuras enlazan los hemisferios cerebrales derecho e izquierdo, sincronizando y coordinando las funciones de ambos para integrar plenamente nuestras percepciones psíquicas, sensoriales y motoras.

El flujo de energía de nuestro chakra corona se bloquea cuando nos desconectamos de la esfera de conciencia de la ACEPTACIÓN. Es decir, cuando nos resistimos a integrar desde una conciencia de unidad los aprendizajes que nos ofrece la vida, y, creemos ilusoriamente que creamos y controlamos cada aspecto de nuestra realidad, aislándonos egoístamente del TODO interactivo que nos rodea, el cual influencia cada segundo de nuestras vivencias mundanas. Sin duda, el camino de la aceptación conduce a la integración de la virtud de la humildad.

... Sé humilde y permanecerás integro. Inclínate y permanecerás erguido. Vacíate y seguirás pleno. Consúmete y serás renovado. El que tiene poco, recibirá. El que tiene mucho se turbará. Por eso el sabio abraza la unidad y se convierte en modelo para el mundo. No se exhibe, y por eso destaca. No se afirma a sí mismo, y por eso brilla. No se vanagloria, y por eso obtiene reconocimiento. No da importancia a su persona, y por eso otros lo realzan. Y, porque no compite, nadie en el mundo puede competir con él. Esta es la vía que conduce a la plenitud. El orgullo del victorioso es el germen de su declive ...

El Camino de la Humildad
Lao Tsé – Tao Te King

○ **Esfera de Conciencia de la VERDAD**

La esfera de conciencia de la VERDAD está asociada a las cualidades experienciales del conocimiento, el entendimiento, el saber, la experiencia, la certeza, la sensatez, la libertad, la unidad, entre otros. Estas cualidades buscan elevar la conciencia del ser humano hacia un profundo entendimiento de la misteriosa verdad de la vida y la naturaleza de nuestra realidad.

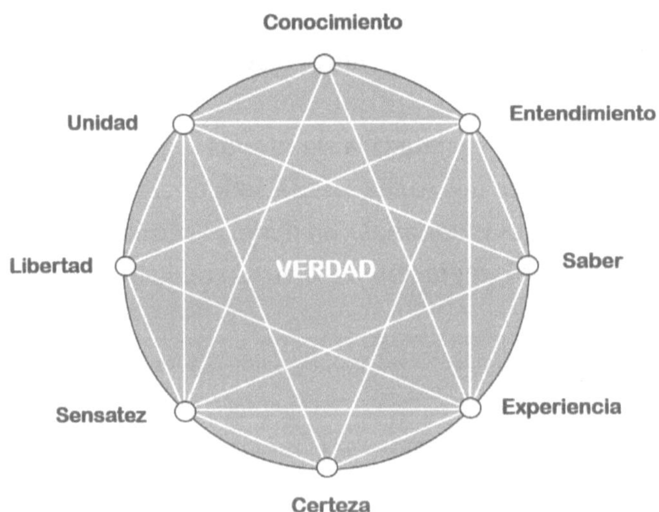

El responder preguntas fundamentales es esencial para el desarrollo de la conciencia despierta: ¿quiénes somos?, ¿por qué estamos aquí?, ¿hacia dónde vamos?, ¿cuál es la verdadera naturaleza de Dios?, ¿cuáles son las leyes existenciales que nos rigen?, ¿somos realmente libres?, ¿tenemos libre albedrío? ... Desde luego, todavía existen ecos de aquella sabia frase del maestro esenio: ¡*La verdad os hará libres!*

Sin duda, las antiguas enseñanzas de muchas escuelas de misterios establecen que toda la verdad de la existencia mora en nuestro propio interior porque somos un fractal macrocósmico y microcósmico de la totalidad. Por lo tanto, aquel que se transforme en un astronauta interior y se atreva a emprender un viaje de exploración hacia lo profundo de su propia naturaleza existencial, eventualmente, encontrará respuestas a sus preguntas más fundamentales. Ahora, ¿qué entendemos realmente por VERDAD?

Vivimos en un mundo de contradicciones, por ende, la acción del conocer y el saber está influenciada por experiencias subjetivas y objetivas. Al conocimiento subjetivo y fenomenológico que proviene de nuestras reflexiones y sensaciones empíricas le llamamos «creencias», en cambio, al conocimiento objetivo que proviene de nuestro razonamiento metodológico y cuantificable lo catalogamos como «ciencia». Sin embargo, ambas experiencias y dinámicas del conocimiento moldean y nutren nuestra conciencia. La integración inteligente y sabia de ambas vías del conocimiento son el camino para develar la misteriosa verdad de nuestra propia existencia.

Cada alma humana se entrelaza psicoenergéticamente a la estructura celular de su cuerpo físico. Ello le permite observar, percibir y experimentar un espectro de realidad de acuerdo a los parámetros de conciencia que su propia psique dictamine. Por ende, en ese proceso de búsqueda, comprensión y entendimiento sobre los misterios de la vida emergerán múltiples observadores, con múltiples formas de observación y objetos múltiples de observación.

Desde luego, aquella alma que cultive la conciencia de unidad en su interior con una perspectiva psíquica amplia, flexible y autónoma que le permita nutrirse de vivencias objetivas y subjetivas, comenzará a desarrollar un verdadero y profundo sentido de libertad en su vida, porque su pensar, sentir y accionar estarán basados en entendimientos, certezas y saberes que provienen de su propia reflexión y razonamiento experiencial.

Psicoenergéticamente, la sede de la verdad está asociada al *chakra del alma*, que se localiza aproximadamente a 80 centímetros sobre la cabeza. Este centro energético se denomina *vórtice BA* por la alta alquimia egipcia y es el punto de conexión con el macrocosmos. Una vez que se activa este centro de energía se inicia la hipercomunicación con nuestra supraconciencia, el Yo Superior y los atributos superiores del alma.

Se debilita y bloquea el flujo de energía en el *chakra del alma* cuando nos desconectamos de la esfera de conciencia de la VERDAD. Es decir, cuando permanecemos dormidos y en total ignorancia sobre la naturaleza de la vida, de la realidad y de nuestra propia existencia. Cuando nos acomodamos en nuestra zona de confort basados en sistemas de creencias limitantes, con lo cual perdemos todo interés en profundizar sobre algún aspecto profundo y trascendental de la vida. Es decir, nos adormilamos en las dinámicas del ego y seguimos programados eternamente en la ignorancia. En muchos casos, tendemos a repetir como «loro» las verdades de otros, sin siquiera reflexionar y construir un propio entendimiento de la naturaleza de la realidad, de la cual somos parte e interactuamos día a día.

○ **Esfera de Conciencia de la INMORTALIDAD**

La esfera de conciencia de la INMORTALIDAD está asociada a las cualidades supraconscientes de la reconexión, trascendencia, iluminación, ascensión, eternidad, maestría, magia, sabiduría, entre otros. Estas cualidades buscan elevar la conciencia del ser humano hacia un profundo entendimiento del camino de la inmortalidad del alma.

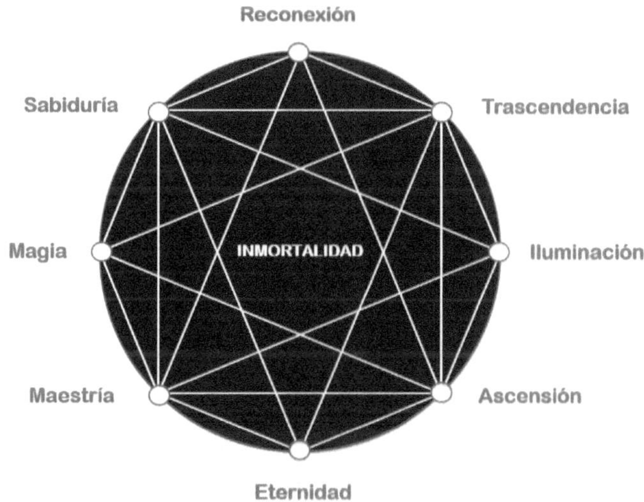

Esta esfera de la INMORTALIDAD integra interactivamente todas las esferas de conciencia mencionadas previamente: AMOR, CREACIÓN, RAZÓN, VIDA, PODER, INTUICIÓN, ACEPTACIÓN y VERDAD. Es decir, el camino de la inmortalidad implica un profundo trabajo de refinamiento personal en todos los niveles de la experiencia humana multidimensional.

En ese sentido, aquella alma que ha alcanzado la inmortalidad ha cultivado en plenitud las 3 mentes, los 3 cerebros y las 9 esferas de conciencia, con lo cual ha activado todos los potenciales de conciencia que ofrece el despertar de la vibración krística en su interior en el reino humano.

Esencialmente, esa alma inmortal ha recordado plenamente cada experiencia encarnada y puede transmigrar de una forma a otra y moverse interdimensionalmente en cualquier espacio-tiempo sin perder un ápice de conciencia porque ha trascendido la rueda de la reencarnación humana. Es decir, se ha transformado en un maestro ascendido y ha alcanzado la vida eterna porque el fuego sagrado del Khrīstós está totalmente encendido y arde alquímicamente en su interior. Y, por sobre todas las cosas, asume el gran compromiso de expandir la luz y sabiduría del Khrīstós en todos los rincones del cosmos, y, ello implica, ayudar a *sembrar la semilla de Dios en la Tierra*.

Psicoenergéticamente, la sede de la inmortalidad está asociado al biocampo del corazón. Desde luego, mientras el corazón siga latiendo y bombeando sangre por el cuerpo nos mantendremos con vida. Sin embargo, el corazón es mucho más que una bomba de sangre. La alquimia interior MerKaBa nos enseña que el corazón es un campo de energía toroidal multidimensional el cual puede ser utilizado como entrada al vortex sagrado del corazón, y, desde allí, reconectar con la supraconsciencia y la dimensión BA, para mover la conciencia espacio-temporalmente (o proyectarse astralmente) con el propósito de establecer contacto con la cueva de la creación, el cristal del alma y las memorias akáshicas más profundas.

Figura 61: Representación Virtual del Vortex Sagrado del Corazón

Al adentrarnos en el vortex sagrado del corazón, literalmente abrimos las puertas del corazón y reconectamos con la dimensión atemporal de la conciencia cósmica, en donde todas las experiencias y vivencias del alma convergen en el aquí y ahora, con lo cual el proceso del recordar todo lo que somos como almas en evolución se vuelve una realidad. Es decir, en ese vortex sagrado, el alma reconecta con su sabiduría interior en plenitud y despierta la magia krística para liberarse y trascender todas las ataduras kármicas que impiden la iluminación, la ascensión, la automaestría y la inmortalidad de conciencia.

PARTE III

El Arte de Practicar Meditación MerKaBa

En los capítulos y apartados anteriores de este libro hemos revisado exhaustivamente los fundamentos teóricos de la ciencia del Khrīstós y la alquimia MerKaba. Ahora, al adentrarnos en un contexto sumamente práctico, la gran pregunta, es: ¿cómo es posible lograr la experiencia MerKaBa para despertar todo ese potencial multidimensional que yace en el interior de cada alma humana? ... la práctica diaria del arte de la meditación MerKaBa es el paso inicial.

En el 99,9% de las personas existe una especie de desconexión entre su esencia espiritual y su conciencia/alma, la cual es solo ilusoria desde nuestra posición humana y condicionamientos socioculturales. Muchas veces, las memorias que cargamos por las experiencias de la vida, desde el nacimiento mismo, generan los bloqueos y condicionamientos psicológicos que impiden reconectarnos con nuestra supraconsciencia. De esta manera, para generar esta experiencia reconectiva, la fuerza de nuestra voluntad espiritual tendría que ser mucho más potente que la fuerza de todo lo grabado en nuestra conciencia. Y, justamente, es aquí donde la práctica de la meditación y la alquimia MerKaBa ayuda a potenciar esa fuerza espiritual que apoye el sentir, percibir y reconectar con nuestra sabiduría interior multidimensional. La voluntad del «pequeño Yo» debe conectarse a la voluntad del «Yo Superior» para que el Ser se unifique íntegramente a su realidad más elevada. Sin ello, se sigue avanzando en la mente consciente/subconsciente de la personalidad (ego) y sus limitaciones.

En cierta medida, estamos acostumbrados a la agitación de la mente con todo tipo de estímulos externos y experiencias. Vivimos totalmente desconectados de lo que sucede interiormente en nosotros. Sin embargo, el aprender a silenciar el discurso mental imparable de los pensamientos y las emociones, es la base práctica fundamental hacia el reencuentro y reconexión con nuestro Ser esencial multidimensional. Y, en ese sentido, la práctica de la meditación ha sido la gran herramienta para la autotransformación y el crecimiento personal por milenios. El conocernos profundamente implica transformarnos en astronautas de nuestra propia naturaleza interior.

Por ejemplo, en alquimia interior se denomina la «*mente de mono*» a ese abrumador proceso cognitivo en el que la mente salta vertiginosamente de pensamiento en pensamiento como si fuera un mono que salta de rama en rama. Este pensamiento descontrolado responde a una deficiencia en nuestras capacidades cognitivas naturales. Nuestra mente crea pensamientos sin ningún tipo de esfuerzo, mientras que la habilidad de prestar atención a esas emanaciones mentales sí requiere de un esfuerzo extra. Para lograr ello, algo tan simple como cerrar los ojos, focalizar la atención y comenzar a respirar conscientemente, permitirá concentrar oxigenación y flujo energético de forma poco invasiva, en un período breve, que nos ayudará a silenciarnos.

Diariamente respiramos unas 20.000 veces. Cuando tu mente está en calma, tu ritmo de respiración será lento, constante y tranquilo. El respirar profundo, constantemente y con la atención focalizada en el proceso de inhalar y exhalar, calmará tu mente. A medida que cambias tu ritmo de respiración, cambias tus oscilaciones de pensamientos, que se traduce en estados de ánimo y de percepción de la realidad.

Esencialmente, junto con el intercambio de oxígeno y dióxido de carbono, la respiración contiene chi, ki, prana, psicoenergía o la fuerza de la vida. Oxígeno y prana van de la mano. No se puede vivir sin el prana, que es la fuerza vital que da energía a la mente y al cuerpo. En ese sentido, tu ritmo de respiración y el estado de tu mente son inseparables. Cuanto más calma esté la mente, el ritmo de respiración será más pausado.

Por lo tanto, al calmar la «*mente de mono*» o la «*mente emocional*», será posible acentuar las facultades de la atención y la percepción interna para sincronizarnos hemisferialmente. En cada persona, el hemisferio derecho refleja la energía femenina, la mente intuitiva/emocional y el atributo del dar. El hemisferio izquierdo, refleja la energía masculina, la mente racional/intelecto, y el atributo del recibir. Investigaciones neurológicas han puesto de manifiesto que nuestros hemisferios cerebrales funcionan independientemente. Cada hemisferio recoge la misma información de sus sensores: ojo, oídos, gusto, tacto, olfato; y los procesa de forma diferente.

La sincronización de los hemisferios ocurre cuando los hemisferios funcionan al unísono en coherencia con el ritmo cardíaco. Al suceder esto, las ondas en el cerebro se mueven a un ritmo coherente a través de la corteza y se produce casi simultáneamente una emisión de ondas cerebrales de amplitud y frecuencias idénticas, potenciando nuestras capacidades cognitivas y ejerciendo un efecto terapéutico sobre el cuerpo. La acción sincronizada y conjunta de ambos hemisferios es una cualidad que puede entrenarse y que capacita al ser humano a desarrollar y potenciar su mente a límites insospechados.

La sincronía neural es el fenómeno central en la unificación de nuestra conciencia, siendo fundamental en el desarrollo coherente de las 5 funciones cognitivas esenciales: atención, percepción, memoria, lenguaje e inteligencia.

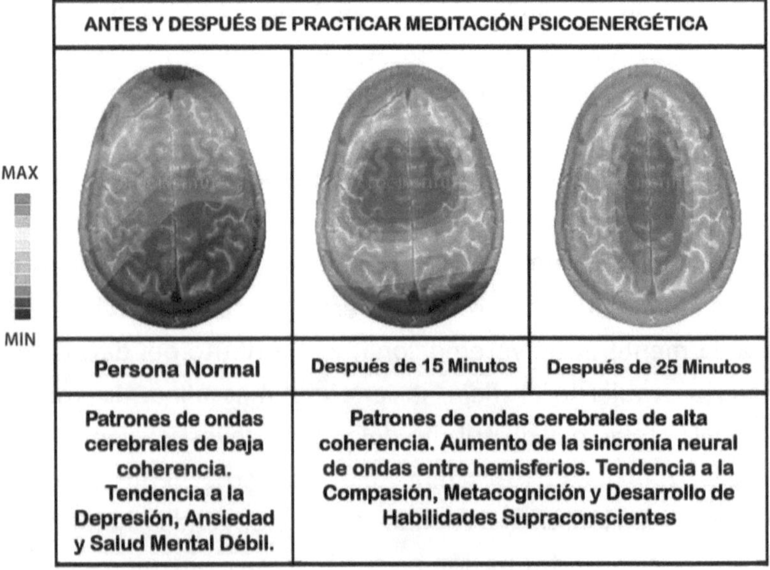

Figura 62: Representación del Efecto de la Práctica de la Meditación en la Sincronia Hemisferial

Construir silencio interior, sincronizarnos hemisferialmente y potenciar las facultades cognitivas de la atención y la percepción interna es el primer gran paso. Esta es la base inicial en el profundo camino del alquimista interior, porque tendrá el poder y las facultades psíquicas esenciales para comenzar a transformar conscientemente sus distorsiones psicoenergéticas, como también, para despertar la magia interior y sus potenciales multidimensionales MerKaBa.

Es importante establecer que el cuerpo sigue a la mente, la energía sigue al pensamiento y el pensamiento sigue a la conciencia. Si la «*mente de mono*» está muy activa no es posible hacer trabajo energético autoconsciente a nivel profundo. La persona no tendrá el poder necesario para su autotransformación. No existe la iluminación espontánea, por lo tanto, es necesaria la autodisciplina y la práctica asidua de métodos específicos de meditación para lograr ese primer objetivo. Al igual que las personas van al gimnasio para tonificar su cuerpo físico, lo mismo ocurre con la transformación de la conciencia. Requiere del mismo esfuerzo, trabajo, voluntad y paciencia.

Por ello, es importante que la persona tome conciencia de ello y asuma una práctica diligente en el arte de la meditación y la alquimia interior. Como diría Lahiri Mahasaya, un antiguo maestro de meditación: *haciendo, haciendo, haciendo, algún día estará hecho.*

La Sabiduría de la Práctica

Un antiguo refrán nos dice: *la práctica hace al maestro*. En todo proceso de autotransformación MerKaBa es necesario cultivarse desde la sabiduría de la práctica. Para que las enseñanzas tengan los efectos deseados se requiere que el aprendiz poco a poco vaya incorporando una práctica diligente, de lo contrario caerá en la ilusión de la intelectualización espiritual. La única forma de trascender la ignorancia de quienes somos, es conociéndose profundamente en todos los niveles a partir de la experiencia directa, la cual solo se consigue con la práctica personal.

Por ello, en toda enseñanza del arte de la meditación y la alquimia interior se debe considerar lo siguiente:

o   Comprender intelectualmente lo que se dice.
o   Concluir acerca de lo que significa.
o   Aplicar lo entendido en la práctica.

Si el aprendizaje se realiza de esta manera, el proceso es continuo e interminable; sin embargo, si el proceso se detiene en el nivel intelectual, puede convertirse en una barrera para la práctica. Por ejemplo, en relación a la ciencia MerKaBa, es muy común que muchos intelectualicen sobre la geometría sagrada del cuerpo de luz humano y se queden estancados allí. Muy pocos logran realmente poner en práctica todo ese conocimiento para cultivar su propio cuerpo de luz, y, desde la experiencia directa reflexionar y concluir a acerca de los potenciales que ofrece todo ello.

Desde luego, en la internet abunda mucha información acerca del MerKaBa, pero eso no sirve de nada para tu crecimiento personal si no logras internalizarlo desde la práctica diligente, continua y diaria. En la experiencia directa ocurrirá tu pleno despertar de conciencia multidimensional.

Por ejemplo, reflexionemos sobre la siguiente metáfora. Imaginemos que nunca has probado la sal. Desde luego, muchas personas te comienzan a hablar de las maravillas de la sal, pero ellos tampoco la han probado. Incluso, en tu deseo de conocer más de ello, comienzas a entender su estructura química, sin embargo, aún no conoces su sabor y no sabes los efectos que ello puede generar en ti. Solo lograrás saberlo cuando vivencies la experiencia directa y la paladees con tus propios sentidos. Es decir, vivirás un fenómeno totalmente subjetivo, en donde la experiencia no puede asimilarse intelectualmente ni se puede transmitir a través de las palabras en su totalidad. Por lo tanto, si tratamos de explicar esta vivencia a alguien que nunca ha probado la sal, no podrá entender nuestra experiencia.

Lo mismo sucede con las enseñanzas de la meditación y la alquimia MerKaBa. Si alguien pasa muchos años estudiando los métodos de alquimia interior, intelectualizándolos, pero teniendo poca experiencia directa de ellas, construirá una rigidez cognitiva innecesaria en su comprensión y se corre el riesgo de la autodogmatización, lo cual estancará su desarrollo. La mejor manera de internalizarlas es estudiando, leyendo, escuchando, reflexionando y concluyendo continuamente acerca de lo que ello implica, para luego encontrar su verdadero significado a través de la experiencia directa.

En alquimia interior, no basta con almacenar en la mente sus enseñanzas como conceptos intelectuales solamente, ya que la comprensión intelectual en sí misma se vuelve un impedimento para la sabiduría. Las enseñanzas alquímicas no son ideas para coleccionar, sino un camino a seguir.

Bajo esta perspectiva, sin duda, es necesario establecer lineamientos que orienten una práctica apropiada a los que se inician en el camino del *Alquimista MerKaBa*. Para ello es necesario contextualizar un método de entrenamiento básico con objetivos y acciones claras que sea practible diariamente, y, sobretodo, que se adapte a nuestros ritmos de vida actual. En ese sentido, un plan de trabajo apropiado debe incluir prácticas diarias que permitan cultivar el cuerpo, la mente y el alma de manera unificada.

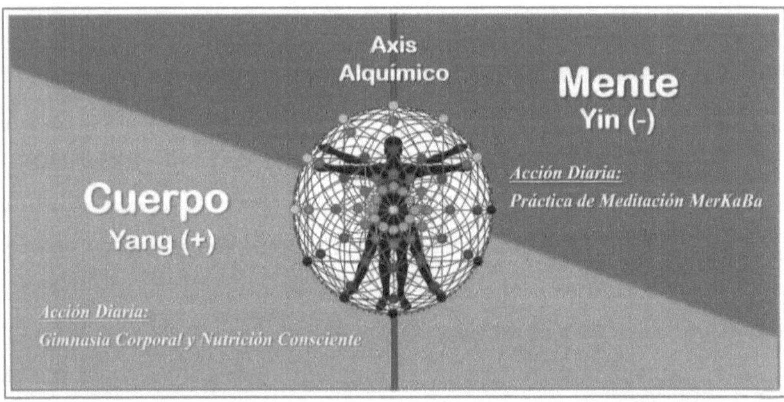

Figura 63: Método para Cultivar el Cuerpo de Luz MerKaBa

El cultivarse interiormente de manera unificada implica nutrirse apropiadamente de luz y energía vital para que nos ayude en lo siguiente:

o   Balance corporal.
o   Silencio mental.
o   Calibración de los cuerpos sutiles.
o   Reconexión MerKaBa.

En sentido, una rutina cotidiana de práctica requiere que el alquimista ejecute 4 acciones básicas que son esenciales en el arte de cultivar el cuerpo de luz o el campo MerKaBa:

o   Práctica de movimientos y ejercicios corporales que regulen las funciones vitales de los sistemas del cuerpo.

o   Nutrir el cuerpo con alimentos saludables.

o   Calibrar, regular, cultivar, potenciar, activar y reconectar los cuerpos, circuitos, filamentos y estructuras de luz y energía del campo MerKaBa con los métodos y técnicas de meditación psicoenergética MerKaBa.

o   Reflexionar y concluir acerca del verdadero significado de la experiencia vivenciada.

Esta secuencia básica de pasos es importante señalarlas porque durante el proceso alquímico de activación del cuerpo de luz se generan múltiples transformaciones en nuestro Ser, con lo cual el alquimista debe ser consciente que al incorporar más luz y energía en su campo MerKaBa se ejecutan una serie procesos sinápticos desde lo sutil a lo denso. Esencialmente, el gran cambio lo va asimilando el sistema nervioso porque es la interfaz que transforma la energía vital de los cuerpos sutiles en energía eléctrica a nivel corporal, lo cual potencia los impulsos nerviosos, los neurotransmisores y hormonas del cuerpo, haciendo más eficiente la comunicación celular, lo cual irá reestructurando el ADN multidimensional, como también, fortalecerá las funciones cognitivas esenciales. Por lo tanto, cuanto mayor es la cantidad de luz y energía que puede sostener nuestro cuerpo, más alta será nuestra vibración sutil y mayor nuestra capacidad de despertar potenciales dormidos. Por eso es tan relevante cultivar el cuerpo, la mente y el alma de manera unificada para quienes se inician en el camino de la alquimia interior.

Además, el alquimista debe tomar conciencia que las crisis curativas son parte de este proceso. Es decir, a medida que incorpora más luz y energía, los distintos cuerpos de su Ser necesitan asimilar, acomodar y autoorganizar toda esa nueva carga de información sutil, lo cual construirá nuevas sinapsis y patrones vibracionales en su psique. Sin embargo, durante ese proceso natural de reestructuración vibracional el alquimista sentirá, en algunos días, síntomas de cansancio, hipersensibilidad, malestar o dolor porque se están movilizando, liberando y transmutando memorias emocionales y energías tóxicas de su cuerpo-mente, las cuales han somatizado el funcionamiento de algún tejido, órgano o sistema corporal. Desde luego, todos esos síntomas desaparecen con los días cuando el cuerpo logra autorregenerarse para construir un nuevo orden funcional. La clave está en mantenerse en práctica.

En otras palabras, la crisis curativa es muy similar a la tonificación muscular. Es decir, cuando realizamos ejercicios de

resistencia y levantamiento de pesas para tonificar los músculos, éstos naturalmente se resienten al siguiente día. De hecho,
en algunos casos como efecto de ese trabajo realizado, dificulta
la movilidad por el dolor que sentimos en zonas corporales específicas. Sin embargo, al cabo de unos días y/o semanas el
cuerpo se va regenerando y adaptando a esa carga de ejercicios
que ejecutamos diariamente, con lo cual el dolor y las molestias
disminuyen o desaparecen por completo.

El Programa de Alquimia Reconectiva®

Llegados a este punto, a continuación, presento detalles
del programa de *Alquimia Reconectiva®* el cual he desarrollado
en los últimos 10 años en *NewSelf® Institute*[1]. Este programa es
un espacio de educativo que proporciona a las personas de herramientas, métodos y técnicas iniciáticas de meditación y alquimia interior para un profundo crecimiento personal, el cual
sigue los fundamentos de la ciencia MerKaBa.

Para contextualizar un poco mi historia en el desarrollo
del programa *Alquimia Reconectiva®*, te compartiré breve-
mente mi experiencia con el anciano maestro *Kyra-El*, quien ha
sido mi guía y mentor durante todos estos años.

Desde temprana edad he sentido un acercamiento hacia
los misterios de la vida. Existía en mí una búsqueda innata por
develar lo profundo de la vida y mi propósito en este mundo.
Después de altos y bajos existenciales entre mi etapa adolescente y veinteañera, a los 27 años me inicio asiduamente en el

---

[1] Más información de NewSelf® Institute, en: www.newself.cl

arte de la meditación psicoenergética. En esa etapa ocurren mis primeros grandes despertares de conciencia.

Ya pasado mis primeros años de práctica meditativa psicoenergética, en un día común y corriente estaba realizando mi práctica y entré en un profundo estado expandido de conciencia, habían pasado horas, y en ese momento siento una presencia sutil al lado mío que me transmite telepáticamente:

Hola hijo, Soy Kyra-EL, anciano guardián de sabiduría MerKaBa. Pertenezco a la orden del Khrīstós del Gran Sol Central …. ¿recuerdas que acordamos antes de tu encarnación que sería tu guía en esta vida? … Hoy me presento ante ti para que comiences a recordar la antigua ciencia espiritual MerKaBa … ¡Hoy iniciamos nuestro viaje!

Figura 64: Representación Virtual del Anciano Maestro Kyra-El

Esa experiencia interdimensional ocurrió a mis 29 años de edad. Ya han pasado más de 10 años del inicio de ese gran viaje y aún sigo en él. Desde luego, durante todos estos años el anciano maestro *Kyra-El* me ha instruido, guiado y entrenado profundamente en la filosofía, ciencia y arte de la alquimia Mer-KaBa. Y, hoy me toca transmitir a las personas, de la forma más simple y didácticamente posible, lo que se me ha enseñado y he logrado integrar hasta el momento. En ese sentido, el programa de *Alquimia Reconectiva*® es una síntesis del antiguo arte de la meditación MerKaBa que hoy dispongo abiertamente. Es mi intención que llegue a todas partes.

Desde luego, el programa *Alquimia Reconectiva*® está orientado a toda persona mayor a 21 años que esté dispuesta ampliar la percepción de la vida y su propia realidad, abriéndose a nuevos campos de estudio en tópicos de desarrollo humano. La modalidad de enseñanza está basada en el *aprendizaje transformativo*. Esta clase de aprendizaje es exclusivamente experiencial, transformando al alumno en sujeto activo de su aprendizaje. Desde la primera fase de trabajo se establecen pautas y compromisos de práctica diaria en métodos y técnicas meditativas específicas.

Para efectos educativos y didácticos en la transmisión de estas enseñanzas, el programa de *Alquimia Reconectiva*® se divide en 8 fases de trabajo personal. Para cada fase de trabajo existen lecciones específicas que el aprendiz deberá practicar regularmente a su tiempo y a su ritmo. El requisito para avanzar a la siguiente fase está basado en la práctica y el compromiso de trabajo diario. El programa está diseñado para que el aprendiz pueda integrarlo fase a fase en un periodo aproximado de 1 año. Durante este periodo se espera que el aprendiz construya una base vibracional primaria de luz y energía en su campo Mer-KaBa, lo cual se traducirá en el despertar de atributos, cualidades, capacidades y potencialidades de su conciencia multidimensional.

Las 8 fases del programa de *Alquimia Reconectiva*® se denominan: Iniciación, Activación, Balance, Reconexión, Canalización, Dones, Trascendencia y Ascensión. La descripción de cada una de ellas es como sigue:

- **Fase I: Iniciación**

Esta fase tiene como objetivo el aprender a activar flujos de energía vital en el cuerpo de luz o campo psicoenergético personal (MerKaBa) y en los 3 centros energético-cerebrales más importantes, estos son: cabeza, corazón e intestinos. Ello fortalece los procesos vitales del cuerpo, lo que potencia la salud física, emocional y espiritual; y estimula el despertar de funciones cognitivas superiores.

- **Fase II: Activación**

Esta fase tiene como objetivo el acentuar la activación de circuitos de luz y energía en zonas específicas del cuerpo, y con ello aumentar el flujo de energía en la columna vertebral y en la columna astral, permitiendo ajustar todo el eje o axis del campo MerKaBa. Con ello, se estimula la liberación de energía astral-kármica, la activación la energía sekhem o kundalini y se inicia el despertar del tercer ojo.

o **Fase III: Balance**

Esta fase tiene como objetivo el aprender a reprogramar y equilibrar energéticamente las emociones y la mente subconsciente. En el subconsciente almacenamos memorias que contienen una fuerte carga emotiva. Muchas de ellas condicionan la conducta, los hábitos, el ánimo, el carácter y la personalidad, porque no han sido plenamente observadas, procesadas, asimiladas y resignificadas.

o **Fase IV: Reconexión**

Esta fase tiene como objetivo el aprender a activar flujos de luz y energía en zonas específicas del campo psicoenergético humano (MerKaBa), usando la visualización meditativa de patrones geométricos sagrados específicos. Con ello, se potencia el balance energético, se fortalece la psique, se acelera la evolución de procesos personales y se propicia el despertar de poder interior esencial y las capacidades extrasensoriales.

o **Fase V: Canalización**

Esta fase tiene como objetivo desarrollar habilidades extrasensoriales de canalización para aprender a comunicarse multidimensionalmente con el Yo Superior, permitiendo la orientación sabia y profunda de la supraconciencia en el diario vivir, en sintonía con el propósito y/o programa cocreativo de vida terrena y cósmica.

o **Fase VI: Dones**

Esta fase tiene como objetivo el aprender a reconocer, comprender y activar nuestros dones sagrados en sintonía con el Yo Superior. Ello nos iniciará en el camino de la perfección espiritual para transformarnos en maestros de sabiduría, en conexión con el Padre Cielo, la Madre Tierra y el Gran Espíritu.

o **Fase VII: Trascendencia**

Esta fase tiene como objetivo profundizar en el sentido de la trascendencia humana, aprendiendo a reconocer, comprender y fortalecer las 9 esferas de conciencia y/o atributos primordiales del Ser; éstas son: Amor, Creación, Razón, Vida, Poder, Intuición, Aceptación, Verdad e Inmortalidad.

o **Fase VIII: Ascensión**

Esta fase tiene como objetivo el despertar la conciencia más allá de la forma física, aprendiendo el arte de moverse en el espacio-tiempo interdimensionalmente. Ello implica trascender los límites del cuerpo y conectar con las dimensiones superiores para iniciar el aprendizaje sobre el camino de la muerte y la ascensión.

Iniciando el Camino con MRM

Dentro del programa de *Alquimia Reconectiva®* el primer desafío personal está asociado a la práctica asidua del ejercicio psicoenergético fundamental que se denomina: *Meditación Reconectiva MerKaBa* (*MRM*). La MRM es una ancestral técnica de meditación, adaptada a la vida moderna del hoy, que permite al practicante cultivar profundamente su energía personal y amplificar el desarrollo de su inteligencia cognitiva, emocional, intuitiva y espiritual, en su forma más pura, simple y eficaz.

La práctica de MRM tiene como finalidad ayudarnos a activar flujos de energía vital en los 3 centros energético-cerebrales que procesan la bioinformación sensorial de la experiencia encarnada, estos son: cabeza, corazón e intestinos. La activación de estos cerebros fortalece los procesos sinápticos del cuerpo, lo que potencia la vitalidad y las funciones cognitivas superiores. Como también, se busca iniciar en el camino de la activación del cuerpo de luz o el campo MerKaBa. Con ello se busca unificar las 3 mentes: consciente, subconsciente y supraconsciente.

En ese sentido, la MRM nos inicia en un viaje hacia nuestro interior desde un corazón compasivo y una mente atenta para observar nuestros propios hábitos, comportamientos y elecciones, y desde esa profundidad reconectemos la mente con el corazón, lo intuitivo con lo racional, el pensamiento con el sentimiento, lo que se traduce en un profunda sanación y balance de las emociones, una expansión de la conciencia ordinaria, una percepción ampliada de la realidad cotidiana, y una conexión con nuestra inteligencia más sutil, con esa esencia interior que sabe de antemano nuestro camino de vida, y que nos permite evolucionar con un alto grado de voluntad responsabilidad, compromiso, integridad e impecabilidad.

Cualquiera persona mayor a 21 años puede integrar la *Meditación Reconectiva MerKaBa* en su vida. Sólo requiere darse un espacio de práctica regular de 60 minutos diarios.

Esencialmente, la MRM se sostiene sobre la base de 6 principios básicos que deben ser considerados en toda práctica psicoenergética o trabajo alquímico interior que unifique cuerpo, mente, corazón y alma:

1. **Preparación Corporal:**

Previo a toda práctica meditativa es esencial la regulación de la expresión corporal con posturas que ayuden a relajar las articulaciones y a estirar los músculos del cuerpo. Ello permitirá la relajación psicocorporal, la mejora de la flexibilidad y el tono muscular, la mejora del equilibrio, disminución de los dolores articulares y musculares, corrección de la postura corporal y el mantenimiento de una columna vertebral sana, flexible y bien alineada.

2. **Atención/Percepción:**

El fortalecimiento de las facultades cognitivas de la atención y la percepción son esenciales en la práctica de la meditación. Una mente difusa, errática y somnolienta no tiene el poder ni la capacidad de sostenerse concentradamente en un trabajo psicoenergético de autotransformación interior. Es fundamental que el método de meditación ayude a silenciar la *«mente de mono»*.

3. **Balance:**

El balance energético de las emociones y de la mente subconsciente es un paso esencial. En el subconsciente almacenamos memorias que contienen, muchas veces, una fuerte carga emotiva, y condicionan nuestro accionar cotidiano. Estas emociones pueden estar vinculadas a experiencias traumáticas y vivencias familiares, sociales, de la infancia, del nacimiento y transpersonales, las cuales no han sido plenamente observadas, procesadas, asimiladas y resignificadas.

4. **Activación:**

El Ser Humano es un sistema psicodinámico de energías constituido de múltiples circuitos de luz y energía que se entrelazan al cuerpo físico y la estructura celular. La activación de estos circuitos aumenta flujos de energía vital, inteligente y funcional a nivel psicocorporal y subconsciente, lo que fortalece la salud, acelera la evolución de procesos personales, se potencia la auto-observación y el autoconocimiento; y se inicia un despertar del poder interior y habilidades latentes.

5. **Expansión:**

La reconexión de circuitos psicoenergéticos activa nuevas dinámicas de la conciencia que expande la forma en que se interpreta la realidad cotidiana. Gradualmente, se genera una unificación entre el pensamiento (razón) y el sentimiento (intuición). Y sobretodo, se profundiza la búsqueda existencial sobre interrogantes clave: ¿Quién Soy? ¿Por qué estoy Aquí? ¿Hacia dónde Voy? ¿Cuáles son mis dones y potenciales? ¿Cuál es mi misión de vida? ¿Cómo puedo expandir ese potencial en mí?

6. **Reconexión:**

Las tradiciones espirituales ancestrales nos han enseñado la coexistencia de atributos de nuestro Ser que trascienden el espacio-tiempo, denominándolos: Yo Superior, Supraconsciente y/o Maestro Interior. Con la activación gradual de los múltiples circuitos de luz y energía de tu Ser, la conexión con tu Yo Superior se potencia y el sentido de la vida toma un rumbo totalmente distinto, reconectando con tu propósito/programa co-creativo de vida terrena y cósmica.

Los 8 Pasos de la MRM

La *Meditación Reconectiva MerKaBa* se constituye como una práctica meditativa diaria. Para efectos educativos y didácticos se enseña como un ejercicio de 8 pasos, pero el objetivo final es que el aprendiz logre integrarla totalmente como una sola gran meditación para así dar continuidad a su práctica alquímica en el día a día.

Desde luego, se requiere una práctica diligente y continua para evidenciar y constatar los magníficos beneficios que otorga esta ancestral técnica alquímica de crecimiento personal. En términos conceptuales, el propósito de cada paso de la MRM es como sigue:

○ **Paso 1: Preparación Corporal**

Este paso de la MRM busca que la persona tome conciencia de la importancia de la postura corporal y de los efectos que tiene para salud y el bienestar una buena comunicación de cerebro, músculo, tendón y articulación.

Esencialmente, el corregir la degeneración postural de la columna vertebral es muy relevante porque impacta en la calidad de vida de la persona y en el libre flujo de energía vital por el cuerpo. La columna vertebral controla la mayor parte del funcionamiento del cuerpo y tiene una conexión directa con el sistema nervioso. Por lo tanto, es importante alinear y recomponer las distorsiones de nuestra columna para evitar que el estrés en la médula y en los nervios espinales interfiera con los mensajes que se envían desde el cerebro al cuerpo. Esta alineación y corrección postural permitirá que la comunicación cerebro-músculo-tendón-articulación funcione bien. Mantener una buena postura implica entrenar el cuerpo para que se mueva y funcione sin tensiones.

Desde un punto de vista psicoenergético, la columna vertebral se entrelaza y comunica con el axis o el eje central del campo MerKaBa, enviando información vital hacia el sistema de chakras, la red de nadis, el sistema de meridianos, sistema nervioso central y periférico, etc. Sostener una columna vertebral sana es sumamente importante en el arte de cultivar luz y energía en el campo MerKaBa.

Disciplinas corporales como el *stretching* y la práctica de asanas de *yoga* son extremadamente beneficiosas en la regulación, corrección y alineación de distorsiones, no solamente de la columna vertebral, sino en todo el cuerpo.

- ○ **Paso 2: Silenciando la Mente**

Este paso de la MRM es la actitud primaria de aprender a silenciar el discurso imparable de la *mente emocional* o la *mente de mono* como base práctica fundamental. Y, el arte de la *respiración diafragmática* juega un rol fundamental en ese objetivo de apaciguar y calmar la mente.

Aunque no lo podamos ver, el aire que respiramos está compuesto por diversos gases. El oxígeno es el más importante para mantenernos vivos porque las células de nuestro cuerpo lo necesitan como fuente de energía para desarrollarse. Sin oxígeno, las células del cuerpo morirían. En el proceso de respirar, cuando inhalamos o inspiramos incorporamos oxígeno y cuando exhalamos o espiramos nos deshacemos del dióxido de carbono. Es decir, en todo momento expulsamos gran cantidad de carbono de nuestro cuerpo con la exhalación.

Esencialmente, el cerebro es el órgano del cuerpo humano que más oxígeno consume. Aunque el cerebro representa solo el 2% del peso corporal, requiere aproximadamente el 20% del oxígeno disponible. Es decir, nuestro cerebro necesita continuamente mucho oxígeno y mantener una buena oxigenación en el cerebro significa un buen funcionamiento de este órgano fundamental. En ese sentido, la *respiración diafragmática* es clave para una buena oxigenación cerebral.

La *respiración diafragmática* es un tipo de respiración relajante que usa el diafragma. El diafragma es el músculo que se encuentra debajo de las costillas y arriba del estómago. Este tipo de respiración ocasiona que, en vez del pecho, el estómago suba (se infle) y baje (se desinfle). Cuando los pulmones se llenan de aire el diafragma presiona hacia abajo y el estómago sube y se mueve hacia adelante. Cuando los pulmones se vacían de aire el diafragma vuelve a subir y el estómago baja y se mueve hacia adentro. El resultado es una respiración continua, pausada y profunda.

Con la *respiración diafragmática* se crea la presión necesaria para un intercambio eficaz de gases, lo cual conduce a niveles adecuados de oxígeno corporal, nuestro principal nutriente. Este patrón de respiración tiene profundos efectos en el cerebro, porque al estar bien oxigenado nos permite pensar con calma, claridad y serenidad. A medida que variamos los ritmos de respiración, cambiamos las oscilaciones de pensamientos, lo que se traduce en transformaciones en los humores y estados de ánimo.

○ **Paso 3: Sincronización Hemisferial**

Este paso de la MRM acentúa la percepción interna para regular y optimizar la conexión entre los flujos vitales hemisferiales (derecho/izquierdo).

En nuestro cerebro existe una cisura o hendidura interhemisférica que lo divide longitudinalmente en hemisferio izquierdo y derecho. El cuerpo calloso los une, permitiendo el intercambio de información. Como también, a nivel psicoenergético, el axis o el eje energético central del campo MerKaBa lo divide en hemisferio *Yin* (derecho) y hemisferio *Yang* (izquierda).

Cuando los hemisferios cerebrales y psicoenergéticos se unifican apropiadamente permiten mejoras en la observación, procesamiento, asimilación y resignificación de memorias emocionales acumuladas.

En ese sentido, con el arte de visualizar *figuras geométricas* específicas en una dinámica meditativa psicoenergética de alternancia hemisferial permite que la información emocional polarizada se vaya unificando y neutralizando. Ello ocurre porque se utiliza el lenguaje fundamental de la vida, que es: la luz, la energía y la geometría; para autoorganizar los procesos de la psique. Por lo tanto, la psique incorpora esos nuevos bits de información como nuevos procesos sinápticos que fortalecen la sincronización hemisferial, lo que permite modificar y optimizar antiguas y deficientes funciones cognitivas. Con lo cual, poco a poco, la percepción de eventos y experiencias emocionales distorsionadas se modifica virtuosamente en la persona.

- ○ **Paso 4: Amplificando Tu Energía Vital**

Este paso de la MRM incrementa el flujo vibracional de energía vital en la persona desde la zona del cerebro intestinal hacia todo el campo áurico toroidal, regulando toda energía discordante. El prana o chi es energía de fuerza de vida, es consciencia, es luz. En ese sentido, estimular el flujo de energía vital en el cerebro intestinal y luego expandirlo por los cuerpos sutiles, nos centra profundamente, fortaleciendo los centros vitales y los órganos internos para cultivar un equilibrio dinámico sostenible en el día a día.

Psicoenergéticamente, el cerebro intestinal sostiene el centro de gravedad del cuerpo y es la zona que genera, transforma y almacena la energía vital para regular todo el sistema nervioso entérico, produciendo sustancias psicoactivas que influyen en el estado anímico, como los neurotransmisores serotonina y dopamina, así como diferentes opiáceos que modulan el dolor. De hecho, el 90% de la serotonina del organismo, la hormona del bienestar, la producimos en el intestino. Además, sintetiza benzodiazepinas, compuestos químicos que tienen el mismo efecto tranquilizante que el Valium.

- **Paso 5: Iluminando el Tercer Ojo**

Este paso de la MRM activa circuitos de luz y energía desde el suelo pélvico hacia la columna vertebral y el cerebro. En otras palabras, se estimula la sinapsis eléctrica del despertar de la kundalini, la cual está asociada a múltiples canales/vórtices energéticos y conexiones neuronales desde la base de la columna hasta el cerebro. La activación de todo este flujo dinámico de energía es el proceso natural consciente de despertar el tercer ojo, el cual está asociado a la percepción extrasensorial profunda.

Esencialmente, cuando estos circuitos psíquicos están plenamente activos en la persona, clarividentemente se vislumbra una esfera luminosa alrededor de la cabeza, denominado efecto corona. Este efecto corresponde a un fenómeno eléctrico que se produce al ionizar el aire circundante producto de la alta tensión del entramado de circuitos eléctricos cerebrales.

Es interesante notar que todos los santos religiosos, cuando los retratan, tienen una esfera de luz alrededor de la cabeza como símbolo de santidad e iluminación. Incluso, en algunas tradiciones nativas, como los Mayas, este procedimiento de activación de la esfera de luz se realiza como un acto ceremonial para aquellos seres que inician su camino de madurez espiritual.

En ese sentido, para efectos de activar todo ese potencial lumínico cerebral se requiere estimular patrones energéticos específicos que sostienen y dan forma a esta esfera de luz. Para ello, la MRM sigue las instrucciones específicas que son parte de la tradición Maya.

- o **Paso 6: Conectando con el Corazón**

Este paso de la MRM inicia la conexión dinámica del cerebro de la cabeza con el corazón y se acentúa la expansión de la esfera de luz cerebral y la percepción sensorial, al iniciar un vínculo consciente con la energía del corazón, que es el núcleo transpersonal de la cual emergen todas las cualidades de la vida presente.

Tradicionalmente, el estudio de las vías de comunicación entre el cerebro y el corazón se han abordado desde una perspectiva unilateral, y los científicos se han centrado, principalmente, en las respuestas del corazón a las órdenes del cerebro. Sin embargo, las investigaciones nos muestran que la comunicación entre el corazón y el cerebro es en realidad un proceso dinámico y continuo de dos vías, con cada órgano continuamente influyendo en la función del otro. Las investigaciones indican que el corazón es mucho más que una simple bomba. El corazón es, en realidad, un gran centro autoorganizado y complejo de procesamiento de la información con su propio «cerebro» funcional que se comunica e influye en el cerebro del cráneo a través del sistema nervioso, el sistema hormonal y otras vías. Estas influencias afectan profundamente la función cerebral y la mayoría de los órganos principales del cuerpo y en última instancia, determinan la calidad de vida.

Al prestar una atención excesiva al intelecto y a lo racional, durante mucho tiempo, hemos tenido al corazón «arrincona-do». Se le suponía portador de un sentimentalismo inútil, ineficaz y totalmente fuera de lugar. Sin embargo, experimentar la vida desde el corazón, significa comenzar a vivirla sin el sufrimiento propio de la dualidad y las limitaciones de la mente.

○ **Paso 7: Activando el MerKaBa**

Este paso de la MRM se activa y expande la energía de todo nuestro cuerpo de luz MerKaBa. Ello permite ir fortaleciendo los circuitos y entramados del cuerpo de luz humano (MER) para ir cultivando la vibración propicia que fortalezca y expanda el vínculo consciente del alma (KA) con el yo superior o la mente supraconsciente (BA).

En la activación del campo MerKaBa se utilizan una serie de códigos sagrados que al decretarlos con intención permite que los campos contrarrotarios que configuran el MerKaBa comiencen a girar a velocidad supralumínica para crear un efecto de implosión hiperdimensional que atraiga mayor cantidad de luz, energía y bits información desde dimensiones superiores hacia el campo MerKaBa personal. ´

Con la continua activación del campo MerKaBa se va cultivando la profunda conexión del microcosmos con el macrocosmos. Es decir, se asienta la vibración que permite al ser humano sentir la unidad multidimensional de su Ser.

o **Paso 8: Contemplando Tu Esencia**

Este paso de la MRM nos invita a integrar el trabajo realizado de los pasos anteriores, en silencio contemplativo. Es un momento para hacernos íntimos con nosotros mismos y evocar una profunda conexión con nuestro ser esencial.

La sabiduría ancestral nos ha enseñado, desde tiempos inmemorables, la existencia de atributos y potenciales que trascienden todo lo que sabemos, y, sin embargo, son una parte integral de nuestra verdadera naturaleza psicoenergética multidimensional. Se le ha mencionado como la Sabiduría Interior, Yo Superior, Ángel de la Guarda, Supraconsciente y/o Maestro Interior.

Lamentablemente, hemos olvidado esa conexión con el Ser en sí mismo, con esa inteligencia más sutil, con esa esencia que sabe de antemano a dónde va y porqué en esta vida, y que le permite al Ser avanzar en su evolución integralmente.

¿Quién Soy?, ¿Por qué estoy aquí?, ¿Hacia dónde voy?, ¿Cuáles son mis dones y potenciales? ... Todas esas preguntas comienzan sabiamente a tener respuesta cuando desde lo profundo de la mente y el corazón, permitimos que nuestro Yo Superior sea parte de nuestras vidas y nos ayude a recordar el propósito sagrado de nuestra existencia y el rol que asumimos en la realidad colectiva que habitamos.

Secuencia Práctica de la MRM

Al iniciar la MRM es importante que estés en un lugar cómodo, idealmente con una iluminación muy tenue. Puedes estar sentado en una silla, sobre un cojín o en posición de loto. Lo importante es que la postura sea cómoda para ti y tu espalda se sostenga en una posición lo más recta posible. Tus manos deben estar palmas arriba sobre tus muslos. Y, si gustas, puedes utilizar un antifaz de dormir o tener una venda en los ojos, lo cual ayuda a sostener una mayor concentración en la práctica de la meditación. Como también crear un ambiente adhoc con alguna música de preferencia.

Para efectos de internalizar racional e intuitivamente cada paso de la MRM se sugiere que leas a consciencia sus conceptos y fundamentos, como también, la secuencia de pasos.

o **Paso 1: Preparación Corporal**

• Antes de sentarte a meditar, date un espacio de 30 minutos para regular tu expresión corporal con posturas y movimientos de *stretching* o *yoga* que puedas sostener de acuerdo a tus capacidades físicas, con la intención de ayudar a relajar las articulaciones y a estirar los músculos de tu cuerpo. Ello permitirá soltar tensiones, mejorar la flexibilidad y el equilibrio, disminuir dolores articulares y musculares, corregir la postura corporal y mantener una columna vertebral sana. Y, esencialmente, te dejará muy preparado/a para entrar en un profundo estado de meditación psicoenergética y de reconexión MerKaBa.

- o **Paso 2: Silenciando la Mente**

• Cierra tus ojos.

• Respira profundamente a tu ritmo 3 a 10 veces. Al respirar haz que la exhalación sea más larga que la inhalación. Mientras haces ello, observa todos tus problemas, preocupaciones y conflictos cotidianos, saliendo de tu interior y disolviéndose, y sintiendo un gran alivio y relajo.

• Una vez que te sientas relajado, focaliza la atención en tu ombligo. Sosteniendo esa atención, comienza a respirar diafragmáticamente en ciclos de 8 respiraciones. Haz la siguiente secuencia (inhalas y exhalas por nariz):

- Inhala y exhala 8 veces continuo, y descansa 5 segundos.
- Inhala y exhala 8 veces continuo, y descansa 5 segundos.
- Inhala y exhala 8 veces continuo, y descansa 5 segundos.
- Inhala profundamente y reten la respiración lo que más puedas ... y luego descansas 10 segundos aprox.

Nuevamente:

- Inhala y exhala 8 veces continuo, y descansa 5 segundos.
- Inhala y exhala 8 veces continuo, y descansa 5 segundos.
- Inhala y exhala 8 veces continuo, y descansa 5 segundos.
- Inhala profundamente y reten la respiración lo que más puedas
... y luego descansas 10 segundos aprox.

Nuevamente:

- Inhala y exhala 8 veces continuo, y descansa 5 segundos.
- Inhala y exhala 8 veces continuo, y descansa 5 segundos.
- Inhala y exhala 8 veces continuo, y descansa 5 segundos.
- Inhala profundamente y reten la respiración lo que más puedas
... y luego descansas 10 segundos aprox.

Nuevamente:

- Inhala y exhala 8 veces continuo, y descansa 5 segundos.
- Inhala y exhala 8 veces continuo, y descansa 5 segundos.
- Inhala y exhala 8 veces continuo, y descansa 5 segundos.
- Inhala profundamente y reten la respiración lo que más puedas
... y luego descansas 10 segundos aprox.

Nota: Si sientes repetir estas secuencias, aumentando o dismi-
nuyendo el ritmo de la respiración (es decir, respiraciones rápi-
das o lentas), date ese espacio de experimentación.

• Una vez terminado el ejercicio, mantente en silencio contemplativo, sintiendo el trabajo realizado. Tu mente la sentirás más
silenciosa y atenta, y muy predispuesta para continuar con el
paso siguiente de la MRM.

○ **Paso 3: Sincronización Hemisferial**

• Mantén tus ojos cerrados.

• Sostén la vibración de la secuencia del paso anterior: *Silenciando la Mente.*

• Ahora, lleva la atención a tus manos. Imagina, siente o percibe la energía y cada sensación que emane de tus manos. Siéntete libre de percibir cada sutileza de tus manos.

• Cuando hayas conectado con tus manos. Imagina, siente o percibe si existe alguna diferencia entre tu mano derecha e izquierda. Ya sea temperatura, densidad, peso, sutileza, tamaño, vibración, etc. Permite que tu intuición te guíe en esa exploración.

• Luego de percibir diferencias entre ambas manos. Ahora, lleva la atención exclusivamente a tu mano derecha. Imagina, siente o percibe la energía y cada sensación que emana de esta mano. Siéntete libre de percibir cada sutileza.

• Cuando hayas conectado con tu mano derecha. Imagina, siente o percibe una esfera en la palma de tu mano derecha, del color y tamaño que tú quieras. Sostén esa visualización por un momento, sintiendo la conexión entre la esfera y tu mano derecha.

• Luego de percibir la esfera en tu mano derecha. Ahora, lleva la atención exclusivamente a tu mano izquierda. Imagina, siente o percibe la energía y cada sensación que emana de esta mano. Siéntete libre de percibir cada sutileza.

• Cuando hayas conectado con tu mano izquierda. Imagina, siente o percibe un tetraedro y/o triángulo en la palma de tu mano izquierda, del color y tamaño que tú quieras. Sostén esa visualización por un momento, sintiendo la conexión entre el triángulo y tu mano izquierda

• Luego de percibir el tetraedro y/o triángulo en tu mano izquierda. Ahora, lleva tu atención a ambas manos. Imagina, siente o percibe la esfera en tu mano derecha, y, simultáneamente, el triángulo en tu mano izquierda.

• Ahora, con tu intención e intuición haz el cambio de polaridades. Es decir, visualiza interiormente como la esfera de tu mano derecha viaja hacia tu mano izquierda, y viceversa, visualiza interiormente como el tetraedro y/o triángulo de tu mano izquierda viaja hacia tu mano derecha. Imagina, siente o percibe la energía y cada sensación que emane de este cambio de polaridades y/o hemisferial.

• Ya sea que percibas ciertas sensaciones corporales, mantente receptivo a la información que emana de este cambio y/o sincronización.

• Desde tu lado izquierdo emana tu energía Yang, masculina, racional e intelectual; y desde tu lado derecho emana tu energía Yin, femenina, emocional e intuitiva ... ¿Sigue existiendo diferencias entre tu mano derecha y tu mano izquierda? ... ¿Sientes mayor balance entre ambas polaridades?

• Deja fluir cada imagen mental que aparezca en tu interior. Sólo observa amorosamente lo que emane de ello, en neutralidad.

• Una vez terminado el ejercicio, mantente en silencio contemplativo, sintiendo el trabajo realizado. Te sentirás en un estado de mayor balance interior y muy predispuesto para continuar con el paso siguiente de la MRM.

○ **Paso 4: Amplificando Tu Energía Vital**

• Mantén tus ojos cerrados.

• Sostén la vibración de la secuencia del paso anterior: *Sincronización Hemisferial.*

• Y, luego de percibir la esfera y el triángulo en las palmas de tus manos, del paso anterior, unifica ambas figuras geométricas e intégralas como una diminuta esfera de luz, del color que tú quieras. Y, direcciona esa esfera de luz a la zona de tu ombligo.

• Sintiendo la conexión entre la esfera y tu ombligo; imagina, siente o percibe la energía y cada sensación que emane de esa conexión. Siéntete libre de percibir cada sutileza desde allí.

• Si gustas, puedes colocar tus manos a centímetros de la zona del ombligo, sintiendo, intencionando y proyectando flujo energético a la esfera de luz que has posicionado allí, manteniendo una respiración pausada y relajada.

• A medida que envías energía a la esfera de luz en tu ombligo; imagina, siente o percibe que esa esfera comienza a crecer … a crecer … a expandirse … a expandirse … abarcando primero tu zona abdominal, luego tu tronco, y, finalmente, todo tu cuerpo y campo áurico toroidal

• Ya sea que percibas ciertas sensaciones corporales, mantén tu atención en el proceso natural de esta expansión energética de tu esfera áurica toroidal. Deja fluir esta energía como un baño lumínico de tu campo áurico.

• Permítete expandir tu energía vital, y, si gustas, puedes utilizar tus manos para realizarte una autocalibración energética sobre la zona de tu abdomen, haciendo una revisión de cada órgano interno de aquella zona.

• Una vez terminado el ejercicio, mantente en silencio contemplativo, sintiendo el trabajo realizado. Te sentirás más vitalizado y sensitivo, y muy predispuesto para continuar con el paso siguiente de la MRM.

    o   **Paso 5: Iluminando el Tercer Ojo**

• Mantén tus ojos cerrados.

• Sostén la vibración de la secuencia del paso anterior: *Amplificando tu Energía Vital.*

• Ahora, lleva tu atención a la zona del perineo, en el suelo pélvico. El perineo se localiza entre tu órgano genital y el ano; y es un punto de entrada de la energía vital, que la medicina tradicional china denomina *huiyin* o reunión del Qi.

• Imagina, siente o percibe la energía y cada sensación que emane de ese punto vital. Siéntete libre de desarrollar previamente una escucha atenta y una sensibilización consciente de la zona.

• Luego, comienza a contraer y relajar, repetidamente, los músculos del perineo, por unos segundos. Mientras "bombeas" la zona del perineo; imagina, siente o percibe una diminuta esfera en el perineo, que comienza a hacerse más luminosa, y a crecer en tamaño, hasta abarcar toda la zona del piso pélvico de tu cuerpo, a medida que contraes y relajas los músculos del perineo.

• Ya sea que percibas ciertas sensaciones corporales, deja que la energía en el piso pélvico se acumule. Y si sientes hacer movimientos sutiles en esa zona, ya sea, de adelante hacia atrás, de izquierda a derecha, o en movimiento circular, déjate llevar.

• Una vez acumulada energía suficiente en el piso pélvico en forma de esfera de luz, con tu intención, eleva esa esfera de energía a través de tu columna vertebral, iniciando el recorrido en el coxis, y sube iluminando cada vértebra, luego la zona del bulbo raquídeo, la base del cráneo; luego siente que ingresa esa energía a tu cabeza, iluminando el cerebelo, luego el lóbulo occipital, el lóbulo parietal, el lóbulo frontal, hasta llegar a la zona de tu entrecejo (córtex prefrontal). Siente, visualiza o percibe como se genera una conexión entre tu entrecejo y la zona sacro-coxis-perineo.

• Una vez lograda la conexión energética del circuito cabeza-columna-perineo, lleva la atención al centro de tu cabeza. Imagina, siente o percibe una diminuta esfera de luz en el centro de tu cerebro. Y, con tu intención, proyecta energía a esa esfera de luz y haz que se vuelva más luminosa.

• Sosteniendo esa conexión con la diminuta esfera de luz en el centro de tu cabeza; imagina, siente o percibe que desde el centro de esa esfera luminosa emergen rayos de luz en 8 direcciones que sobresalen unos centímetros de tu cabeza. Las 8 direcciones siguen el siguiente orden: hacia el frente, hacia atrás; hacia arriba y hacia abajo, hacia la izquierda, hacia la derecha; en 45° hacia adelante (fontanela cerebral), en 45° hacia atrás (tallo cerebral). Cada rayo se interconecta con el centro de la esfera de luz. Permítete unos segundos para sentir o percibir que cada rayo de luz esté bien activado y conectado con la esfera que se ubica en el centro de tu cabeza.

• A medida que envías energía a la esfera de luz en el centro de tu cabeza, imagina, siente o percibe que esa esfera lumínica comienza a crecer ... a crecer ... a expandirse ... a expandirse ... abarcando primero la masa cerebral interna, luego tu cabeza, y, finalmente, iluminando toda tu cabeza, extendiéndose y sobresaliendo unos 60 centímetros de tu cabeza y formando una esfera perfecta lleno de luz y energía. Luego, sostén la atención en tu corteza prefrontal y en el entrecejo, y siéntete libre de percibir cada sutileza que emerja desde esa zona.

• Una vez terminado el ejercicio, mantente en silencio contemplativo, sintiendo el trabajo realizado. Te sentirás mentalmente más vitalizado, perceptivo y sensitivo ... y, muy predispuesto para continuar con el paso siguiente de la MRM.

○ **Paso 6: Iluminando el Corazón**

• Mantén tus ojos cerrados.

• Sostén la vibración de la secuencia del paso anterior: *Iluminando el Tercer Ojo*. Ahora, comenzamos la conexión de mente y corazón.

• Sintiéndote muy relajado, lleva tu atención al corazón. Por un momento, imagina, siente o percibe los ritmos, pulsaciones y la energía que emana de tu corazón. Como también puedes visualizar cada detalle de la anatomía de tu corazón. Siéntete libre de explorar el corazón siguiendo tu intuición.

• Inhala y exhala naturalmente, sin forzar nada. Observa, siente y percibe el proceso natural y ordinario de respirar desde tu corazón.

• Ya sea que sientas sonidos alrededor o percibas ciertas sensaciones corporales, mantén tu atención en el corazón y en el proceso natural de respirar. Mantente muy receptivo a la energía e información que emana de esa conexión.

• Ahora, sintiéndote muy relajado en conexión con tu corazón; imagina, siente o percibe que en tu corazón existe una puerta de acceso hacia su interior. Esta puerta tiene el color y tamaño que tú quieras. Identifica esa puerta y con tu intención ingresa allí, y no olvides cerrar esa puerta por dentro.

• Ahora, estas dentro de tu corazón. Permítete explorar y percibir multidireccionalmente toda la energía e información que vaya emanando desde ese espacio en el que estás. Siente y expresa amor en esta exploración. No forces nada, sólo déjate llevar por tu intuición.

• En ese espacio del corazón, imagina, siente o percibe que allí emerge una esfera de luz, del tamaño y color que tú quieras. A medida que envías energía a la esfera de luz en tu corazón; imagina, siente o percibe que esa esfera comienza a crecer ... a crecer ... a expandirse ... expandirse ... abarcando primero tu corazón, luego tu pecho, y, finalmente, todo tu cuerpo y campo áurico toroidal.

• Ya sea que percibas ciertas sensaciones corporales, mantén tu atención en el proceso natural de esta expansión energética de tu esfera áurica toroidal. Deja fluir esta energía como un baño lumínico de tu campo áurico.

• Una vez terminado el ejercicio, mantente en silencio contemplativo, sintiendo el trabajo realizado. Te sentirás más receptivo a la energía que emana de tu corazón y muy predispuesto para continuar con el paso siguiente de la MRM.

○ **Paso 7: Activando el MerKaBa**

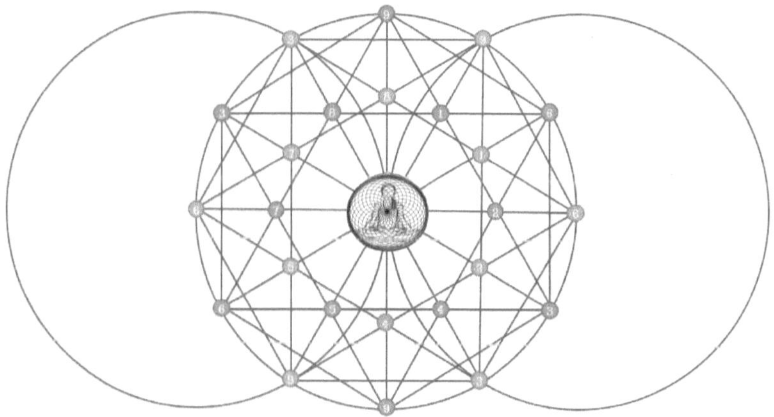

• Mantén tus ojos cerrados.

• Sostén la vibración de la secuencia del paso anterior: *Iluminando el Corazón.*

• Ahora, sintiéndote muy relajado en conexión profunda con tu mente y corazón; decreta los siguientes códigos de activación de la implosión energética hiperdimensional de todo el campo de luz MerKaBa:

- MerKaBa, ¡velocidad igual!
- MerKaBa, ¡34:21!
- MerKaBa, ¡144:89!
- MerKaBa, ¡velocidad de la luz!
- MerKaBa, ¡velocidad supralumínica!
- MerKaBa, ¡estabilízate!
- MerKaBa, ¡máxima velocidad en cuarta dimensión!
- MerKaBa, ¡máxima velocidad en quinta dimensión!

- MerKaBa, ¡máxima velocidad en sexta dimensión!
- MerKaBa, ¡máxima velocidad en séptima dimensión!
- MerKaBa, ¡máxima velocidad en octava dimensión!
- MerKaBa, ¡máxima velocidad en novena dimensión!
- MerKaBa, ¡máxima velocidad en décima dimensión!
- MerKaBa, ¡máxima velocidad en onceava dimensión!
- MerKaBa, ¡máxima velocidad en doceava dimensión!
- MerKaBa, ¡ajusta tu vibración a la conciencia crística superior!
- MerKaBa, ¡máxima velocidad en treceava dimensión!
- Yo Superior, ¡fusionémonos!
- Yo Superior, ¡fusionémonos!
- Yo Superior, ¡fusionémonos!

• Una vez terminado el ejercicio, mantente en silencio contemplativo, sintiendo el trabajo realizado. Te sentirás más receptivo a la energía de tu corazón y tu Esencia ... y, muy predispuesto para continuar con el paso siguiente de la MRM.

o **Paso 8: Contemplando Tu Esencia**

• Mantén tus ojos cerrados.

• Sostén la vibración de la secuencia del paso anterior: *Activando el MerKaBa.*

• Ahora, sintiéndote muy relajado en conexión con tu Esencia, mantente receptivo y en silencio contemplativo. Transfórmate en un observador consciente de tu interior.

• Ya sea que percibas ciertas sensaciones corporales, solo mantente allí observando, como si estuvieras en un cine viendo una película.

• Si buscas respuestas sobre algún asunto de tu vida, solicita apoyo a tu Esencia, a tu Yo Superior. Sé receptivo a toda información que pudiese emanar interiormente. No esperes nada en específico, ni intentes forzar una respuesta. Aquí lo importante es aprender a escuchar/ sentir lo que tu interior te quiere mostrar.

• Inhala y exhala naturalmente, sin forzar nada. Observa, siente y percibe el proceso natural y ordinario de respirar desde tu corazón en conexión con tu Esencia.

• Cuando sientas que es el momento, vuelve a ti y abre tus ojos … toma nota de todos los detalles y dale una comprensión apropiada.

• Sé libre de hacer los 8 pasos de la MRM en cualquier momento y lugar apropiado.

• Sugerencia: Si al terminar la meditación te sientes un poco en el aire, date unos minutos para mover y flexionar tu cuerpo, antes de reincorporarte a tu rutina cotidiana.

Invitación al Programa AR®

En *NewSelf® Institute* llevamos más de 10 años estudiando, practicando y enseñando del arte de la meditación, la psicoenergética transpersonal y la ciencia espiritual MerKaBa. El programa de *Alquimia Reconectiva®* es una síntesis investigativa que construye en camino iniciático para aquellos que deseen ampliar su mirada en estos tópicos de desarrollo humano y crecimiento personal.

Si estás interesado en profundizar en las enseñanzas y prácticas meditativas que ofrece este programa de crecimiento personal puedes revisar toda su información en el sitio web: www.newself.cl

Amados:

Son todos muy bienvenidos a la escuela NewSelf. Esta es una escuela que profesa la antigua filosofía y ciencia espiritual MerKaBa. Son todos bienaventurados en participar de estas enseñanzas ancestrales. Mi nombre es Kyra-El, guardián de la sabiduría MerKaBa. Mi pupilo y hermano Kevin ha sido entrenado durante años en este arte sagrado de autotransformación personal. A él le he transmitido esta sabiduría ancestral. Aquellos seres que se disciplinen en estas enseñanzas tendrán grandes despertares espirituales y profundos cambios en su conciencia. Es una invitación a trascender todos sus límites humanos conocidos para que se abran plenamente al espíritu que son.

¡Ya es momento del gran despertar! ... ¡Ya es momento!
Te amo en la luz ...

Kyra-EL

Bibliografía

1. JOAQUIN M. FUSTER. Cerebro y Libertad. Editorial Planeta.
2. RUPERT SCHELDRAKE. El Espejismo de la Ciencia. Editorial Kairós.
3. RUPERT SCHELDRAKE. Una Nueva Ciencia de la Vida. Editorial Kairós.
4. ERVIN LASZLO. El Universo Informado. Editorial Nowtilus.
5. MARK F. BEAR. Neurociencia: La Exploración del Cerebro. Editorial LWW.
6. ROGER PENROSE. Los Ciclos del Tiempo. Editorial Debate.
7. CARL JOHAN CALLEMAN. El Calendario Maya. Editorial Inner Traditions.
8. ALFRED HUANG. The Complete I Ching. Editorial Inner Traditions.
9. BARBARA HAND CLOW. El Código Maya. Editorial Inner Traditions.
10. FRANCISCO VARELA. The Embodied Mind. MIT Press.

11. DRUNVALO MELCHIZEDEK. El Antiguo Secreto de la Flor de la Vida. Light Technology Publishing.
12. YANG JWING MING. La Raiz del Chi Kung. Editorial Sirio.
13. DAVID BOHM. La Totalidad y el Orden Implicado. Editorial Kairós.
14. DAVID BOHM. Ciencia, Orden y Creatividad. Editorial Kairós.
15. F. DAVID PEAT. Sincronicidad. Editorial Kairós.
16. EVAN THOMPSON. Waking, Dreaming, Being. Columbia University Press.
17. LOS TRES INICIADOS. El Kybalion. Editorial Kier.
18. RAMIRO DE GRANADA. LA Biblia III Testamento De Todos Los Tiempos. Lulu.com
19. GABRIEL SILVA. Los 8 Kybaliones. Lulu.com
20. KEN WILBER. Una Teoría del Todo. Shambhala Publications.
21. ILYA PRIGOGINE. ¿Tan sólo una Ilusión? Editorial Tusquets.
22. ILYA PRIGOGINE. La Fin des Certitudes. Editorial Odile Jacob.
23. ALICE A. BAILEY. Los Rayos y las Iniciaciones. Editorial Fundación Lucis.
24. CARL JUNG. Psicología y Alquimia. Editorial Trotta.
25. CARL JUNG. Arquetipos e inconsciente colectivo. Editorial Paidós.
26. SALLIE NICHOLS. Jung y el Tarot. Editorial Kairós.
27. KATHERINE WILLOW. German New Medicine Experiences in Practice. Editorial Independiente.
28. PADMA SAMBHAVA. El Libro Tibetano de los Muertos. Editorial Kairós.
29. MATTHIEU RICARD. El Arte de la Meditación. Editorial Urano.

30. GREGG BRADEN. La Matriz Divina. Editorial Sirio.
31. JAMES HARDT. El Arte de Pensar Inteligentemente. Editorial Independiente.
32. DONNA EDEN. Medicina Energética. Editorial Obelisco.
33. FRITJOF CAPRA. El Tao de la Fisica. Editorial Sirio.
34. FRITJOF CAPRA. El Punto Crucial. Editorial Sirio.
35. AMBIKA WAUTERS. El Libro de los Chakras. Editorial Edaf.
36. CYNDI DALE. El Cuerpo Sutil. Editorial Sirio.
37. TOM KENYON. The Hathor Material. Editorial Independiente.
38. LEE CARROLL. Las 12 Capas del ADN. Editorial Vesica Piscis.
39. JOHANNES KEPLER. The Harmony of the World. American Philosophical Society.
40. DAVID ICKE. El Despertar del Leon. Editorial Obelisco.
41. LAO TSE. Tao Te King. Editions Du Rocher.
42. NORMA MILANOVICH. Nosotros los Arcturianos. Athena Publishing.
43. BARBARA MARCINIAK. Mensajeros del Alba. Editorial Obelisco.
44. AMORAH QUAN YIN. Manual de Ejercicios Pleyadianos. Editorial Obelisco.
45. DAVID K. MILLER. Conectando con los Arcturianos. Editorial Obelisco.
46. ROLLIN McCRATY. Science of the Heart. Heartmath Institute.
47. DAVID WILCOCK. The Ascension Mysteries. Editorial Dutton.
48. MATTHEW OLIVER GOODWIN. Numerology, The Complete Guide. Newcastle Publishing Company.
49. AUDESIRK. Biología. Editorial Pearson.

50. BRUCE LIPTON. Biología de la Creencia. Editorial La Esfera de los Libros.

51. MANTAK CHIA. Basic Practices of the Universal Healing Tao. Destiny Books

52. JOE DISPENZA. Desarrolla Tu Cerebro. Editorial La Esfera de los Libros.

53. RICHARD BUCKMINSTER FULLER. Tensegrity. Science Direct.

54. TOMAS TAYLOR. La Vida de Pitágoras. Editorial Inner Traditions.

55. PETER GORMAN. Pitágoras. Editorial Crítica.

56. JÁMBLICO. Vida Pitagórica. Editorial Etnos.

57. ROBERT LAWLOR. Sacred Geometry, Philosophy and Practice. Editorial Thames and Hudson.

58. HANS JENNY. Cymatics. MACROmedia Publishing

59. GRAHAM HANCOCK. Las Huellas de los Dioses. Editorial B.

60. CHOGYAM TRUNGPA. Más allá del Materialismo Espiritual. Editorial Edhasa.

61. KYABJE KALU RINPOCHE. Mente Luminosa. Wisdom Publications.

62. OMRAAM MIKHAEL AIVANHOV. El Lenguaje de las Figuras Geométricas. Editorial Prosbeta.

63. RICHARD WILHEM. El Secreto de la Flor de Oro. Editorial Paidós.

64. BRIAN GREEN. El Universo Elegante. Editorial Crítica.

65. IAN STEWART. ¿Es Dios un Geómetra? Editorial Critica.

66. C. W. LEADBEATER. El Hombre Visible e Invisible. Editorial Kier.

67. BARBARA ANN BRENNAN. Hágase la Luz. Ediciones Martínez Roca.

68. JEREMY NARBY. La Serpiente Cósmica. Editorial Takiwasi.

69. MASARU EMOTO. Mensajes del Agua. Editorial La Liebre de Marzo.

70. MICHIO KAKU. Hiperespacio. Editorial Booket.

71. MICHIO KAKU. Física de lo Imposible. Editorial Debate.

72. ELIZABETH HAICH. Iniciación. Editorial Luciérnaga.

www.ingramcontent.com/pod-product-compliance
Lightning Source LLC
Chambersburg PA
CBHW051136130726
47988CB00005B/1865